U0910312

不忍细读的大明史

墨竹 著

台海出版社

图书在版编目（CIP）数据

不忍细读的大明史 / 墨竹著 . -- 北京 : 台海出版社 , 2022.1

ISBN 978-7-5168-0896-2

Ⅰ . ①不… Ⅱ . ①墨… Ⅲ . ①中国历史—明代—通俗读物 Ⅳ . ① K248.09

中国版本图书馆 CIP 数据核字（2022）第 005272 号

不忍细读的大明史

著　　者：墨　竹

出 版 人：蔡　旭　　　　　　　　责任编辑：吕　莺

出版发行：台海出版社
地　　址：北京市东城区景山东街 20 号　　邮政编码：100009
电　　话：010-64041652（发行、邮购）
传　　真：010-84045799（总编室）
网　　址：www.taimeng.org.cn/thcbs/default.htm
E - mail：thcbs@126.com

经　　销：全国各地新华书店
印　　刷：廊坊市海涛印刷有限公司
本书如有破损、缺页、装订错误，请与本社联系调换

开　　本：710 毫米 ×1000 毫米　1/16
字　　数：271 千字　　　　　　印　　张：19.5
版　　次：2022 年 1 月第 1 版　印　　次：2022 年 4 月第 1 次印刷
书　　号：ISBN 978-7-5168-0896-2

定　　价：49.80 元

前言

明朝，是继周朝、汉朝和唐朝之后迎来的又一个“黄金时代”。自1368年明太祖朱元璋灭元称帝，建立国号“大明”，历经十二世、十六位皇帝，正式拉开了明王朝276年的历史华章。

因明朝的皇帝都姓朱，故又称“朱明”。朱元璋之所以定国号为“大明”，是表示承袭自韩山童、韩林儿父子的“大小明王”之号，史称明朝、明代，清朝时称之为前明。明朝版图最大时，东起朝鲜，西据吐蕃，南包安南，北距大碛，东西11750里，南北10940里，清朝官方评价称“治隆唐宋”“远迈汉唐”。

诚然，每个朝代的出现，必然要经历打天下，刚把天下打下来立刻休养生息，等平稳过渡之后，就会出现一个盛世局面，等盛世繁华之后迎接来的必然是衰败，这便是中国古代不断更迭的基本规律，明朝也不例外。

说起明朝，说起朱家人的统治，人们首先想到的是那些皇帝们：明太祖朱元璋“开国封业”，但多疑刻薄，有刑网四布的统治欲；明惠帝朱允炆广施仁政，在“靖难之变”后下落不明；明成祖朱棣开创了大明的“永乐盛世”，但狠毒无情，有骇人听闻的杀戮欲；明仁宗朱高炽儒雅仁爱，虽在位一年，却被称为“一代仁君”；明宣宗朱瞻基能文能武，开创了辉煌的“仁宣之治”；明英宗朱祁镇由皇帝变俘虏，由俘虏变太上皇，由太上皇再变皇帝；明代宗朱祁钰意外继位，有力挽狂澜欲；明宪宗朱见深用情专一，但滥用私人、懦弱无能；明孝宗朱祐樘勤于政事、励精图治，成为“中兴之主”；明武宗朱厚照狂妄自大，有毫不负责任的嬉乐欲；明世宗朱厚熜痴迷道教，渴望长生不老；明穆宗朱载坖向来节俭，被尊称为“促织天子”“太平天子”；明神宗朱翊钧有财迷心窍的贪攫欲；明熹宗朱由校精于“手工”，放任自己淫乐欲望；明思宗朱由检非亡国之君，但当亡国之时，却有着刚愎自用的控制欲等等。正是这些或辉煌、或平庸的帝王生涯，组成了一部明朝复杂的历史。

明朝，是一个极具诱惑力又欲望膨胀的年代。不仅皇帝们如此，大臣们也是如此：李善长外表温和，但待人苛刻，以营党欲；朱高煦恃功骄恣，凶悍不法，以篡夺欲；王振善于伺察人意，以虚荣欲；刘瑾欺上瞒下，以把持欲；严嵩、张居正很不廉洁，以求权欲；魏忠贤见风使舵，以变态欲；李自成勇猛有识略，以残虐欲；吴三桂勇冠三军，以私情欲。权倾一时的大臣、不可一世的佞幸，有正人君子，也有宵小之徒；有忠臣的死谏，也有阉人的疯狂……正是这个偏执家族，播撒了明朝近三百年的重重迷雾，为后人们留下了一个捉摸不透、无限遐想的明朝。

一个错综复杂的大明王朝，铭记了一段段不平凡的岁月，演绎了一段段跌宕起伏的历史。比如，“永宣盛世”“靖难之役”“土木之变”“北京保卫战”“夺门之变”“曹石之变”“弘治中兴”“武宗南巡”“议礼之争”“壬寅宫变”，后宫争宠，亡国挽歌……明朝社会，自上而下，自始至终，爱恨骋意，倨傲以狂，狂放自适，嬉乐贪欢，明朝就是这样一步步走向衰亡的。最终，欲望还是选择了湮没一切，家倾国亡，同归于尽。

明朝在政治、军事等方面全面改革了前朝的制度，将政治、军事、司法大权集中到皇帝一人手中，封建中央集权达到了极高水平。明代国家的统一与中央集权的强化，农业和手工业生产的恢复与发展，特别是明代中后期，手工业和商品经济发达、经济繁荣，出现商业集镇和资本主义萌芽，有力地推动了思想文化的发展。

明朝在文学方面，以小说达到的艺术成就最高，创作了大量的以历史、神怪、公案、言情和市民日常生活为题材的长篇章回小说和短篇的话本、拟话本；在科学技术方面，农学、医药学、金属冶炼等方面都居世界领先地位。五千年连绵不断的中华文明，给人类永远留下了一份灿烂的文化遗产，淋漓尽致地告诉人们一个明王朝背后的政治与权力之道，以及解密历史背后那些汹涌澎湃的暗流。

《不忍细读的大明史》为人们提供了一个探寻历史真谛的绝好机会，通过精心选取的 80 多个历史故事，用通俗易懂的语言，阐述了明朝近 300 年波澜壮阔历史的来龙去脉，引人入胜地点评了千秋人物的成败与得失，再现了朝代更迭的治乱与兴衰。正是这一个个历史的精彩瞬间，汇聚成一部凝重的历史百科全书，让人们在洞悉明朝风云变幻历史的同时，掩卷沉思那尘封岁月带给人们的启迪。

品读《不忍细读的大明史》，就如同在与历史进行一场精彩的对话。

目录

第一章 太祖开国，天下从此改姓朱

从和尚到皇帝 003
可怕的敌人，陈友谅 008
下一个目标，张士诚 013
开国名臣徐达 018
『贤内助』马皇后 021
『神算子』刘伯温 025
废除相权，皇帝揽权 029
锦衣卫和东、西厂 032
胡蓝之狱，千古奇冤 036
空印案与郭桓案 039
大兴文字狱 042

第二章 叔侄争权，大明的『永乐盛世』

靖难之役，祸起萧墙 047
方孝孺拒写诏书 050
唐赛儿起义 053
《永乐大典》，功泽后世 055
三朝才子解缙之死 058
迁都北京，有人欢喜有人忧 061
『二朱』，谁更厉害？ 063

第三章 仁宣之治，大明的『文景之治』

仁宗治国，太子监国 069

郑和七下西洋 071

平定汉王之乱 075

一怒之下斩恩师 080

南北取士，大明王朝的科考制度 083

明称贤相，必首『三杨』 086

第四章 两朝天子，宦官昌盛的时代

太皇太后欲诛王振  091

土木堡之变  094

誓与京城共存亡  098

北京『守卫战』  101

英宗回朝，易储风波  103

『夺门』复辟  106

曹石之变  110

石亨『自食其果』  113

连中三元  115

『至忠』之臣袁彬  119

第五章 荒唐皇帝，平庸又伟大的岁月

终登大宝，设立皇庄 125

镇抚广西，重用良臣 128

抚治荆襄流民 132

项忠使流民『堕泪』 135

只知有汪，不知皇上 138

第六章 弘治中兴，父亲是我的前车之鉴

『纸糊三阁老』和『泥塑六尚书』 145

为官务实的刘大夏 149

三朝重臣王恕 152

践行『一夫一妻制』 156

《问刑条例》的颁行 158

中兴令主留史册 161

第七章 一代『顽主』，想做将军的皇帝

荒诞无稽，权落『八虎』 167

『立皇帝』刘瑾 170

设立『豹房』，只为取乐 172

弹指间诛刘瑾 175

『第一神人』王守仁 179

打败蒙古铁骑，绝非偶然 183

南巡，只为做乐 186

一代名臣李东阳 189

明代的『四大奇书』 192

第八章 嘉靖修道，明末衰亡从此开始

『大礼议之争』到『左顺门事件』 197

内阁首辅张璁 200

壬寅宫变 203

『青词宰相』严嵩 206

『青天』海瑞 211

庚戌之变，做个生意又何妨 215

戚继光抗倭保国 219

『功不可没』杨廷和 224

李时珍与《本草纲目》 227

第九章 隆庆之治，我要做个好皇帝

隆庆『新政』  233

俺答封贡，边事晏然  236

传奇女子『三娘子』  238

『言行不一』的『救时宰相』张居正  242

科学的『先驱』徐光启  246

狂士李贽之死  250

万历『三大征』，元气大伤  252

辽东蹦出个努尔哈赤  256

萨尔浒之战，以少胜多  258

 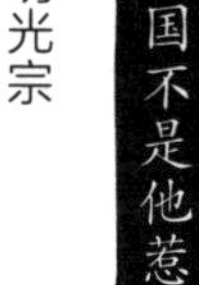

第十章 大明悲歌，亡国不是他惹的祸

来去匆匆的明光宗 263

『三大疑案』震惊宫闱 266

好一场『兄终弟及』  271

不动声色，计除『九千岁』  275

徐霞客遍游山河  279

奢安之乱，最后一块『落井石』  283

明朝最后的救命稻草——袁崇焕  285

洪承畴无奈降清  291

闯王进京，崇祯自缢 293

清兵入关，改朝换代  297

第一章 太祖开国，天下从此改姓朱

“领千军南征北战，独霸权指点江山。”恰逢乱世的明太祖朱元璋，在战场上展露不凡的才华，一步步成长为可以号令千军万马的大元帅。又由刀尖马背的军旅生涯，登上了至高无上的皇帝宝座。他以义气揽将才打天下，以私心弃兄弟坐江山，当上了大明的赫赫君主，天下也从此改姓朱。为了统一疆土、休养生息，他不仅加强集权，还改革政治。这一切的变幻，是命运，是机遇，还是历史的选择？

第一章
太祖开国，天下从此改姓朱

从和尚到皇帝

人们常说，“皇帝轮流做，明年到我家”。明朝开国皇帝朱元璋，他一无权无势，二无文化文凭，只是依靠郭子兴的一支军队发家的，但却是他最终登基做了皇帝。而那些曾经势力比他大、比他强的起义军首领，却一个个都成为他的手下败将，这又作何解释呢？

先说说朱元璋，他有五个兄弟姐妹，大哥是南昌王朱兴隆（朱重五）、二哥是盱眙王朱兴盛（朱重六）、三哥是临淮王朱兴祖（朱重七），姐姐是太原长公主朱氏、曹国长公主朱佛女。他排名老四，因为出生于八月初八，因此他又叫朱重八，后来又取名朱兴宗。他的父亲叫朱世珍（原名朱五四），母亲是陈氏。朱元璋这一朱姓宗族，家住朱家巷，地属通德乡（今江苏省南京市境内）。朱元璋以上几代人都以农业为生，因此朱元璋的家庭十分贫苦，他从小就过着饱受苦难的生活，7 岁就操起皮鞭，给地主放牛牧羊。

至正三年（1343 年），也就是朱元璋 17 岁那年，淮北发生了多年不遇的干旱荒情，旱灾引起了蝗灾和瘟疫，广大农民在饥饿与瘟疫的双重折磨下，过着朝不保夕的生活。朱元璋一家也难逃厄运，先是 64 岁的父亲朱世珍撒手人寰，紧接着不到半个月的时间里，他的母亲陈氏还有他的大哥、大侄子也随之离开了人世。为此，朱元璋伤心欲绝，甚至厌倦了这个昏暗的世界。

走投无路之下，朱元璋狠下心剃光了自己的头发，走进了皇觉寺，穿起了衲衣，当起了小和尚。但是和尚的日子也没有想象中那么好过，他整天除了扫地上香、打钟击鼓，还要为住持担水劈柴、烧饭洗衣，脏活累活几乎无所不做。就这样他还时不时遭受师父的责骂、师兄的刁难。一时间，他又开始怀念与小伙伴们一起放牛的那些无拘无束的日子。但为了能够生存下去，为了能够混口饭吃，朱元璋只得忍气吞声、任劳任怨。

很快俩月过去了，朱元璋入寺之后却连一卷经文都没念成，每天除了干活还是干活，各种杂活倒是做了不少。再加之当时的旱情严重，作物颗粒无收，靠收租来度日的皇觉寺终于维持不下去了。于是，朱元璋又被主持打发去“云游”了。说是云游，其实就是流浪各地，向大户人家化缘，求乞度日，说白了就是去当乞丐，这样一去就是三年。三年后，朱元璋再次回到了皇觉寺。

在这三年的奔波流浪中，朱元璋尝尽了人间的辛酸，也看到了各地百姓的困苦。他发现，一路上除了各大小寺院里虔诚的善男信女之外，百姓们普遍都信仰白莲教，同时，朱元璋还目睹了国是日非，并预感天下大乱的时候将要来到。于是，他立志勤学，并广交朋友，以待时而动。一天天过去了，他学习了三教九流的许多知识，比如诵经、打坐、做布施、做道场，外加清除、上香、劈柴、担水、读书、识字，一晃又过了较为平静的四年时间。

这时的中国，正处于元朝末年社会矛盾空前激化的年代。不堪忍受元朝封建统治者的残酷剥削和压迫的农民们终于勇敢地行动起来了。因起义军头裹红巾，身穿红衣，打着红旗，被称为“红巾军”。

当时的朱元璋，虽然身居静门，但内心却早已不安分。当他听到不断传来的农民起义的消息，心里早已是热血沸腾。面对黑暗的社会，他早就有了投奔红巾军的念头，但由于对红巾军内部不甚了解，再加上元军追杀得太紧，怕他们成不了气候，他开始犹豫不决，并持观望的态度。

也就是在这时，已在郭子兴的军队里当上了小头目的穷伙伴汤和，给朱元璋悄悄捎来了一封信，邀请他前去投军。此时的他，仍然举棋不定，但同屋的师兄却偷偷告诉他，汤和来信邀他参军一事已被人知道了，就要去报官领赏。被“逼上梁山”的朱元璋，终于看清了自己所面临的危险形势，于是丢掉心中的所有幻想，连夜向濠州城急急奔去。朱元璋到达濠州后，直接奔向郭子兴的军营。当手下人带着朱元璋来拜见郭子兴后，郭子兴觉得他相貌奇特、气宇不凡，立即把他收了下来，并留为亲兵。

朱元璋到底长什么模样呢？会让郭子兴一见倾心。《明史》里曾经这样描述他的长相：“朱元璋姿貌雄伟、奇骨贯顶、志意廓然、人莫能测。”前八个字说的是他的外貌，后八个字说的是他的气质。也许正是朱元璋的相貌不凡，给郭子兴留下了很好的印象，马上被收入军中。就这样，他的军旅生涯便开始了。

从那以后，朱元璋凭着自己的精明强干，逢战必胜，很快得到了郭子兴的喜爱。后来，郭子兴还将自己收养的马公之女嫁给他，这就是后来的马皇后。在当时的“红巾军”中，与郭子兴一同起兵的还有孙德崖等四人，加上郭子兴一共是五人，他们各自称元帅，互不相让。有一次郭子兴被同伙算计，差一点就被斩杀，全靠朱元璋的聪明才智救了郭子兴一命。从此，郭子兴更加信任朱元璋，还把招兵买马的重任交给了他。

第二年春，朱元璋便奉命回到自己的老家，替郭子兴招兵买马，很快就召集了七百多人。待朱元璋带着新兵回到军中后，郭子兴甚是高兴，又升他做了镇抚。不久，朱元璋见“红巾军”各将领之间各怀想法、矛盾重重，郭子兴势力难以壮大。于是，他就把自己统领的人马交给了别人，精选了 24 人南下定远，这其中就包括后来他的心腹大将徐达、汤和等人。路途中，他还招纳了张家堡驴牌寨的义旅 3000 人，又打败了一支元军，收编了横涧山的 2 万人。这些人都成为他日后成就帝王大业的基本队伍，也正是在这时，他还遇到了重要谋臣李善长。

后来朱元璋进入滁阳后，他的亲侄儿文正、姐夫李贞带着外甥保儿（后来取名文忠）前来投靠他。从他们口中，朱元璋得知二哥、三哥、姐姐都去世了，不免伤心。于是，朱元璋就将这两个孩子收作养子，并改姓朱。后来，朱元璋又收养了二十几个义子。在此期间，他开始修城固守，建立了自己的地盘。在当时已经颇有势力了，朱家从此开始振兴了。

至正十五年（1355 年），朱元璋用计一举攻克了和州。消息传来，郭子兴立即任命朱元璋为总兵官，镇守和州。有一次，朱元璋外出，看到一个小孩在哭泣，就问他："你为什么哭？"小孩回答说："我在等我父母亲。"朱元璋继续问："你父亲去哪里了？"小孩抽泣着说："我父母亲都在军营。"后来，朱元璋仔细询问才知道，原来小孩的父母亲都在军营养马，母亲和父亲不敢相认，只好以兄妹相称。朱元璋这才意识到自己的部队军纪存在问题，于是立即召集众将，申明纪律，下令归还军中有夫之妇，让城中那些被拆散的夫妻团圆。这件事以后，朱元璋便深得民心。

同年，郭子兴因病去世后，韩林儿任命郭子兴的儿子郭天叙为都元帅，妻弟张天佑为右副元帅，朱元璋为左副元帅。韩林儿是何许人也？他的父亲是韩山童，曾以白莲教组织群众起义。后来他的父亲韩山童牺牲，韩林儿随母逃往武安。后来，刘福通等人迎韩林儿至亳州（今安徽亳州），立为帝，被称"小明王"。从名义上来看，韩林儿贵为都元帅，理应管理军中所有大事，而右副元帅的地位也比左副元帅高，但是，由于当时滁州和和州的军队大多是朱元璋招募收编的，而且朱元璋比郭天叙和张天佑有智、有勇、有谋，并且手下又有诸多将才。所以，朱元璋名副其实成为这支队伍的主帅。

朱元璋在和州驻守几个月后，粮草供应便成为一个大问题。这时，恰好有两支"红巾军"的巢湖水军前来归附，朱元璋亲自处理合并南京石头城事宜。七月间，巢湖水军千余只战舰突破元军封锁抵达和州。朱元璋的步马军登上巢湖水军的船只，从和州东渡长江。到达对岸的采石，常遇春一马当先，率军冲杀，攻克采石，获得大量粮食。见此情形，朱元璋立即命人砍断船缆，任船顺流而下，断绝退路。将士们见无路可退，一鼓作气，在朱元璋率领下攻克太平。朱元璋的军队受到当地百姓的拥护，于是，他置太平兴国翼元帅府，自己做元帅，任命李善长为帅府都事。这样，朱元璋便开始了稳固根据地的工作。

没过多久，朱元璋就已经拥有十万兵力，声势比过去大了很多。但是，占有的地盘仍然很少，而且四面受敌。东面和南面是元军，东南是张士诚，西面是徐寿辉，虽然同是反元武装，但是张、徐二人同小明王却相互敌视。不过，北面小明王、刘福通率领的红巾军主力，大大牵制了元军。而且，张士诚、徐寿辉的力量还不足以兼并朱元璋。这样一来，朱元璋暂时没有对付不了的敌人，并且面临着一个很好的发展机会。

在完成了“高筑墙”的部署后，朱元璋便着手实行“广积粮”了。在初期，军粮的解决主要是靠强征，即征收“寨粮”。但是长此以往，军队就会成为纯粹的破坏力量，失去民心。为了解决粮食问题，朱元璋除了动员百姓进行生产外，决定推行屯田法，大力开展军队屯田，任命元帅康茂才为都水营田使，负责兴修水利，又分派诸将在各地开垦种田。几年工夫，到处兴屯，府库充盈，军粮充足。

至正二十年（1360 年），朱元璋下令不再征收“寨粮”，以减轻农民负担。为了积粮，朱元璋明令禁酒，但是其手下大将胡大海的儿子胡三舍与别人违法犯禁，私自酿酒获利，执法如山的朱元璋知道后大怒，坚决严明军纪，于是自己动手将胡三舍杀掉。在争取民心的同时，朱元璋还不断网罗人才，特别是地主阶级的知识分子，朱元璋在应天还专门修建了礼贤馆来接待他们。

至正二十三年（1363 年）七月，朱元璋统兵 20 万，进发洪都，陈友谅获悉后，撤出围军，迎战朱元璋，双方在鄱阳湖展开决战。鄱阳湖水战进行了整整36天，朱元璋的军队充分发挥小船灵活的长处，火攻陈军，最终取胜，陈友谅被乱箭射死，奠定了朱元璋平定江南的基础。

至正二十四年（1364年），朱元璋即吴王位。至正二十七（1367年）十月，吴王朱元璋命中书右丞相徐达为征虏大将军、平章常遇春为副将军，率军25万，北进中原。朱元璋顺应时代潮流，凭借其雄才大略、远见卓识对北伐又作出了精心部署，提出先取山东，撤除元朝的屏障；进兵河南，切断它的羽翼，夺取潼关，占据它的门槛；然后进兵大都，这时元朝势孤援绝，不战而取之；再派兵西进，山西、陕北、关中、甘肃可以席卷而下。北伐大军按计而行。徐达率兵先取山东，再西进，攻下汴梁，然后挥师潼关。

至正二十八年（1368年），朱元璋到汴梁坐镇指挥，击破各路农民起义军，在应天府称帝，成为明朝第一位皇帝，国号大明，年号“洪武”。终于，在他的带领下，结束了元朝在中原的统治，平定了四川、广西、甘肃、云南等地，最终统一中国，建立了明朝。

可怕的敌人，陈友谅

元朝末年，在那些起义军中，许多领袖因为没能抵挡住元朝糖衣炮弹的攻击，最后还是被招安了。即使是朱元璋，也曾经与元朝暗通消息。而只有这个人，从头到尾一直在反抗元朝外族统治，敢作敢当、不屈不挠、坚持到底，真称得上是一位英雄好汉。这个人就是朱元璋的一个可怕的敌人——陈友谅。

陈友谅，是沔阳（今湖北仙桃）渔家之子。祖父陈千一原本姓谢，因为后来入赘到了陈家，所以才跟随其姓，父亲陈普才有五个儿子，陈友谅排行老三。他少时读书，略通文义。陈友谅到底是一个什么样的人呢？可以用八个字来形容，心狠手辣、胆大妄为。从他后来的行为来看，他的确没有什么是他不敢干的。

要真正了解这个人，得从他的童年说起。他是渔民出生，从小吃喝拉撒都在船上，以至于他的身上总是有一股挥之不去的鱼腥味。对此，村民们不爱和他打交道，于是他从小就饱受别人的歧视和唾骂，还有那种看见他就躲得远远的举止，使得他内心深处有着一种强烈的自卑感。在他看来，要想彻底改变自己的命运，只有靠自己，一切靠自己。

于是，陈友谅努力读书，希望能够找到一份体面的差事。终于，他在当地县衙找到了一份写文书的差事。但是，这份差事并没有让他找到自信，他还是没能找到一点尊严。那些曾经瞧不起他的人依旧瞧不起他，还时常挤兑他，使得他更加郁郁寡欢。他甚至在心里嘀咕，“原来读书也并不能改变什么”。经过长时间的思考，陈友谅似乎找到了另外一条可以让别人尊重自己的道路。

陈友谅不断告诉自己，只要爬啊爬，不断地往上爬，直到爬到最高的顶点，那些曾经瞧不起他的人肯定会对他点头哈腰。于是，当徐寿辉的起义军来到他的家乡时，他便毫不犹豫地参加了部队。后来，徐寿辉率领的“红巾军”一举攻取了罗田县城；接着，打败了元朝的威顺王宽彻普化，攻占了圻州和黄州，并在水陆要冲之地圻水（今浠水）建都，国号“天完”，定年号为“治平”。同时，徐寿辉任命邹普胜为太师，倪文俊为领军元帅，陈友谅为元帅簿书椽。没过多久，徐寿辉又在圻水县城附近的清泉师太殿上称皇帝即位。徐寿辉创建政权后，还提出了“摧富益贫”的口号，得到了广大贫苦农民的拥护。

由于陈友谅很有才华，再加上他略有计谋，很快便得到了徐寿辉和当时的丞相倪文俊的信任和器重。在陈友谅所学习的知识中，四书五经似乎都没那么重要，他掌握得最好的就是“杀人灭口”“斩草除根”“无毒不丈夫”之类的人生哲学，倪文俊也正是欣赏他这一点。殊不知，倪文俊这是在引狼入室，未曾想陈友谅居然会把这招用在他身上。终于有一天，陈友谅杀掉了倪文俊。接下来，陈友谅的目标就是除掉徐寿辉。但之前要先解决掉他那些明教“兄弟”，第一个就是赵普胜。

当时，长江以南只有陈友谅部最强。朱元璋攻取太平后，与他为邻。陈友谅攻陷池州，朱元璋派常遇春率军前去攻打陈友谅，夺取池州。赵普胜是有名的骁将，号称“双刀赵”，开始与俞通海等驻扎巢湖，一起归附朱元璋，后来叛归徐寿辉。这时他正为陈友谅驻守安庆，多次引兵争夺池州、太平，到处抢掠。朱元璋为此担忧不已，于是引诱赵普胜的食客，让他潜入陈友谅军中去离间赵普胜。赵普胜没有发觉，见到陈友谅的使者总是诉说自己的功劳，觉得自己有恩于陈，脸上露出得意的表情。陈友谅由此怀恨心中，怀疑他要背叛自己，就以图谋不轨的名义杀掉了赵普胜。

聪明的丁普郎和傅友德见情形不对，就趁机逃到朱元璋那里当差。而此时的徐寿辉，手下的确没几个人可靠的人了，成了真正的“光杆司令”，已经是陈友谅手中的一枚棋子。徐寿辉在陈友谅的挟持下，对朱元璋发起了进攻。做这样的傀儡皇帝，让徐寿辉觉得生不如死。但他又不想就这样死，于是把权力交给了陈友谅，希望能够活下去，等待翻身的那一天。没承想陈友谅属于那种“卧榻之侧岂容他人酣睡”的人，徐寿辉还是没能逃出陈友谅的手掌心。

至正二十年（1360 年），徐寿辉仓促从汉阳出发，临时驻扎在江州。江州是陈友谅管辖的地方，他命令士兵埋伏在城外，然后将徐寿辉迎入城中，马上紧闭城门，将徐寿辉所部全部消灭。随即以江州为都，挟奉徐寿辉居于此地，而陈友谅则自称汉王，设置王府官属。然后，挟持徐寿辉东下，进攻太平。但太平城坚不可摧，于是陈友谅军便利用大型船只靠近西南城墙，士兵们顺着船尾爬过矮墙进入城内，攻克太平城。此后，陈友谅便愈加骄狂。

陈友谅部进驻采石矶后，他派遣部将假装到徐寿辉面前陈述事情，趁机安排壮士用铁器击碎徐寿辉的脑袋。徐寿辉一死，陈友谅便以采石五通庙为行殿，即皇帝位，国号汉，改元大义，太师邹普胜以下都是以前的旧官。陈友谅即位之日，正巧遇上大风大雨，群臣们都排列在沙岸上向他道贺。陈友谅性情向来强硬而多疑，喜欢以权术控制部下。那时的他已自称皇帝，而且尽占江西、湖广之地。朱元璋担心陈友谅与张士诚联合，于是想要设计对付陈友谅。

此时的陈友谅，已经彻底控制了天完国，再加上他的兵比朱元璋多，训练水平也比朱元璋的士兵高。他的长处正是朱元璋的短处——水军。当时，陈友谅占据了湖北、江西，也就是说，他占据了长江上游，而朱元璋占据的应天是下游。因为他们正好在水路上，水战便成为一种不可避免的战争方式，这也是朱元璋一再挂免战牌的缘由。在没想好绝妙的对策之前，朱元璋绝对不会轻举妄动。

为了对抗陈友谅，朱元璋失眠了几天几夜，终于想出了一个完美的计划：他考虑到自己的水军比不上陈友谅，硬碰硬就是找死。于是他决定把陈友谅引诱到岸上，引他进入预定的地点，再设伏攻打他。为此，为了做到更完美，朱元璋还分析了陈友谅水军的进攻方向，并判定陈友谅的水军必定会经过长江，再进入秦淮河，最后直抵南京城墙之下。而在这条水路上，战船唯一的阻碍是长江到南京西城墙的三叉江上的一座木制桥，这座桥的名字叫“江东桥”。如果陈友谅走这条路，朱元璋的军队将会直接面对汉军的可怕舰队。所以，千万不能让陈友谅走这条路，考虑再三之后，朱元璋为汉军选定的墓地是龙湾。因为龙湾有一大片开阔地，只要汉军到此地，唯一的选择就是上岸。而到那时候，朱元璋的军队就可以利用那儿的石灰山作屏蔽，随时在后面突袭陈友谅的军队，这里被认为是最好的伏击点。

朱元璋召集了他的高级将领们，这些人都是曾经和他一起从濠州打到应天的伙伴们，他们一个个身经百战、百战百胜，朱元璋对他们很是信任。在这些将领面前，朱元璋带着自信的表情宣布了他的计划。这时候，徐达发出质疑："如果陈友谅军不攻占龙湾，而直接从秦淮河攻击应天，那这个计划是不是就泡汤了呢？陈友谅带领的是水军，必定会走水路，他又怎么会放弃自己的优势，去和咱们打毫无把握的陆地战呢？"朱元璋听完，脸上浮现出一丝狡笑，指着将领中的一个人说道："这个事情就要靠你了。"他说的这个人名叫康茂才，原来是陈友谅的手下大将，后来投奔朱元璋。用今天的话说，他是朱元璋埋在陈友谅身边的一颗棋子。

这时候的陈友谅，正沉浸在莫大的喜悦中，因为他已经成为了"一人之下、万人之上"的皇帝。看到文武百官在他面前低头，乖乖聆听他的训示，陈友谅心里甭提有多满足了。也就是在那一刻，他才觉得弥补了年轻时所受的所有屈辱。他告诉自己，如今他的舰队已经兵临城下，夺取应天指日可待，朱元璋也将会很快消失在世界上，这片大地上的百姓都将归他所管，成为他的臣民。

至正二十年（1360 年）六月二十三日，陈友谅率领他的舰队沿秦淮河一路进攻，很快就到达了江东桥。做梦都想成功的陈友谅难以抑制激动的心情，亲自登上岸，在夜色中轻声叫出了联络的暗号，可是叫了好久，无人回应他。陈友谅的心有点不安了，又试探着叫了几声，还是没人作答，这时候才意识到自己中计了。也就在这时候，陈友谅得到手下人传来的消息，弟弟陈友仁已率领一万多人马在新河口之北的龙湾登陆，并击败了驻守在此地的军队，正等待大军的到来。

果然如朱元璋的所料，陈友谅真的放弃了在江东桥进攻的企图，因为他是一个疑心很重的人，为了不出任何差错，他肯定会选择稳妥的进攻方法。此举让朱元璋更加自信了，在确定所有的士兵都进入了伏击圈后，朱元璋摇动了手中的红旗。这时候，隐藏在石灰山后、应天南城、大胜关的五路军队从不同的地方冲出来。但他们并没有摇旗呐喊，而是静静地盯着陈友谅的军队，等待朱元璋发出进攻信号。

那个夜晚，出现了可怕的宁静，是一种比死亡更可怕的宁静，是一种令人毛骨悚然的宁静。朱元璋的五路军队在徐达、常遇春、冯胜等人的率领下，对汉军展开了疯狂的攻击，骑兵纵横，所向披靡。在如此混乱的局面下，陈友谅的军队早已经措手不及、丢盔弃甲、落荒而逃，一个个奔向自己的船只。殊不知这一刻正是退潮之时，船只搁浅，大多数汉军只能跳入长江逃生。看着眼前这一幕，陈友谅几乎崩溃，一时间想不到挽救的办法，只能跟其他士兵一样，拖着狼狈不堪的身子落荒而逃，一路逃到九江。

朱元璋率领军队乘胜追击，以求扩大战果。果然一切都如他所愿，他夺回了安庆、太平，又继续取得了信州、袁州（今江西宜春）等地。而陈友谅自应天之战惨败后，却每况愈下，一直在做无谓的反抗。在朱元璋的一次次逼迫下，陈友谅终于忍无可忍，决定跟朱元璋决一死战。于是，陈友谅率领60万大军，围攻南昌85天。等朱元璋的军队一到江东，就在鄱阳湖开始了激战，这次大战持续了整整36天。最后，陈友谅全军覆没，他本人也死于乱箭之下，“汉国”土崩瓦解。

下一个目标，张士诚

在解决了陈友谅的问题后，朱元璋紧接着向比他更富有的张士诚发起了进攻。

张士诚，小名张九四，泰州白驹场亭人。他出生在一个穷苦的“亭民”之家，身下有三个弟弟，分别叫张士义、张士德和张士信。他们都是以撑船运盐为生。少年时的张士诚，为人仗义疏财，总是慷慨解囊，有求必应，当地的人们对他的印象很不错。但是，由于他们身份过于低微，张士诚他们一群人总是被那些富人欺负、凌辱。

其中有一个叫丘义的弓箭手，见当地人总是袒护张士诚，于是找各种茬儿加倍欺负他。张士诚对此十分恼火，直到忍无可忍，他便秘密联络了他的弟弟们及壮士李伯升等十八人，一起杀死了丘义，并消灭了那些曾经欺侮过他们的富家子弟。他们还觉得不过瘾，又放大火把他们的房屋烧了个干干净净。之后，他们便进入邻郡，招集诸多青年壮士起兵。当时，在盐场干活的盐丁们因工作太苦太累发牢骚，灵机一动，共同推举张士诚为首领，很快便攻下了泰州。高邮府的知府李齐是个见风使舵的人物，先是招降了张士诚，后来又借机会叛逃了出去。但是区区几个人的叛逃，并没有让张士诚停止行动，他又率领手下的人杀掉了行省参政赵琏，同时攻取了兴化，在德胜湖（江苏兴化附近）集结，此时的张士诚部下已有万余人。后来，张士诚又以牙还牙，用欺骗的手段杀死了李齐，偷袭占据了高邮，自称“诚王”，国号“大周”，年号“天佑”，这一年是至正十三年（1353 年）。

至正十六年（1356 年）二月，张士诚攻陷平江（今江苏苏州市），紧接着又攻陷湖州、松江及常州等路（均属江苏）。正好在同一年，朱元璋也攻下集庆（今江苏南京），派遣大臣杨宪向张士诚示好，并亲自写了一封信给张士诚。张士诚收到朱元璋的书信后，非但没有以礼相待，反而扣住了杨宪，也不回信给朱元璋。后来，他竟然派遣水军偷偷进攻镇江，结果在龙潭被徐达击败了，这下可算是跟朱元璋结下了梁子。于是，朱元璋派徐达和汤和两位大臣攻打常州，张士诚派兵来援救，没想到再一次败在徐达手里。被逼无奈之下，张士诚才写信求和，请求每年送给明军粮食二十万石，黄金五百两，白金三百斤。朱元璋回信给他，限令他速速放回杨宪，每年只要送五十万石粮食就行了，黄金、白金统统不要。张士诚看完信之后，又不搭理朱元璋了。不知道他葫芦里究竟卖的什么药？

第二年，朱元璋又派徐达率兵攻下宜兴，然后进攻常熟。张士诚委派自己的弟弟张士德迎战，没想到大败而归，被朱元璋的人马活捉。张士德，小名叫九六，善于打仗，有谋略，浙西地区都是他打下来的。张士德被捉住后，张士诚十分郁闷。朱元璋想留着张士德来招降张士诚，可是狡猾的张士德却派人偷偷给张士诚送信，叫他投降元朝。张士诚听了弟弟的话，立即请求向元军投降。为此，元朝廷封张士诚为太尉，他手下的文武官员都按级别封了官。

张士德被押送到金陵（南京）以后，拒绝进食，最后饿死。张士诚虽然不再称王，但是，仍然和以前一样拥有武装和土地。张士诚还派史文炳偷袭元军，并占据了杭州。由于他表面上还会为元朝廷做一些送粮之类的事，能够得到元顺帝的赏赐，他便更加骄横，让他的部下歌功颂德，要求元朝廷封他为王，但元朝廷没有答应。

至正二十三年（1363 年）九月，张士诚又自立为吴王，尊他的母亲曹氏为王太妃，按照王的身份地位设置属官，在城里另外建造了府第。那时，张士诚占据的地盘，南到绍兴，北超过徐州，到达济宁的金沟，西边占据汝宁府（河南汝南县）、颍州（安徽阜阳）、濠州（安徽凤阳东北）、泗州（江苏盱眙），东边直到大海，纵横两千余里，带甲的将士数十万。他的弟弟张士信和女婿潘元绍成为他的心腹，以左丞徐义、李伯升、吕珍为爪牙，以参军黄敬夫、蔡彦文、叶德新等人为智囊团，以元朝的学士陈基、右丞饶介掌管秘书工作。他还喜欢招揽宾客，所赠送的车马、居室、家具之类很多，那些侨居在杭州和当地贫穷无依靠的人们都争着来投靠他。

其实说起张士诚的为人，虽然他外表看起来迟重寡言，貌似有大气量，但事实上却无深谋远虑。当时，朱元璋的营地就在张士诚的旁边，可以称得上左邻右舍。在那几年里，张士诚一直对朱元璋虎视眈眈，不止一次派兵进攻常州、江阴、建德、长兴、诸全，但都没能遂他愿望，只好灰溜溜地退回。而朱元璋也不让自己闲着，兵分三路，派邵荣攻打湖州，又派胡大海攻打绍兴，还派常遇春攻打杭州，但也跟张士诚的结果一样，终究没能达成愿望。

就在朱元璋与陈友谅相持不下的时候，运气不好的廖永安却被张士诚俘虏，谢再兴也随后叛变并投靠了张士诚。面对这样的局势，朱元璋心有余力不足，只好把张士诚的事暂时搁置一旁，这些恩怨朱元璋一直记在心上。可怕的敌人陈友谅果然阴狠，居然想到借张士诚之手攻打朱元璋，这是朱元璋自己也没能预料到的事情。但是，张士诚也不是好惹的，虽然表面上答应了陈友谅，到最后也没有配合陈友谅的行动。等到朱元璋顺利攻下武昌，消灭了陈友谅之后，就率领军队回到了南京。还没等喘口气儿，朱元璋又命令徐达等人谋划攻取淮东地区，先后打下泰州、通州（江苏南通），包围了高邮。这时候，张士诚派水军从长江逆流而上，顺利救下高邮。朱元璋不肯示弱，第二天又亲自率领军队击退了张士诚的水军，但还是没能活捉张士诚。

元至正二十六年（1366 年）九月，朱元璋一直在养精蓄锐，希望可以一次拿下张士诚，以报曾经的恩恩怨怨。随后，他便封徐达为大将军，封常遇春为副将军，并率二十万精兵，想要集中主力，一举拿下张士诚。一向诡计多端的朱元璋，依然不按套路出牌，他告诉两位将军先不要攻打苏州，而是直击湖州。他们二人按照朱元璋的计谋行使，徐达等率诸将发兵龙江，又调遣李文忠趋杭州，华云龙则赴嘉兴，就是为了牵制张士诚的兵力。在接下来的几个月里，东吴的左右膀臂皆失，平江（今苏州）成为一座孤城，面临南西北三面被围之势。就这样一直打了十个月，才最终攻克成功。

至正二十七年（1367 年）七月，张士诚见城中的粮食一天天减少，眼看就要断粮了。他率绰号“十条龙”的上万亲军，冒险想要冲出重围弄粮。可是出城后，看见城左西吴兵队阵如此严整，当即就有点心虚，很快退了回来。后来，他又改变策略，带着军队转至舟门，向常遇春营垒杀去。这下他可是遇到了“克星”，因为常遇春是一位有勇有谋的百战良将，挥兵直前，与东吴兵开始了一场激烈的厮杀。就在这时候，猛将王弼又从另一条路绕出，夹击东吴兵，把张士诚的万余护卫精兵都困在了沙盆潭中。费了九牛二虎之力，张士诚才从潭水逃出，再一次狼狈不堪地回到城中。

半个月以后，张士诚休养得差不多了，再一次咬咬牙，亲自率兵从胥门冲出。经历过多次的生生死死，张士诚不再惧怕，而是以一种玩命的心理跟敌军交战。或许是张士诚军队的气势吓住了常遇春，让常遇春的人马似乎有点招架不住了。这时候，张士诚的弟弟张士信居然站在高高的城头上大喊：“兵将们打累了，可以歇息了！”于是马上鸣金收兵。还没等张士诚等人反应过来，常遇春趁他们分心之际，又重新振作，掉头回击，把东吴兵打得大败。

在如此危急的形势下，张士信居然跟没事人一样，在大城楼举行盛宴，在里面遍摆了银椅，与亲信左右饮美酒、食佳肴。就在他们饮酒作乐、忘乎所以的时候，有一位仆从进献了他一个大水蜜桃，张士信欣赏了许久，刚要准备吃。突然间，城下发巨炮，正好打中了张士信的脑袋，与桃汁一起四溅飞迸。张士诚再次兵败，这一次他失去了一个亲弟弟。此时的张士诚满是仇恨，立即指挥城中的兵将誓死抵抗，也杀伤了不少西吴兵马。十月间，徐达终于放开手脚，开始了总攻，百道攻城，东吴军人力、体力不支，平江城终于沦陷了。

张士诚在府邸中闻城溃，对其妻刘氏说：“我兵败且死，你怎么办?”刘氏冷静答道：“君勿忧，妾必不负君。”说完这句话，她怀抱两个幼子，在齐云楼下积柴薪，与张士诚诸妾登楼，自缢前令人纵火焚楼。

时值日暮，曾经的大英雄张士诚，这一次真是到了穷途末路的地步。他把自己关在屋子里，望着齐云楼的大火，似乎在思考，又似乎在反省。突然间，他似乎有了上吊自尽的举动。说时迟，那时快，他的旧将赵世雄跑上前去把他解救下来，号哭劝道：“九四英雄，还怕不保一命吗!”紧接着，他的另外一些旧将，如李伯升、潘元绍等人也纷纷劝他归降朱元璋，可是他始终闭目不答。无奈之下，徐达便请张士诚上船，决定由水路先押送他去应天府。在此期间，张士诚一直坚卧舟中不肯吃东西。就在他被押送应天府后的当夜，他趁人不注意，上吊自杀了，终年四十七岁。昔日拥强兵占胜利时，张士诚内怀懦弱，坐失良机；当其被俘为虏时，辞无挠屈，绝粒自尽，也不失为一大丈夫。

开国名臣徐达

徐达，出生在一个世世代代靠种田为生的农民家庭。他面貌清癯、颧骨稍高，再加上一米九几的魁伟身材，在当时称得上是风华正茂、风度翩翩。自幼就酷爱武术的他，练得一身好功夫。在他幼年时，曾经和朱元璋一起放牛、玩耍，是无话不说的好朋友。他亲眼目睹政治黑暗、战乱频繁、民不聊生，他的“济世之志”立即被点燃。

至正十三年（1353 年），徐达的好朋友朱元璋奉郭子兴之命回乡招兵，当时的朱元璋是郭子兴起义军中的一名小军官，徐达见朱元璋在短短的时间内混得还不错，于是欣然答应跟他一起参军，从此便开始了戎马倥偬的军旅生涯。徐达投奔朱元璋之后，一直很敬业地做事，从不怠慢。徐达不仅作战勇猛，而且“时时以王霸之略进”，协助朱元璋收编了定远的好几支地主武装，并攻占了滁州（今安徽滁县）。徐达冲锋陷阵、威勇初露，朱元璋对此十分满意。

至正十五年（1355 年）二月，滁州粮草不继，朱元璋便邀徐达一起商议，最后决定攻取和州（今安徽和县）。待成功攻打和州后，不知因为什么，郭子兴与另一首领孙德崖发生了矛盾，一气之下还下令抓走了孙德崖。孙德崖军也不甘示弱，决定以牙还牙，他们也抓走了朱元璋。在关键的时刻，徐达挺身而出，提出要去孙德崖军中去当人质，换回朱元璋，这才化解了这场矛盾。也正因为这件事，朱元璋对徐达十分感激，也更加信任他。

郭子兴病逝那年，朱元璋执掌了全军大权，挥师南渡长江，攻占采石、太平，并进一步图谋攻集庆（今江苏南京）。徐达则顺其自然地成为了朱元璋最看重的一员大将。此后，朱元璋统兵击灭了陈友谅的势力，升任徐达为总兵官、大将军。紧接着，又攻占平江（今江苏苏州），消灭了张士诚的势力。最后，徐达被受命为征虏大将军，率领部队北伐，席卷中原，克复大都（今北京），终于如朱元璋所愿，完成了推翻元朝、统一北方的重任。

徐达一向持重有谋、治军严明，不仅这样要求自己，还要求自己的部下也要时刻听从号令和指挥，“令出不二”，而且一再警告自己的部下，不许他们骚扰百姓，有违令扰民，必戮以徇。不仅如此，他还提倡部下优待俘虏，以分化瓦解敌人。凡是俘获敌军将士和间谍密探者，他都“结以恩义，俾为己用”。所以，只要是他带兵出征，特别是在率军北伐的过程中，总是会出现“大军勘定者犹少，先声归命者更多”的局面。

作为一名杰出的将领，徐达不仅严以律己，还能与士卒们同甘共苦。在元末群雄并争之时，那些人一旦被封为将，手握重兵，就开始过上了穷奢极欲的生活。徐达却从来不贪女色，也不贪图钱财。在南京的时候，徐达总是住一所低矮破旧的小屋，朱元璋看在眼里，几次提议给他换一间宽敞舒适的屋子，他都拒绝说："天下未定，上方宵衣旰食，臣哪里敢以家为计？"对此，朱元璋很是无奈，只好随他去了。

每逢出征之时，但凡遇到军粮不够，士卒们吃不饱饭，徐达就总是委屈自己，好几日不喝水不吃饭，也不进营帐休息，士卒们一再劝他都无果。看到士卒们生病的生病，负伤的负伤，他总是拖着疲惫的身躯还前去探视，并想尽办法给予他们好的医药。多少年来，徐达就是"以智勇之资，负柱石之任"，为明王朝的开创立下了盖世之功。尽管他劳苦功高、地位显赫，但他谦虚处世，从不居功自傲，这是让人们最为佩服的。

明朝建立后，朱元璋授他为太傅、中书右丞相，后封魏国公，并以其长女为燕王妃，次女为代王妃，三女为安王妃。然而，更为难能可贵的是，这么多年来，徐达能够摆脱乡土观念的羁绊，不拉帮结派，也没有卷进"淮西集团"的是非之争。"淮西集团"的骨干是胡惟庸，他是一个见风使舵的小人，见徐达功劳大、威信也高，于是想要和徐达搞好关系。徐达看出他那点小心思，所以根本不理睬他。徐达心思缜密，又不想被朱元璋认为他故意挑唆，于是找了个合适的机会提醒朱元璋，"胡惟庸这样的人，不太适合当丞相"，朱元璋心里也有数，但也没表态。因为他一直本着"用人要疑，疑人要用"的原则，始终不肯错过任何一个对他有用的人。

后来，胡惟庸因为谋反被杀害，朱元璋再次想起徐达对他的暗示，只说了三个字，"益重达"。虽然徐达对朱元璋一直都是忠心耿耿，但仍然未能消除朱元璋对他的疑心和猜忌。当时的给事中陈汶辉，在一个奏疏中曾提到"刘基、徐达之见猜"，说："视萧何、韩信，其危疑相去几何哉？"朱元璋在为徐达撰写的神道碑中，也承认自己曾因所谓"太阴数犯上将"的星象而"恶之"。但是不管朱元璋如何猜忌，在政治上，徐达总是做到忠诚不二；在经济上，他也能做到不贪不占；在生活上，他也能做到十分检点，不出任何纰漏，不让朱元璋抓住任何把柄，从而避免了“走狗烹”的厄运。

洪武二年（1369 年），明太祖朱元璋下诏修建功臣庙，并亲自确定了各位开国功臣的位次，徐达位居第一，后面依次是常遇春、李文忠、邓愈、汤和、沐英、李善长、汪广洋等人。徐达之所以能够成为明王朝的开国第一功臣，不仅仅因为他曾经是朱元璋的同乡、少年时代的好玩伴，最重要的是他为朱元璋建立大明王朝立下了赫赫战功。

洪武十八年二月，多年的戎马生涯，长期的奔波劳累，使徐达的身体一天天虚弱，终于积劳成疾，一病不起，最后病逝于北平（今北京），享年五十四岁。朱元璋念他战功赫赫，便追封他为“中山王”，赐谥“武宁”，赐葬于南京钟山之阴，还亲自为他撰写了神道碑，并赞扬他“忠志无疵，昭明乎日月”。

“贤内助”马皇后

历史的烙印无处不在，但凡懂点历史的人肯定都知道，唐太宗李世民的长孙皇后、明太祖朱元璋的马皇后，她们都是历史上杰出的“贤内助”。有史以来，有着特殊身份的人，身后是否拥有一位知书达理、善解人意、知大局、懂谦让的睿智女子为妻，显得极为重要，验证了那句“每个成功男人的背后，都有一个伟大的女人”。

马氏，又名秀英，宿州（今安徽宿县）人。祖上曾是当地的富户，父亲马公，性格刚强，见有为不义者，视之若仇雠。正因为父亲无节制的仗义好施，家业日日穷困起来。母亲郑媪，在生下马氏不久就因病去世了。

马公没有儿子，秀英从小又失去了母爱，为了让她加倍得到父爱，马公视她为“掌上明珠”。秀英自幼聪明可爱，擅长作诗和绘画，尤其擅长史书。在性格方面，果然女儿随父，秀英的性格跟她的父亲一样很是倔强。按当时的习俗，妇女到一定年龄都要被缠足。可是，无论人们无论怎么劝说她，她都坚决不缠，这也是人们称她为“马大脚”的缘由。

后来，秀英的父亲马公因为杀人避仇，就带着女儿逃到了定远，投奔了郭子兴，也是在这时候，他们二人结为刎颈之交。郭子兴揭竿起义时，马公回宿州策划起兵响应，回去不久后就死了。短短的时日，郭子兴失去了一个生死之交，为此他十分悲痛，便将秀英收为养女。看到眼前这个孤儿，郭子兴生了怜悯之心，对她更加疼爱，视她如亲生女儿。等朱元璋投奔郭子兴之后，郭子兴见他英勇善战，深受器重。没过多久，郭子兴就将这个“善承人意”“知书精女红”的养女许配给了朱元璋。从此，秀英就同朱元璋患难与共，尽力当好“贤内助”的角色。

洪武元年（1368 年）正月，朱元璋正式册封马氏为皇后，那年她 36 岁。从此，马氏就以皇后之尊倍加留心政事。她不仅关心黎民百姓的生活，也以国士之礼对待臣下，与朱元璋同一条心，以巩固大明王朝长治久安。当时的她，虽然身居高位，但仍然保持着节俭朴实的好作风。之所以说马皇后是“贤内助”楷模，正是由于她跟随朱元璋南征北战，一直忧勤相济，成为朱元璋的得力助手。

马皇后不仅是家庭生活的“贤内助”，也是辅助事业的“贤内助”。由于朱元璋的雄才大略，使得他很快在濠州红巾军中崭露头角。俗话说，“人怕出名猪怕壮，树大自然会招风”。他的大作为自然免不了遭人侧目，就连赏识他多年的郭子兴也对他有了疑忌。诸将出征，掳获的物品都会贡奉郭子兴。而朱元璋却从不猎取私财，自然无从贡奉，这便引起了郭子兴的不悦。马皇后看到此情形，就把自家财产送给养父郭子兴的妾室张夫人，聊天之余，请她在养父面前给干女婿说点好话，以弥补他们之间的裂痕。

还有一次，朱元璋犯了军规，郭子兴便毫不留情地将他关了禁闭，并下令不许给他水喝，也不许给饭吃。马皇后心疼丈夫，就在家烙好了饼，放怀中偷偷给朱元璋送去，回到家后才发现胸前的皮肤都烫焦了，这样深厚的夫妻感情怎能不让人感动？在平日里，马皇后对朱元璋的生活关照更是不必多说了。当时因为战乱，缺乏食粮，马皇后就在家省吃俭用，把所有好吃的都留给丈夫，只希望丈夫不要因为这个分了心。而她自己呢？只能偷偷饿肚子，有时候半夜都会被饿醒，这些事朱元璋都看在眼里，记在心里。

朱橚，是朱元璋的第5个儿子，性格放荡不羁，老惹是生非。长大后，朱元璋把他封到开封做了周王。尽管如此，马皇后还是对他不放心，周王临走时，她便派江贵妃前往监督并照顾周王。此外，她还把自己身上的旧布衣脱下来交给江贵妃，并赐她一杆木杖，一再嘱咐："到了开封，如果周王有任何过错，就可以披衣杖责；如果他不肯遵命，胆敢违抗，就驰报朝廷。"从那以后，每当周王看到慈母的那件布衣，便心生出敬畏之情，再也不敢胡作非为了。对待子女，马皇后只有一个原则，那就是"以严为爱"。对宁国公主、安庆公主等人，马皇后从不遵循"女儿富养"这一说法，而是一再要求她们勤劳俭朴，不能无功受禄。对待朱元璋的养子沐英、李文忠等人，马皇后也不顾忌"儿子穷养"的说法，而是细心照顾，视为己出。马皇后的种种举止，让朱元璋只有感动。

但是，马皇后也不是毫无原则，什么事情都要亲自管。她心思缜密，做任何事情都会把朱元璋放在第一位，不会让大臣戳朱元璋"脊梁骨"，觉得她作为一个女人竟敢公然干政。因此，她从来不出面干预政事，只会处处留心朱元璋治政的得失，并采取"随事几谏"的方式，进行婉转的劝谏。她常常劝朱元璋一定要"亲贤务学"，朱元璋也一直在采纳。马皇后还关心民间疾苦，每逢遭遇灾荒，她便第一个带领宫人蔬食；遇到年成不好的时候，她就带领身边的人设麦饭野羹。朱元璋明白她的一番良苦用心，就告知她已经下令赈灾。马皇后又提出建议："赈恤不如蓄积之先备也。"朱元璋觉得她说得非常道理，于是在各地设立预备仓，选耆民运钞籴米，以备赈济之用。

马皇后还善于处理复杂的人际关系，也帮助朱元璋解决了不少难题。一个人一旦做了皇帝，就很容易骄横霸道、蛮横刁钻，朱元璋也不例外。他在朝堂上处理政事，有时候会因为一点小事就勃然大怒，严厉指责大臣们。后来，马皇后看到了，当场不语，回到家中，便婉转地劝说朱元璋。因为她了解朱元璋的脾气，他一旦发怒，就会不管三七二十一，斩杀大臣们。为了不酿成严重的后果，马皇后每次都会等朱元璋心情平静了，才会劝说他。经过马皇后的再三劝解，朱元璋每次遇到这样的问题，就会想起马皇后的告诫。为此，马皇后救了不少大臣的性命。

当时，有一名封疆大吏名叫郭景祥。在担任和州知州的时候，不知道他得罪了什么人，有人揭发说："郭景祥有一个儿子，曾经手持长枪要杀自己的父亲，肯定是他做了什么不好的事情。"朱元璋听后大怒，当场就下令要处死这样的逆子。这时候马皇后不急不躁地说："据调查，郭景祥只有一个儿子，如果杀了他的儿子，就等于断了郭景祥的后代了，这样的传言也许并不可靠。"后来，朱元璋派人去调查，发现果然是一些人的谣言，要不是马皇后的劝说，郭家或许就真的家破人亡了。

又有一次，宫中有几位侍者犯了罪，暴躁的朱元璋又动了杀念。每当关键时刻，马皇后就会出现。她命令先将这些犯罪的侍者全部移交司法机关，等候他们的处理结果。朱元璋知道了这件事，回家就质问妻子："为什么要这样做呢？"马皇后一脸正经地说："作为一国之君，不能因为自己一时的高兴或不悦，就给予一个人奖赏或惩罚。一个人生气时做的决定是不理智的，恐怕会给予过重的惩罚。为了不冤枉任何人，只有把他们交给司法机关，才能得到公正的判决。"朱元璋听到妻子这番话，心中为之一震，一时间心绪变得复杂起来。

诸如此类的事例还有很多。比如，当朱元璋要杀曾担任大都督的朱文正时，马皇后就劝告朱元璋，“他是你的亲侄子，曾经也立有大功，所以不能杀他”；当朱元璋要杀开国第三功臣李文忠时，她又劝告朱元璋，“他是你的亲外甥，也是你的养子，留他一条性命吧”；当朱元璋要杀大文学家宋濂时，从未向丈夫下跪的马皇后跪下请求朱元璋，“他曾经是太子的老师，一日为师，百日为父，你作为帝王，更不能杀他”。马皇后就是这样一个人，一直在用她的慈爱去关怀每一个人，把他们一个个从朱元璋的屠刀下解救了出来，因为她比朱元璋更知道生命的可贵。

洪武十五年（1382 年）八月，马皇后不知何故，患了重病。朱元璋为此食不知味、寝不能安，派人四处寻访名医。一直身体很好的她，如果能找到高明的医生，对症下药，或许有希望治好她的病。可是，她又担心，万一服药之后无效，朱元璋肯定会在一怒之下诛杀医生。于是，她告诉丈夫一句话：“人的生死自有命运……”就这样，她一直不肯就医，直至病重死亡。马皇后的言行举止，不愧是“贤内助”的楷模和典范，是“母仪天下”中的佼佼者。

“神算子”刘伯温

刘伯温，又名刘基，青田县南田乡（今属浙江省文成县）人，所有熟知他的人都称他刘青田。他是明太祖朱元璋的开国谋臣之一，也是民间传说中神机妙算的亮点人物，甚至还有人说他是诸葛亮“转世”。自幼天资聪明、天赋极高的他，在父亲的悉心培养下，对儒家经典、诸子百家之书样样精通。尤其对天文、地理、兵法、术数之类，他更是潜心研究，颇有一番见解。他的记忆力更是惊人，“读书一目十行、过目成诵”的境界，大概说的就是他吧。不仅如此，他的文笔也十分精彩，所写文章更是非同凡俗。在他 12 岁的时候，就已经顺利考中了秀才。父母为有这样一个优秀的儿子自豪不已，同乡的人们也甚是羡慕他，并称他为“神童”。

泰定元年（1324 年），刘伯温刚刚 14 岁，他的父亲就送他去处州（今浙江丽水）读书。第二天，他就跟着老师学习《春秋经》。因为这是一部隐晦奥涩、言简义深的儒家经典，成人读起来都有点难度，对于这些十几岁的孩子更不用说，肯定是难上加难。刚开始，老师只是让孩子们捧书诵读，先不解释其含义。没想到刘伯温默读了两遍就能背诵如流，而且还能根据文义，言前人所未言。老师很是惊讶，以为他曾经接触过一些，于是又考了他其他几段文字，刘伯温依然都能过目而懂其意。一时间，让老师心生佩服，并称赞他真的是一个奇才，将来一定不是平庸之辈。厚厚的一部《春秋经》，刘伯温没多久就学完了。

泰定四年（1327 年），刘伯温 17 岁了，也已经离开了处州，师从处州名士郑复初，接受儒家通经致用的教育。有一次，老师去拜访刘伯温的父亲，一再赞扬说：“肯定是您的祖先曾经积德深厚，这才降福于后代子孙，这个孩子如此有才华，将来一定能光耀门楣。”刘伯温也没辜负老师对他的期望，一直坚持学习，博览群书，诸子百家无一不窥，尤其对天文地理、兵法数学更是有特殊的爱好，还潜心钻研，直到揣摩出其意为止。一次偶然的机会，刘伯温又得知歙县南乡的六甲覆船山有一本六甲天书，好奇心强的他便探秘覆船山（主峰搁船尖），在那里找到了一本《奇门遁甲》，为此他还结识了一大批明教圣者，每天在一起互相探讨知识。虚心好学的刘伯温就是在这里掌握了丰富的奇门斗数知识，回到故乡后就因此出了名，人们都称赞他有魏征、诸葛孔明之才能。

元统元年（1333 年），23 岁的刘伯温，赶京城大都（今北京）参加会试，一举考中进士。当时的他，正赶上兵荒马乱的岁月，战火连绵不断，刘伯温不得不在家待了三年。三年后，他才被元朝政府授为江西高安县丞。任职以来，他都勤于职守、执法严明，很快做出了政绩。有一次，他忙完公务得空了，准备深入乡间，体察民情，未曾想到居然真的有收获。在高安县，他发现有一些豪绅地主竟然勾结贪官污吏，不仅骗人钱财、夺人妻女、杀人害命，简直是无恶不作、无法无天。当地的百姓看到刘伯温来探民情，就犹如看见了“救命稻草”，把所有的悲惨遭遇统统哭诉给刘伯温听。在倾听完百姓的哭诉后，刘伯温义愤填膺，决心一定要为民除害。经过他几天几夜的明察暗访，终于掌握了真凭实据，对那几个豪强恶霸给予了严惩，并对县衙内贪赃枉法的官吏也进行了整治。自此，高安县的社会风气就有了好转。正是因为刘伯温一身正气，赢得了百姓的赞誉和爱戴。

在刘伯温中进士后不久，他由江西高安县丞，晋升为元帅府都事。但是，运气一向很佳的他，自从当了元帅府都事，开始经受各种挫败。在朝堂上，他的建议总是得不到朝廷的采纳，他的才能受到朝廷的各种压制。为此，刘伯温失望透顶，先后三次愤然辞职，回故乡青田隐居。在刘伯温隐居青田期间，他依然潜心著述。

后来，雄才大略的朱元璋看中了刘伯温的才能，两次向隐居青田的刘伯温发出邀请，希望刘伯温能够出山，助他一臂之力。刘伯温经过深思熟虑之后，终于决定出山辅助朱元璋，希望通过帮助朱元璋打江山，来实现自己治国平天下的宏伟大志。朱元璋对刘伯温的加入，更是大喜不已，从此将刘伯温视为自己的心腹和军师。刘伯温出山之后，忠心耿耿地为朱元璋效力，积极为朱元璋出谋划策，并为朱元璋制订了“先灭陈友谅，再灭张士诚，然后北向中原，一统天下”的战略方针。而朱元璋正是得到刘伯温的精心辅佐，事业才如虎添翼。

洪武三年（1370 年），刘伯温一路高升，又被朱元璋任命为弘文馆学士，并授予“开国翊运守正文臣、资善大夫、上护军”称号，赐封诚意伯，食禄二百四十石，待遇实属不错。至此，刘伯温可谓是事业家庭双丰收。但是作为一代军师，他总是料事如神。他知道，自己平日里疾恶如仇，肯定得罪了不少同僚和权贵，同时也懂得“伴君如伴虎”的道理，说不定哪一天他就会被打入低谷。因此，他在功成名就之后，就毅然选择了激流勇退，于洪武四年（1371 年）主动辞去一切职务，告老还乡，继续回青田隐居。很快，刘伯温在青田又过了两年的隐居生活，每天钻研诗书，日子过得也算安逸。但是他的智慧和才能实在太高，名声也实在太大了，难免不引起诸位大臣的嫉妒和朱元璋的猜疑。

洪武六年（1373 年），刘伯温的死敌胡惟庸当上了左丞相，为了打压刘伯温，坏心思的他居然指使别人诬告刘伯温，说他想霸占一块名叫“茗洋”的“有王气”的土地，做自己的坟墓，意图实属不轨。这件事让朱元璋知道了，早就对刘伯温放心不下的他，听到诬告后居然信以为真，立即剥夺了刘伯温的封禄。刘伯温对此惶恐之极，于是亲自上南京向朱元璋谢罪，并执意留在南京，不敢再回来。可是胡惟庸还是不肯善罢甘休，一直没完没了找刘伯温的麻烦，这让刘伯温更加忧虑，终于一病不起。

洪武八年（1375 年），朱元璋得知刘伯温重病，念在他曾经辅佐自己打过天下，于是派使者护送重病缠身的刘伯温回到了自己的故乡。没过多久，刘伯温就在家郁郁而死，当年他 65 岁。有人说，刘伯温在南京的时候，胡惟庸曾派太医为刘伯温诊病送药，刘伯温吃了他的药后，病情加剧了。因此，当时人们都怀疑刘伯温是胡惟庸下毒致死的。刘伯温死后 139 年，即明武宗正德九年（1514 年），他被追赠为太师，谥号文成。因为刘伯温的故乡是文成县，因此后人又称他刘文成。

废除相权，皇帝揽权

自古以来，中国的历代皇帝都拥有至高无上的权力，一切运筹进止，都必须听命于皇帝，都是皇帝一个人说了算。但因为朝政事务繁多，什么都要依靠皇帝一人，即便是有“分身术”，也是应付不过来的。因此，自秦汉以来，历代的中央都会设有丞相一官，负责处理各种政务，辅佐皇帝治理国家。同时，中央还设有直接掌管军事的官员或机构，所做的一切，都是为替皇帝排忧解难。

明朝建立初期，疆域辽阔，必须建立一套高效有力的中央集权机构，才能够真正做到国家的集中统一。因此，朱元璋进行了一系列改革。洪武元年（1368 年），朱元璋首先在中央设立了中书省，改相国为丞相，属于正一品官职。这样一来，明朝开国大臣李善长、徐达就顺其自然成为左右丞相了。在丞相之下，朱元璋又设有从一品的平章政事、正二品的左右丞、从二品的参知政事，专门负责中央政事。朱元璋对中书省寄予了很高的期望，他在中书省的人员安排上，也的确花费了不少心思。以中书省统领百官，总领吏、户、礼、兵、刑、工六部事务，可谓是位高权重。这对于权力欲望极强的朱元璋来说，无疑是政权不稳的心头大患，在以后的日子里，他一定会费尽心思去扫除一切障碍。

洪武三年（1370 年），在一次朝会上，儒生严礼上书提道，“臣民上书不得隔越中书奏事”，殊不知，这恰恰刺激了朱元璋敏感的“神经”。于是，他借着与大臣们讨论元朝兴亡教训之际，告诉他们说：“元朝之所以能得天下，都要归功于元世祖的雄才大略和居功奇伟。而元朝之所以丢了天下，却正是委任‘权臣导致上下蒙蔽’的结果，严礼所说的‘不得隔越中书奏事’正是元朝的大弊，怎么能够效仿他们呢？作为一国之君，如果不能承揽政事，大臣们就会独断专权。如今是明朝创业之初，只有做到‘使下情通于上’，才能使得朝廷更好地体察民情。”听完这番长谈，大臣们都明白，朱元璋这是在借此话告诫他们，希望他们收敛一些，做好自己的本职工作就好。可是，结果却并不像朱元璋想的那样。

杨宪，是太原阳曲（今山西太原）人。因为颇有才华，被称为“才子”，深得朱元璋的赏识。因为他办事干练，后来成了朱元璋的亲信。但是，这个人行为有些放荡不羁、目中无人、自私自利，处处与李善长作对。朱元璋虽然器重杨宪，但是在他眼中，李善长更有智慧，更有谋略，又通晓法家，很多预计的事情都被他一语说中，所以他觉得李善长比杨宪强太多。由于杨宪和刘伯温都属“浙东集团”，“淮西集团”不太放心杨宪，担心如果有一天他成为丞相，他们肯定不会有好果子吃。于是，他们商量好一起攻击并诽谤杨宪。洪武三年（1370 年）七月，杨宪被朱元璋所杀。

汪广洋，是江苏高邮人。朱元璋曾称赞其“处理机要、屡献忠谋”，并将他比作汉朝时的张良、三国时的诸葛亮。他曾经和杨宪同年当上参知政事，后来被擢升为左丞相，与右丞相的杨宪一直不对付。因为屡次遭到杨宪的诋毁，而被朱元璋免去职位，迁徙海南。杨宪被杀的那一年，汪广洋又再次被召还入朝。第二年，李善长因病返乡养老，汪广洋便接替了他的职位，以右丞相的身份执掌中书省大权。好景总是不长，胡惟庸又出来“凑热闹”，因为他觊觎汪广洋的位子已有一段时日。于是，胡惟庸又凭借一张巧嘴在朱元璋面前弹劾汪广洋，说他无所建树，整天饮酒作乐，无所事事，实在不配做丞相。两年后，汪广洋就被左迁广东参政。

胡惟庸，是濠州定远人，中国历史上最后一位丞相。洪武三年，他任中书平章政事，第二年擢升为右丞相，后来又取代汪广洋成为左丞相，惦记了许久的位子终于如愿到手。真可谓人走茶凉，汪广洋被左迁到广东后，胡惟庸便当上了左丞相，掌握了中书省的大权。说来胡惟庸也真是有点儿本事，仅仅三年的时间，他就爬到了如此高的位子，真是神速。这也体现了胡惟庸在官场上随机应变的能力。

洪武六年（1373 年），朝廷按照税粮的多少，将全国的府分为三等：税粮二十万石以上为上府，知府从三品；税粮二十万石以下为中府，知府正四品；税粮十万石以下为下府，知府从四品。府之下为县，依税粮十万石以上、十万石以下、三万石以下的不同而分上中下等。在府县之间的行政单位还有州，地域大的作为省的直隶州，长官为知州，地位与知府相近；地域小的与县相近，为府的下属。州县作为直接管理人民的地方政治机构，被称为“亲民之官”。各府州县负责本辖区的民风教化、赋税徭役、刑狱诉讼之事。这样一来，朱元璋把元朝的路、府、州、县四级简化为府、州、县三级制了，使得朝廷的政令下达减少了一个层次，不仅提高了办事效率，指挥起来更方便、更灵活了。

洪武十年（1377 年），胡惟庸又升任左丞相，当上了中书省的“一把手”。经历了那么多官场明争暗斗的朱元璋，也绝非等闲之辈。他的芥蒂始终未曾消除，胡惟庸当上左丞相没多久，就召回了汪广洋，做了右丞相。为什么非要两个性格不合的人在一起共事，其目的就是瓜分胡惟庸的权力。但是，汪广洋并未像朱元璋想象的那样，想尽招数去为难胡惟庸。遭受几次陷害的他反而觉得一切都无所谓，整天和宾客们饮酒作诗，大权依然被胡惟庸独揽。如此一来，中书省的权力愈发强大，和朱元璋的矛盾冲突自然也愈来愈严重，甚至到了不可挽回的地步。

洪武十三年（1380 年），战争终于爆发了，“胡惟庸案”消灭了与朱元璋争权夺利的“淮西集团”，胡惟庸以及一大批官员被诛杀了，这时候朱元璋的心才踏实了一些。他趁机撤销了中书省，权分六部，直接对皇帝一个人负责。从此，朱元璋行使着皇帝和丞相的职权，中央集权也从此达到了顶峰。他按照自己的设想，变更了中央官制，并对地方行政机构也做了相应的调整，以便于加强控制。可以说，朱元璋是中国历史上最有权势的皇帝。

朱元璋就是通过这样一套地方行政官制，不仅稳稳地控制了全国，也彻底改变了前朝地方势力强大、不听中央朝廷政令的局面。此外，朱元璋还对地方政府进行了严密的监控，再也不会形成“尾大不掉”的局势，中央王朝的权力及皇权也都得到了加强。与此同时，还制定了“收天下之权以归一人”的高度君主集权的政治体制，开了我国历史上皇帝“独揽大权”的先河。

锦衣卫和东、西厂

在明朝，人们记忆最深刻的肯定就是它的恐怖政治。作为恐怖政治的“代言人”——锦衣卫与东厂、西厂，则更是有名。长久以来，人们对这三个机构的历史和职能等都似懂非懂、不懂装懂，以至于在很多宫廷剧中，常常把它们当作“幕后黑手”等随便地搬来搬去。事实上，锦衣卫和东厂、西厂是有很大区别的。

按照锦衣卫、东厂、西厂设立的时间顺序，先说说由朱元璋建立的“锦衣卫”。洪武十五年（1382 年），朱元璋决定改革禁卫军，建立了 12 个亲军卫，其中最重要的就是“锦衣卫”。

锦衣卫，其前身是朱元璋设立的“拱卫司”，后来才被改为“亲军都尉府”。锦衣卫的首领称为“指挥使”或“指挥同知”“指挥佥事”。这一职务一般是由皇帝的亲信、武将才有资格担任。因为这个职务直接向皇帝负责，所以很少由太监来担任。

锦衣卫的主要职能是“掌直驾侍卫、巡查缉捕”，看得出来，锦衣卫也有两个截然不同的“部门”。传统意义上的“禁卫军”与负责执掌侍卫、展列仪仗，并随同皇帝出巡的“锦衣卫”几乎没什么两样。其中，比较著名的就是“大汉将军”。这些人虽然被称为“将军”，但也只是有名无权。这些所谓的“将军”每天只负责在殿中侍立，并替皇帝传达命令，兼做“保镖”的工作。说得更直白些，他们就是一个个矗立在皇宫大殿上的“桩子”。当然，这些“桩子”也非等闲之辈，一般都是人高马大、体格强壮、声音宏亮的人。从长相上看颇有威严，对不了解明廷实情的人还有震慑作用。既然如此，朱元璋建立锦衣卫的初衷是什么呢？其实，起初他只是让锦衣卫卤簿仪仗，后来由于他大开杀戒、大肆屠戮诸多功臣，才觉得传统的司法机构刑部、大理寺、都察院使用起来实在不顺手，于是便将锦衣卫的保卫功能发挥了起来，使其成为皇帝的私人“警察”。

锦衣卫的另一项著名的职能就是“执掌廷杖”。廷杖制度开始于明朝，是皇帝在朝廷上杖责犯错的臣下实行的一种酷刑。一旦哪位官员运气不好，无意中触怒了皇帝，就会被加以廷杖。最接受不了的是，在行杖之前，那个人会被扒去官服，双手也被反绑着，被押至行刑地点“午门”，当时的午门就是皇帝处置官员罪犯的行刑场地。这时候，司礼监掌印太监和锦衣卫指挥使一左一右早已严阵以待。受刑的人呢？随着一声令下，硬邦邦的棍棒就恶狠狠地落在了他们的大腿和屁股上。为了不让受刑者出现意外，对行刑者的要求也十分严格，必须得是受过严格训练的、技艺纯熟的，能够准确掌握受刑人生死的人。

直到洪武二十年（1387 年），由于朱元璋看到了锦衣卫的种种弊端，便决定废除锦衣卫，下令焚毁了锦衣卫的所有刑具，所押囚犯统统交给刑部审理。同时，还下令内外狱全部归三法司审理。洪武二十六年（1393 年），朱元璋彻底废除了锦衣卫。明成祖朱棣即位之后，锦衣卫又得以恢复，并由北镇抚司专门处理诏狱。有明一代，锦衣卫便一直存在。

再来说“东厂”，它是历史上最早设立的国家特务情报机关。东厂的首领称为“东厂掌印太监”，也称“厂主”和“厂督”，是宦官中仅次于司礼监掌印太监的第二号人物。它的设立者是明成祖朱棣，他在发动“靖难之役”并夺取了侄子的皇位后，精神一直处于紧张状态。对于即位不久的朱棣来说，巩固政权最为重要，他需要一个强有力的专制机构，但他觉得设在宫外的锦衣卫派用起来很是不便。于是，他决定建立一个新机构。在朱棣发动“靖难之役”的过程中，发现这次起兵倒是一些宦官费了不少力，做了不少贡献（比如郑和）。所以，在他看来，还是宦官比较可靠，而且他们常年身处皇宫，派用起来也方便一些。

刚开始的时候，东厂的任务就是负责侦缉和抓犯人。他们没有审讯犯人的权力，即便费了九牛二虎之力抓到了嫌疑犯，也是要交给锦衣卫北镇抚司审理的。但是到了明末，东厂发展还算不错，也有了自己的监狱。自此，东厂的侦缉范围开始变得更广。比如，朝廷会审大案、锦衣卫北镇抚司审问重犯，东厂都不会缺席，都要抽出空儿来去听审；朝廷的各个衙门都有东厂人员按时坐班，监视官员们的一举一动；一些重要衙门的文件，比如兵部的各种边报、塘报，东厂都不肯放过，都要一一查看；甚至连普通百姓的日常生活，包括柴米油盐的价格，也得让东厂亲自过过目。东厂为何如此被器重呢？只因东厂厂主与皇帝的关系不一般，又身处皇宫大院内，更容易得到皇帝的信任。也正是这个原因，在与锦衣卫的关系上，东厂则是后来者居上，逐渐由平级关系变成了上下级关系。东厂拥有炙手可热的权力，以至于各级官员甚至朝中大员，都以能结交他们为幸事。而最先设立的锦衣卫指挥使，见了东厂厂主还要下跪行礼，这让他们着实有些费解。

最后说“西厂”，它的全称是“西缉事厂”，是一个“短命”的特务机构，前后只有两任提督，分别是汪直和刘瑾。西厂的成立，真的只是一个偶然。明宪宗成化十二年（1476 年），曾出现过一系列奇异事件，先是在京城内出现了“妖狐夜出”的神秘案件，导致了西厂的诞生。紧接着，又出现了一个叫李子龙的“妖道”，他以旁门左道蛊惑人心，还网罗了很多太监，意图明显不简单。他在朝中有很多亲信，在亲信的推荐下，他才有机会进入深宫。有人注意到，李子龙自进宫后，总是在万岁山等地转悠。没过多久，运气不好的他就被锦衣卫校尉发现有弑君的嫌疑，之后就被斩杀了。

当时，年轻有为的明宪宗朱见深知道有人要暗杀他的事情后，总觉得他身边布满了杀机，以至于每天都担惊受怕、疑神疑鬼。他想尽了各种自保的办法，后来想到先了解宫外民臣的动向。于是，他命令宦官汪直从锦衣卫中挑选一些人，乔装成平民，然后出宫伺察。殊不知，这个乔装成平民的“侦查”活动，终究是成不了大气候的。

成化十三年（1477 年），朱见深为了加强特务统治，便在东厂之外增设了西厂，并与东厂、锦衣卫合称为“厂卫”，其手中的权力超过了东厂。西厂的成立，本来只是为了替皇帝探听消息，但自私自利的汪直为了能够升官发财，见孔就钻、无孔不钻，开始拼命构置大案、要案，办案的数量和速度远远超过了东厂和锦衣卫，前景可谓是一片大好。对于普通百姓，他们的一言一行只要稍不注意，就会被西厂以“妖言罪”进行处置，这让百姓怕极了西厂。在这种情况下，西厂仅仅存活了 5 个月，就已经弄得朝野上下提心吊胆、人心惶惶。这时候，以大学士商辂（就是那个“连中三元”的人才）为首的辅臣在一起商议，最后决定集体上书，向明宪宗陈述西厂的危害以及汪直犯下的所有不法之事。朱见深收到奏章后，气急败坏之下撤销了西厂，并遣散了西厂的所有成员。

但是，没有西厂的日子总是让朱见深觉得少了点什么。在这时候，又出现了另一个奸臣，名叫戴缙，他的名字曾被《中国人名大辞典》收录。他得知朱见深的心思后，便主动上书，吹捧汪直是个好人，而且很能干。朱见深听完非常高兴，又立刻恢复了西厂。掐指一算，西厂的废除与恢复只相隔了一个月的时间。

西厂恢复后的五年中，汪直又领导手下人办了无数“大案”。在此期间，他依然死性不改，对曾经反对过他的朝臣，比如商辂、项忠等人都怀恨在心。终于在他的计谋下，将他们一个个铲除了。可以说，他当时的权势已经达到了极点。但也正应了那句俗话“物极必反”，汪直风光了这么些年，权力也一直在膨胀，他的种种行为再一次引起了朱见深的怀疑和警觉，开始慢慢削弱汪直的权力。成化二十年（1484 年），汪直领兵失败了，朱见深一怒之下罢黜了他的职位，并把他赶出了京城，西厂也因为没有首领解散了。过了没多久，汪直便在失意中死去了。

等到朱见深的孙子朱厚照即位后，大太监刘瑾手握大权，宦官的势力再度兴起，西厂也被再次恢复，并让太监谷大用当了首领。更让人觉得好笑的是，西厂与东厂虽然都由刘瑾一个人掌管，但是它们之间却不是合作关系，而是互相争权夺利。为了改变这种局面，刘瑾又自建了一个内行厂，由他自己当首领，其职能与东、西厂没什么两样。一时间，明朝出现了锦衣卫、东厂、西厂、内行厂四大特务机构并存，天下开始骚动起来了。一直到刘瑾倒台的那一年，朱厚照才下令撤销了西厂和内行厂。就这样，西厂作为一个临时机构，在历史上永远消失了。

胡蓝之狱，千古奇冤

明初的“胡惟庸案”和“蓝玉案”，历史上被合称为“胡蓝之狱”。朱元璋也是借这两个案件，大开杀戒。当时的他，本着“宁可错杀一百，绝不放过一个”的原则，将明初的诸位开国功臣屠戮殆尽。在他掀起的一次次反贪风暴中，虽然惩处了不少贪官，但也有不少无辜的人受牵连。

从洪武十三年（1380 年）到洪武二十六年（1393 年）的 14 年间，

受株连被杀者足有45000余人。究竟是谁赐予的力量，让朱元璋能够如此不顾一切地去诛杀那些大臣们呢？可以说，正是因为他曾经在社会的最底层生活，让他从那时起就下了“不整治官场不罢休”的决心。

“胡蓝之狱”就是一个典型的案例。“胡蓝之狱”其实是由明初的两个功臣——胡惟庸和蓝玉所引发的震惊朝野的案件，在这次案件中，受牵连的人数以万计，也是朱元璋滥杀开国功臣的政治案件。可是，朱元璋为何要如此大开杀戒呢？我们先从两大案件的主角胡惟庸、蓝玉说起。

胡惟庸，是明朝第一个丞相李善长的亲戚。“胡惟庸案”发生的直接导火索，是历史上所记载的“云奇告变”。早年的他，时常随朱元璋起兵，曾历任元帅府奏差、宁国主簿、知县、吉安通判、湖广佥事、太常少卿、太常卿等职。洪武六年（1373年）七月，经亲戚李善长的极力推荐，他被任右丞相，约至十年进左丞相，深得朱元璋的赏识和信任。胡惟庸当了丞相后，他的狐狸尾巴就渐渐露出来了，不仅飞扬跋扈，而且还想独掌生杀大权。更过分的是，他竟敢私自偷看大臣们呈给皇帝的奏折，对那些不利于自己的奏折就偷偷藏起来不去上报。对于官员的生杀升黜，他也经常不经奏报而独断专行。这都不算什么大事，他还嚣张到在朝廷中培植私人势力、拉拢军界。比如功臣吉安侯陆仲亨和平渡侯费聚，他们两个人曾经都受到过朱元璋的严厉谴责。后来他们便与胡惟庸密切往来，胡惟庸的队伍在一天天壮大，他又和御史大夫陈宁结为死党。短短的时间内，他就成立了一个文臣武将齐集的“小集团”。朱元璋知道此事后深感不安，深怕有一天会影响到自己的皇权，于是开始慢慢疏远胡惟庸。

洪武十三年（1380年），朱元璋终于以擅权枉法的罪名，斩杀了胡惟庸，并屠灭三族，就连其党羽也没能逃过，一共诛戮了一万五千多人，以泄心中之愤。到洪武二十三年（1390年），功臣太师李善长等人也以与胡惟庸“交通谋反”被赐死，家属也因此受到了连累，七十余人全部被斩杀了。还有著名儒臣、文学家宋濂也因受孙子连累，全家都被贬到了四川，他自己也病死在途中。此案延续了10年之久，前后被杀的几十家王公贵族，大概有30000多人。

再来说蓝玉，濠州定远（今属安徽）人，是开平王常遇春的妻弟。洪武二十一年（1388年），蓝玉率领十五万大军出塞追击蒙古军队，直至捕鱼儿海，总共俘获七万七千余人，凯旋时风光无限。因其战功赫赫，后来被封为凉国公。看得出来，蓝玉的确是一个卓越的将领，也是洪武后期最重要的一位将领。他虽然没有胡惟庸那么阴险狡诈，但也不是个安分守己的主儿。说起蓝玉的为人，可以用十二个字概况：为人骄横、霸占民田、广蓄庄奴。北征之后，他曾在半夜毁喜峰关，引起朱元璋的强烈不满，这一次朱元璋忍了。后来，他又私自霸占元朝皇帝的妃子。他犯的这两件事都是大逆之事，是对皇帝的大不敬，这对于如此看重自己地位的朱元璋来说，蓝玉就是在挑战他的底线。可是没想到朱元璋还是再一次忍了。又有一次，朱元璋派他与冯胜、傅友德这两个大将去征战云南，等回来以后，冯胜、傅友德他们两个人都被封为太师，蓝玉自己却只是被封为太傅，蓝玉为此很不满意，觉得不公平，见人就怨声载道，朱元璋对此也不曾理会。

洪武二十六年（1393年），蓝玉的好日子终于到头了，他密谋谋反，早被锦衣卫指挥将领蒋献发觉，在严刑拷打之下终于立了案。蓝玉下狱后，狱词称同景川侯曹震、鹤庆侯张翼、舳舻侯朱寿、定远侯王弼、东莞伯何荣及吏部尚书詹徽、户部侍郎傅友文等谋反，拟乘朱元璋籍田时发动叛乱。随后，朱元璋便族诛蓝玉等人，并株连蔓引。不但蓝玉全家被杀，受此案株连被杀的高官，仅列入《逆臣录》的就有一公，十三侯，二伯，共25000人。

通过“胡惟庸案”，朱元璋达到了一个目的，那就是废除了丞相制。毫无疑问，如此肯定大大加强了皇权。加之“胡惟庸案”的发起者就是朱元璋自己，最终获益的肯定也是他。再加上“胡蓝之狱”受害牵连的侯伯大臣们，如果他们是真心想反，被抓的时候为什么又没有做反抗呢?殊不知，这都是朱元璋想要加强皇权的最有力表现，比如分割大都督府为五军督府、削减中书省权力等等，都是朱元璋在为自己做事。当然，这对于没有安全感、疑心重重且生性残暴的朱元璋来说，大肆斩杀功臣也许是他当时想到的最干净利落的办法了吧。

空印案与郭桓案

明朝初期，贪官污吏遍地横行，社会随之形成了一种腐败现象。社会腐败，遭殃的只有百姓。对于这一点，没有一个人比朱元璋更有体会。为了整顿吏治，为了改变这一切，朱元璋在政治领域策划了“胡惟庸案”和“蓝玉案”；在经济领域实行了“空印案”和“郭桓案”，这些案件给人们的影响颇为深远。因为朱元璋始终相信，“风雨涤秽之后，将是一片朗朗晴空”。于是，他便有了与民更始的决定。

“空印案”，发生在洪武九年（1376 年）。此案与胡惟庸案、郭桓案、蓝玉案，统称“洪武四大案”。要了解“空印案”，必须要先了解何为“空印”？所谓“空印”，说白了其实就是在空白的信笺或文册上预先盖上印章，在需要用的时候，再填写上具体详细的内容。这种预先盖好印章的信笺或文册，就被称之为“空印”。在元朝的时候，空印就已经存在了。洪武以后，相沿未改，也一直没有被朝廷明令禁止过。

国有国规，明朝当然也有自己的规定。每年各布政司、府、县都要向户部（相当于现在的财政部）呈送钱粮及财政收支、税款账目。其中，户部与各布政司、府、县的数字都要完全一致，必须分毫不差，才可以顺利结项。如果有一点儿对不上，一旦被查到，整本文册都要被驳回，并立即宣布作废，然后重新填报。除此之外，呈送人还要返回原地方，盖上原衙门的印章，这样才算有效。但是每次都要这样做，实在是有点太麻烦。于是，朝廷的官员们为了能够在实际运作中避免来来回回折腾，为了省事儿，在进京（南京）时就携带多份已经盖好了本地公章的空白报表，以便在与户部反复核对数字时，一旦需要返工，就可以在京城就地填报，省去了不少麻烦。

世上没有不透风的墙。过了没多久，“空印”的秘密事件就被朱元璋发现了。朱元璋首先想到的就是他至高无上的皇权，竟然被人们如此不放在眼里，并一再认定这是官员们相互勾结、徇私舞弊的惊天大案，必须要严惩不贷。于是，这位平日里缺少财政财务常识的皇帝便龙颜震怒，一声令下，要将全国 13 个布政司、153 个府、234 个州、1171 个县的大小官员，不论清贪良莠全部以“欺君”的罪名处死；副职以下的官员鞭打一百大棍，充军或者流放远方。一时间，如同黑云压城，人们惊恐不已，即使是当时的丞相、御史也不敢前去进谏，这就是著名的“空印案”。

“郭桓案”，发生在洪武十八年（1385 年），在明朝属于一起重大的贪污案件。当年 3 月，经诸位御史们商讨策略，决定状告北平承宣布政使司李彧，提刑按察使司官吏赵全德，户部侍郎郭桓、胡益、王道亨等人徇私舞弊、处事不公。尤其是贪财的郭桓，在收缴浙西秋粮时，暗地里和地方官黄文通、奸吏边源等人勾结，合伙贪污，把军用粮库里的三年的积蓄盗了个精光。更不可思议的是，他还利用职权和 12 个布政使司的官吏也勾结起来，盗卖仓库里的粮食。就这他还不肯收手，又和管理储存金银钱钞的府库官员合伙，偷盗金银和钱钞。

好景总是不长，纸里哪能包得住火呢？有人私下里把郭桓等人的不光彩之事汇报给了朱元璋。当即，朱元璋就下令逮捕了他们，并对他们十几个人进行了严刑拷问。没想到的是，这件事居然牵涉到了礼部尚书赵瑁等人。据刑部的人统计，发现那一群人除了侵吞大量的宝钞金银外，贪污的税粮及鱼盐等即折精米2400余万石，这可是个十分惊人的数字，因为这个数字几乎与当时全国秋粮的实征总数是一致的。不用多说，也知道是怎么一回事了吧？朱元璋更是火冒三丈，下令将赵瑁等人弃市，并处死了从户部左右侍郎以下到各布政使司官吏共计3万余人，追回赃粮700万石。由于此案牵连到全国各地无数富户豪绅，尤其是江苏、浙江一带的那些豪门大族。因此，受此案牵连而遭杀身大祸和破产的不计其数，真不愧是明朝四大案之一。

短短数月，朱元璋斩杀了不少贪官污吏。虽然他们不是枉死，甚至可以说死得理所应当，但那毕竟都是一条条活生生的命。朱元璋担心因为此案，会引起当地百姓的躁动不安。于是，他下诏要“大赦天下”，承诺对于此案绝对不再追究，紧接着又安抚了地方官僚和官吏，就这样结束了它的蔓延。但是，为了进一步防止贪污案件的发生，朱元璋又亲自编写了《大诰》，其中不少法律就是针对贪官污吏的，看得出他是动了真格的。经过朱元璋如此大张旗鼓的整治，贪赃枉法的事情倒真是少了许多，同时吏治和社会风气也有了一些改变，朱元璋对自己的政绩很是满意，但是他还想做到更满意。

“郭桓案”发生没多久，朱元璋为了更加有效地加强治贪方面的手段，又制定了严厉惩治经济犯罪的法令，并在全国财政管理上实行了一些有效的措施，并且把记账的汉字“一、二、三、四、五、六、七、八、九、十、百、千”改为“壹、贰、叁、肆、伍、陆、柒、捌、玖、拾、陌、阡”。后来，又把“陌”和“阡”改写成“佰”和“仟”。在重典和防范的双重作用下，再也没有发生过此类的贪污行为，也因此保护了一大批的官吏。自此，汉语数字就被正式改成了大写，一直沿用到现在。可以说，这是老祖宗留给人类的一份反腐败的遗产，也是一个永远的警钟。

大兴文字狱

何为“文字狱”呢？每每提及这三个字时，人们禁不住就会问。所谓“文字狱”，亦称文祸、笔祸。从字面上来理解，就是因文字而罹祸，因文字而遭牢狱之灾，更有甚者还会遭到灭门之祸。静下心来仔细考究一番，不难发现，文字狱的“文字”，其实是千奇百怪、无奇不有的。

很显然，“文字狱”的“文字”，不单单指文字。在历朝历代的“文字狱”案件中，最为常见的“文字”便是诗。这类文字狱被称为“诗案”“诗祸”，比如，北宋大文豪苏轼的“乌台诗案”。第二种常见的“文字”是文章，文章汇集成书，便成了文集，比如，清康熙年间戴名世的《南山集》案。还有一种比较常见的“文字”，那就是史书。此类文字狱又被称为“史案”“史祸”和“史狱”。其中最为典型的是，我国历史上最早的“北魏崔浩”事件。

此外，除了上述三类“文字”容易造成文字狱外，还有一些其他各种各样的“文字”，也很容易引起文字狱。明朝文字狱的兴起，并不是偶然发生的，而是有着一种复杂的社会历史背景，也有着与其他朝代所不同的特点以及思想文化根源的。

明朝文字狱的兴起，一方面来讲，与封建统治帝王的自卑心理有着莫大的关系。先从朱元璋的出身说起，他是中国历史上少有的出身贫寒的帝王。他幼年家庭经济困难，生活经历也甚是坎坷不平。为了能够维持生活，他才选择了去寺庙里当和尚。更让人不可思议的是，他还做过盗匪。可以说，在那个时候，他属于社会最底层的贫民阶层。也正是这些谁都不愿意去回想的经历，使得朱元璋自幼就对那些处于社会上层、掌握文化知识的文人儒士有一种偏激的看法，觉得在他背后，总是有无数双歧视的眼睛在盯着他。因此，他养成了猜忌怀疑的自卑心态。而文字狱形成的绝大多数案件，都是因为被怀疑影射朱元璋的出身卑微而惹祸的。殊不知，这其实就是一种“莫须有”的罪名。但当时的人们为了保命，敢怒而不敢言，只好把所有的恨都咽肚子里。

比如，曾经有一些官员，在进献的贺表里写到“作则”两个字。其实，这本来是一组很常用的词语，但朱元璋看见这俩字，立即就联想到“作贼”，认为官员们是在骂他，觉得他是盗贼出身、造反出身。除此之外，他还会从“生”联想到“僧”，从“取法”联想到“去发”，认为别人是在讽刺他曾经做过和尚……于是他跟疯了一样地大开杀戒，许多人也因此白白丢掉了脑袋。

甚至还有一些文人雅士，因为作诗而无意间获罪于朱元璋。比如，明初的著名诗人高启，他在《宫女图》诗中写道：“女奴扶醉踏苍苔，明月西园侍宴回。小犬隔花空吠影，夜深宫禁有谁来?”不料，这首诗无意中被朱元璋看到，他认为，那是在讽刺自己。于是，他借口高启替苏州知府魏观作《上梁文》有“龙蟠虎踞”四字，将他腰斩于市。

还有一个官员叫陈养浩，因作“城南有安妇，夜夜哭征夫”的诗句，被朱元璋视为动摇军心，最后也难逃其咎被溺死在水里。甚至还有兖州知州卢熊，发现官方公文中老把“兖”字误印成“衮”字，于是上书朱元璋，请求更正。朱元璋看了奏章，很是不高兴。他认为，“秀才无理，便道我‘滚’哩”，将“衮”视为“滚”。没过多久，他就以结党营私的罪名杀了卢熊。

更为无稽的是，就连死了上千年的“亚圣”孟子，也难逃朱元璋的文字之狱。有一次，朱元璋在读到“民贵”“君轻”的诗句时，认为这是大不敬，就命人将孟子的神位扔出孔庙，要让他在死后也得不到赦免。紧接着，朱元璋又命人将《孟子》一书进行修订，并删节了三分之一，这样才能作为科举考试的标准用本。后来，由于掌管观天的人说天上的文曲星暗了，这又引起朱元璋的猜疑，才不得不将孟子的牌位重新送回了孔庙。

明成祖永乐时期，因他兴“靖难之役”夺取了侄子建文帝的皇位，在这场军事政治斗争中，文人充当了重要角色，成祖即位后遂向曾经反对其篡位的文人举起了屠刀，比如方孝孺、练子宁、茅大芳等人的血案。纵观明朝文字狱之残酷，究其实质即统治者维护其统治、加强思想文化专制者也。

明朝文字狱，始于太祖，成祖继续执行。其文字之祸，文臣之杀戮，书籍之尽毁，思想之禁锢，实乃历史之罕见，并开创了恶劣的先例。在中国历史上，明朝是继秦朝以后最严厉的文化专制朝代，这两个阶段为中国文化史上最突出的两个阶段。“秦鉴在前，明鉴在后”，大概说的就是这个事儿吧。

第二章 叔侄争权，大明的『永乐盛世』

他是大明朝一代英主，人称“永乐大帝”。他戎马一生，“靖难之变”后终于坐上帝王宝座。永乐年间，他巩固边防、疏通运河、迁都北京、建造紫禁城、修著《永乐大典》，可谓是功绩卓著的一代帝王。在位二十余年，被后人誉为“永乐盛世”。作为帝王的他，是成功的，他手下战将如云，有郑和下西洋与外通好的盛事，还有第一谋士姚广孝助其成就伟业；作为丈夫的他，是幸福的，拥有一代贤后徐皇后，他就是明成祖朱棣。

靖难之役，祸起萧墙

朱元璋建立明朝后，对佛教采取了保护政策。不仅如此，他还在朝廷设立了僧录司官，一统全国佛教。每到诸王初封时，朱元璋都要为他们精心选出一名僧人加以辅佐。曾经有一位僧人法名道衍（本名姚广孝），是当时一位颇有谋略的人，朱棣对他十分赏识，所以在他被封为燕王的时候，就主动向朱元璋要了道衍。道衍到了燕邸没多久，又向朱棣引荐了一位术士，这个人名叫袁珙。于是，他们两个人都成为了朱棣的谋士。

洪武三十一年（1398 年），朱元璋去世，被后人称为“明太祖”。他的孙子朱允炆继承皇位，成为明朝第二位皇帝，年号建文，历史上称之为建文帝。朱元璋为什么没有把自己的皇位传给儿子，而是传给了自己的孙子？事情原来是这样的，建文帝的父亲是朱元璋的太子朱标，而朱标的母亲则是朱元璋的原配妻子马皇后。由于朱标早逝，朱允炆则成了朱元璋的继承人，真可谓是“根正苗红”。

“新官上任三把火”，建文帝即位没多久，就烧起了第一把火，先是废除了一系列必要的改革。紧接着，又烧开了第二把火，他用亲信齐泰、黄子澄之议削藩，不到一年时间，周王、岷王、湘王、齐王、代王五位藩王便先后被废。毫无疑问，燕王朱棣成为他第三把火的直接“矛头”。朱棣看大势不妙，就想先下手为强。他先是挑选了数名壮士，以充实自己的护卫军。后来又以勾逃军为名，收罗了不少异人术士。表面上，朱棣藏起锋芒，假称自己有病在身。暗地里却在加紧练兵。此外，他还利用燕府崇深之便，没日没夜赶制军器。

建文元年（1399 年），坐镇北平的燕王朱棣正式起兵，并以诛齐泰、黄子澄为名，革除建文年号，仍称洪武三十二年。他谕令将士，同时上书朝廷，声称根据《祖训》，“朝无正臣，内有奸逆，必举兵诛讨，以清君侧之恶”。从此开始了一场长达四年之久的战争，历史上称“靖难之役”。

战争开始后，朱允炆任命耿炳文为大将军，统率副将军李坚、宁忠率师30 余万北伐。但实际上只有13 万人，军驻真定（今河北正定），在滹沱河的南北两岸分营扎寨。而当时的燕王朱棣，躬擐甲胄，率师至涿州，击败官军，耿炳文退守真定。耿炳文的失败让建文帝很是忧虑，因为他可是硕果仅存的老将。太常卿黄子澄却认为无需担忧，并推荐了曹国公李景隆代替耿炳文。于是，建文帝亲饯江浒，赐以斧钺，期在必胜。

李景隆，是开国元勋李文忠之子。他不过是个膏粱子弟，从未尝试过习兵见阵，只知道纸上谈兵。朱棣听闻是李景隆出战，心中暗喜起来，对作战也更加有信心了。于是他先出兵永平，引诱李景隆攻北平，而让世子朱高炽留守北平，并告诉他只许守、不许战。很快，朱棣打败了永平守军，进击大宁，并勾结兀良哈三卫渠长，挟迫宁王跟他结成联盟，一起对付李景隆。李景隆没能攻下北平，背后又有朱棣回军的追杀，他一战而败，被逼无奈之下只好退走德州“养精蓄锐”。

建文二年（1400 年），朱棣和李景隆在白沟河再次作战。白沟河地理位置特殊，它流经华北平原，在保定与涿县之间。这一次李景隆的作战气势看似比以前强了不少，他率领60 万大军列阵等待作战，待朱棣的军队到来，战斗就开始了。第一天的战斗非常激烈，直至深夜，双方才各自收军。这一仗朱棣的军队损失很大，再加之是深夜，打了一整天仗的士兵们竟辨不清东南西北，下马辨别水流，这才找到了回去的路。第二天再战，李景隆的军队气势看起来更盛。而朱棣呢？由于坐骑三次被创，弓矢皆尽，剑锋折缺，马又停滞不前，几乎被官军射尽。就这样，双方鏖战一直到过了中午，忽然刮起了一阵大风，李景隆的官军大将旗被折断了，军阵开始混乱起来。这时候，朱棣带劲骑乘机绕到敌人后方进行袭击，终于反败为胜，李景隆的军队大溃，被斩首及溺死者十余万，横尸百余里。打了败仗的李景隆单骑再一次逃回了德州。后来，朱棣又攻破德州，围攻济南。因为山东参政铁铉也是一名了不起的人物，一直死守济南。朱棣围攻了三个月依旧没能成功，只好暂时退师，决定日后再来攻取。

此时的朱允炆内心是崩溃的，见派去的两位大将还是一次次吃败仗，于是又任命左都督盛庸为大将军，再次率兵北伐。朱棣又开始要花招，佯称要攻打辽东，其实发兵攻打沧州，打了沧州一个措手不及，沧州很快陷落。朱棣一刻也不肯放松，又率大军经临清、馆陶，至于东昌，与盛庸、铁铉所率主力相遇。双方大战，这一次朱棣损失不小，失去了一名叫张玉的大将，他自己也有几次处境十分危险，差点自身难保。朱棣军队大败，被擒斩万余人，只有朱棣一人殿后，被他的二儿子朱高煦带兵营救，才幸免于难。

不久后，两军再次战于夹河，这一次敌兵大败。一个月后，两军再战于藁城，朱棣再次乘风击打败敌军，斩首六万余级，擒其骁将，获其军资。自举兵以来已有三年了，双方一直处于僵持状态。这时，又有一批被罢斥的宦官从南京来投奔朱棣，并向他透露了南京布防的情况，说南京空虚，正是攻取的大好时机。于是，朱棣下决心迅速了结这场战争。

建文四年（1402 年），朱棣挥师一路南下，由馆陶渡河，循徐州，与官军在大齐眉山下（在今凤阳灵璧西南）又一次开始了激烈的战斗。不料，敌军连连获胜，朱棣的几位大将相继战死。在如此危急的时刻，不甘失败的朱棣下了死命令，只许进，不许退，剩余的麾军便继续前进。朱棣的军队继续下泗州，克盱眙，徇扬州，驻军江北，终于凭藉大江麾

师强渡。挣扎了许久的谷王朱橞、李景隆终于抵挡不住朱棣军队如此猛烈的进攻，开南京金川门迎降。就这样，朱棣率军队顺利进入了南京。也就是在那时，朱允炆下落不明，犹如人间蒸发。后来，在群臣的再三“劝阻”下，朱棣在南京即位，开始了他二十二年的统治。他成为明朝的第三位皇帝，年号“永乐”，后世称这一时期为“永乐盛世”。

方孝孺拒写诏书

方孝孺，浙江宁海人，明代大臣、著名学者、文学家、散文家。父亲方克勤，是洪武年间的一名奉公守法的官吏。方孝孺年少时，机警敏捷，在加上他那双炯炯有神的眼睛，算得上是一位气质美男子。他喜好读书，每天读书超过一寸厚，同乡的人都称他为“小韩愈”。待他成年后，他便跟着宋濂学习，宋濂与高启、刘伯温在当时并称为“明初诗文三大家”。在宋濂的门生中，即使是那些知名文人都比不上他，就连他的前辈，比如胡翰、苏伯衡等人也自叹不如，他的学问在宋濂诸位弟子中“夺冠”。不仅如此，他曾以“逊志”名其书斋，蜀献王替他改为“正学”，因此世称“正学先生”。

洪武十五年（1382 年），因吴沉、揭枢等人的极力推荐，方孝孺才得以被朱元璋召见。朱元璋见过方孝孺之后，觉得他举止端庄又稳重，因此受到朱元璋的敬重和欣赏。有一次，朱元璋和皇太子朱标议政，突然提及方孝孺，并告诉太子说：“他是一个品行端庄的人才，你应当一直用他到老。”后来，方孝孺被莫名其妙的“仇家”连带举发，并把他逮捕到京。朱元璋审理案卷的时候，看到了他的名字，随便找了个借口就释放了他。

洪武二十五年（1392年），方孝孺因为别人的推荐再一次被召到宫廷。朱元璋又说：“现在还不是任用方孝孺的时候。”随后，授予方孝孺汉中教授之职，每天负责给众儒学生员讲学，他也毫不倦怠，一直在很努力地讲学，似乎别无他求。直到建文帝朱允炆即位，方孝孺才被任命为翰林侍讲。第二年，又给他升了职，任命他为侍讲学士，凡是国家重大的政事，皇帝都要向他询问和请教。建文帝本人也喜欢读书，每次遇到疑难问题，就会召见方孝孺为他做讲解。建文帝临朝之际，百官奏事，决定群臣的面议可否施行时，便会命令方孝孺趋身屏风之前批答文书。当时修撰《太祖实录》以及《类要》诸多典籍，方孝孺一直都担任“总裁”一职。在更定职官制度时，方孝孺的官职又被改为“文学博士”。当年朱棣作乱时，朝廷商量讨伐他们，诏书和檄文都是出自他的手。

看得出来，方孝孺是建文帝最亲近的大臣，他也视建文帝为知遇之君，对他忠心不二。在此之前，朱棣在北平发兵，临走前姚广孝把方孝孺托付给朱棣，并劝说他不要杀方孝孺，否则天下的读书种子就会灭绝了，朱棣立即点头答应了。南京陷落后，方孝孺便闭门不出，每天穿着丧服，为建文帝啼哭。这时候的朱棣正沉浸在胜利的喜悦中，跟大臣们商议为他拟即位诏书合适人选。众臣纷纷推荐方孝孺，因为他曾经写过不少诏书和缴文。朱棣觉得此建议很不错，于是立即命人将他从狱中召来。

还没等方孝孺走到宫殿内，就听见他悲痛的哭喊声。朱棣也颇为感动，觉得他是一个难得的忠臣，于是走下殿来劝导他说：“先生，您不要这样折磨自己了，其实我只是想效法周公辅佐成王罢了。”方孝孺立即反问道：“成王在哪里？”朱棣说：“他已经自焚死了。”方孝孺又继续问：“那为什么不拥立成王的儿子为帝？”朱棣胸有成竹地说：“要治理好国家，需要年长一点的国君才可以。”方孝孺依旧不甘示弱地问：“成王的弟弟很年轻，为什么不拥立他？”方孝孺一个个咄咄逼人的问题，终于惹恼了朱棣，他大声吼道：“这是我们朱家的事。”随即让手下人递给方孝孺一支笔和一张纸，用强迫的口气说："向天下发诏书，非你起草不可。"天不怕地不怕的方孝孺也愤怒了，他把笔扔到地上，大声说："死就死吧，诏书是绝对不可能帮你拟写的。"

这下，朱棣真的气急败坏了，恨其嘴巴太硬，一怒之下命令手下人将方孝孺的嘴角割开，撕至耳根，其他大臣都不敢上前劝谏。为了能够解心头之恨，朱棣一面命人将方孝孺继续关押狱中，一面又极力搜捕其亲戚家属等人，就连他曾经教过的学生都不肯放过，被算作"十族"，统统被押解至京，并当着方孝孺的面，一个一个杀戮，直到方孝孺屈服。每杀一个人，就追问方孝孺一声："是否回心转意?"方孝孺强忍着悲痛，始终不肯屈服于朱棣的威胁。当弟弟方孝友被押解到京时，方孝孺看着因受自己牵累而即将被斩的弟弟，泪水止不住地往下流。此时方孝孺的心情只能用四个字来形容：生不如死。而方孝友呢？依然满脸的从容，临行前他还为哥哥吟诗一首："阿哥何必泪潸潸，取义成仁在此间。华表柱头千载后，旅魂依旧到家山。"方孝孺也哽咽着作了一首绝命词："天降乱离兮孰知其由？奸臣得计兮谋国用猷。忠臣发愤兮血泪交流，以此殉君兮抑又何求？呜呼哀哉兮庶不我尤。"之后，方孝孺就被押到南京城聚宝门外磔死，当时的他仅仅46岁。

永乐初年，朱棣为了不留任何后患，下令一定要彻底清除建文帝朱允炆的余党。为此，还采取了一些非常血腥的政策，比如"瓜蔓抄""诛十族"，都是在这一时期产生的。就连那些文人雅士犯了罪，不光他的亲戚九族要被斩杀，而且他的朋友也要被株连处死，这在当时就叫"杀十族"。当时的恐怖气氛可见一斑，太监的势力也是在永乐年间得到了充分的发展，许多太监也趁机参与到政治中来，并逐步成为举足轻重的人物，这也是明朝宦官干涉朝政的祸源之一。

唐赛儿起义

永乐十八年（1420 年）二月的一天，一封奏折由直隶沂州卫传到了朱棣手中，奏折上这样写道：“莒州贼董彦杲等聚众两千余人，以红白旗为号，大行劫杀，莒州千户孙恭等往招抚，杀其从者，势甚猖獗。”这就是唐赛儿起义。实际上，在沂州未上奏之前的几个月，唐赛儿的教众就已经起义了。

唐赛儿，又名“唐三姐”，是山东蒲台县人（今山东滨州市蒲城乡），她家境贫苦，自幼跟随父亲学习武术，不到 15 岁就已经武艺超群。当时，在他们本地有一种叫“白莲教”的宗教组织。那些曾经饱受战乱和盘剥之苦的农民群众都十分信奉白莲教，唐赛儿也深受白莲教的熏陶。18 岁的时候，唐赛儿与一个叫林三的青年相爱，并很快结婚了。可是结婚没不久，恩爱的丈夫林三被官府逼死，唐赛儿为此痛不欲生，也因此唤起了她的反抗之心，决心利用白莲教组织发动起义，为丈夫和受苦的乡亲报仇。

从那以后，唐赛儿就以白莲教为名义，自称“佛母”，秘密往来于益都、诸城、安丘、莒州、即墨、寿光等州县，并借白莲教发动群众，组织起义力量，聚众人数达到千人。起义之前，唐赛儿还亲自考察了不少地方，以作为起义的地点。由于蒲台县地处平原，没有高山密林之险。唐赛儿在青州考察时就发现，在蒲台县城以南 200 多里的益都县境内（现在杨集、朱崖两乡镇的交界处），有一个古代的卸石棚寨，目测峰高有七八百米，四面都是绝壁，是一个易守难攻的地方，再加之它处于诸城、安丘、莒州、寿光等地的中心。于是，唐赛儿心中一亮，便把卸石棚寨作为起义的地点。接下来唐赛儿就可以做一番正事了。

永乐十八年（1420年），唐赛儿便组织“白莲军”，在青州卸石棚寨正式起义。起义后，青州卫指挥使高凤奉命带兵围剿卸石棚寨，妄图将唐赛儿义军一网打尽。殊不知，唐赛儿早已做足了所有准备。她充分利用青州西南山区重峦叠嶂的有利地形，提前设下埋伏，引诱敌人深入，并将官兵一步步引进了葫芦谷。乘着黑夜命人死死堵住了谷口，断了敌人的退路。然后伏兵四起，将官兵团团围困在狭窄的山谷中，动弹不得。见时机一到，唐赛儿一马当先，杀入敌阵，官军指挥使高凤顿时惊惶失措，乱了阵局，在混战中被杀死。一时间，官兵群龙无首，慌了手脚，反抗的毅力也被打消，顷刻土崩瓦解，全军覆没。

卸石棚寨第一战告捷，唐赛儿起义军声威大振，在当地掀起了很大轰动，同时也鼓舞了青州附近的百姓。唐赛儿依旧一刻也不放松，以卸石棚寨为根据地，又派部将董彦皋等人出击，不久又攻下了莒州、即墨等县城，严厉打击了附近州府的官府污吏和恶霸、地主。路上，唐赛儿的军队一直在壮大，青州以东的各地民众也纷纷响应起义，益都、诸城、安丘、莒州、胶州等州县先后出现了十几支义军。其中规模较大的有宾鸿、董彦杲的两支队伍。他们开始不断地毁官衙、烧仓库、开仓济贫，以泄心中之愤。在很短的时间内，队伍就迅速发展到了2万多人，震动了京师。就这样，以卸石棚寨为中心的农民起义便激烈地开展了起来。

一份份告急文书飞一样地传到京师，为了尽快控制局面，朱棣派出一名大臣前往卸石棚寨进行招安。在古代，两军交战，不斩来使，可是嫉恶如仇的唐赛儿难以控制心中的怒火，怒斩了来使。朱棣得知，十分震惊，又亲自选派安元侯柳升为总兵官，都指挥刘忠为副总兵官，并精选5000京师精锐人马赶往镇压唐赛儿起义军。

提及柳升，首先会想到他曾组建了首支正规编制的“炮兵”，开启了中国热兵器时代。他曾经是朱棣的爱将，多年来跟随朱棣南征北战，屡有战功。临行前，朱棣对柳升面授机宜，教以作战方略。柳升依朱棣之计，带领官兵先是重重包围了卸石棚寨，紧接着又占领了义军的水道，妄图将义军活活困死在这里。可是这一次，唐赛儿依然抓住敌军骄横轻敌的弱点，以“寨中食尽，并且无水”为理由诈降，将柳升的主力调往有水的地方，自己却集中所有兵力，向防御薄弱的敌营发起了突袭。半夜的时候，唐赛儿趁敌人无防备之际，带兵攻破敌营，杀死了都指挥使刘忠。当主力柳升赶到时，唐赛儿的起义军已经成功转移了。

这时候，以唐赛儿为首的其他起义军也与明军展开了激烈的搏斗。其中以安丘城的战斗最为激烈。当时，安丘、莒州、即墨三地起义军一万余人一起围攻安丘城，眼看就要攻下时，在山东沿海负责防备倭寇的都指挥卫青率兵赶到，使得唐赛儿义军腹背受敌，最后很遗憾地战败了。地方首领赵琬被俘就义，唐赛儿义军损失惨重，死伤近两千多人，被俘者达到四千余人。短短一个月的时间，唐赛儿起义军就被镇压下去了。

争强好胜的朱棣虽然镇压了这次起义，但是未能活捉起义领袖唐赛儿、宾鸿、董彦杲等人，心中很是不悦。为此他还大发雷霆，一怒之下将柳升关进大狱，并以“纵贼为乱不言”的罪名，把山东布政使、参议、按察使、按察副使、佥事和出现起义的郡县官吏统统都处死了。为了追查唐赛儿的下落，朱棣又于同年3月至5月，两次下令逮捕京师以及山东境内的一些女尼和女道士，后来又逮捕全国数万名女尼和女道士，押解京师后一一审查。但是，仍然没有发现唐赛儿等人的踪迹。自此，当地的人们为了纪念唐赛儿，便把卸石棚寨改名为“唐赛儿寨”“唐三寨”。

《永乐大典》，功泽后世

明成祖朱棣，向来是心存高远，有志向、有能力做大事业的人。永乐年间，他曾下旨修纂过一部空前宏大的百科全书——《永乐大典》。

这是我国历史上一项伟大的文化建设工程，也是一部世界文化的艺术珍品。因此，它还被学术界称之为“辑佚古书的渊薮”。而负责主修《永乐大典》的人，就是明朝第一才子——解缙。

洪武二十一年（1388 年），明太祖就想要修纂类书，商议“编辑经史百家之言为《类要》”，但未修成。明成祖朱棣即位后，为整理知识，令解缙等人修书。编撰宗旨：“凡书契以来经史子集百家之书，至于天文、地志、阴阳、医卜、僧道、技艺之言，备辑为一书，毋厌浩繁!”共召集了147 人参与编写，首次成书于永乐二年（1404 年），初名《文献集成》，这就是举世闻名的《永乐大典》的雏形。明成祖过目后认为“所纂尚多未备”，不甚满意。永乐三年（1405 年）再命太子少傅姚广孝、解缙，礼部尚书郑赐监修以及刘季篪等人重修，并一再强调要把各类图书搜集进来。与此同时，朱棣还让礼部简派有文才的官吏和老儒们担任本书的编辑，并选派国子监和府州县学中书法好的学员担任誊抄工作。

直到永乐五年（1407 年）十一月，这本书才全部修撰完成。朱棣又为这部亘古未有的书籍题写书名为《永乐大典》，并亲自撰写了序文。全书一共有 22937 卷，仅目录就占 60 卷，装订为 11095 册，共 3.7 亿字，汇集了古今图书七八千种，显示了中国古代科学文化的光辉和成就。《永乐大典》还有一个显著的特点，就是照录原文，未作删改。这种做法保持了书籍的原貌，具有很高的学术价值。

但是，《永乐大典》除了正本尚未确定是否存在永陵外，可以确定的是永乐副本惨遭浩劫，大多数在战乱时丢失的丢失，被烧的被烧，如今存不到 800 卷。这本书采用上等的白色宣纸，上面印有朱丝栏，还统一使用毛笔工楷抄写。对于书中提及的名物器什、山川地形都以白描手法绘制图形，形象十分逼真，看起来精致典雅，堪称古代书籍插图中的一部佳作。

《永乐大典》搜集了 8000 多种古代文化典籍，不少是整本整本地抄进《大典》中，其中很多是民间早已看不到的珍贵图书，比如明代以前我国大量的哲学、历史、地理、语言、文学、艺术、宗教、科学技术等方面的资料，因此书得到保存。可惜的是，当时此书没有刊刻出版，除了正本外，仅仅抄写了一部副本。在明朝时期就有一部下落不明，另一部到清朝还保存在“皇史宬”（皇家档案库）中。没想到在八国联军侵略我国时，被侵略军一把火烧毁了，至今只剩下零星的几百册，散落在世界各地。

永乐年间修订的《永乐大典》，原书只有一部，现今存世的都是嘉靖年间的抄写本。明世宗朱厚熜十分喜欢《永乐大典》这部书，无论走到哪里，都会随身携带，每当遇到问题，就立即翻阅查找验方。嘉靖四十一年（1562 年）八月，明世宗又下令抄写了一部。隆庆初年（1567 年）才抄写完成，原本依然归还到了南京。

《永乐大典》在明代即有佚失。乾隆三十八年（1772 年），在修撰《四库全书》的时候，偶然发现《永乐大典》已遗失缺失 2422 卷，约千余册。四库馆臣从《永乐大典》中辑出大量佚书，其中有 385 种收入《四库全书》，以为“菁华已载，糟粕可捐，原（书）可置不复道”了。

咸丰十年（1860 年），英法联军侵占北京，翰林院遭劫掠，丢失大量《大典》。光绪元年（1875 年）修缮翰林院建筑时，清查《大典》不足 5000 册，《永乐大典》之所以迅速流失，主要是职员监守自盗，据说文廷式一人即曾盗走百余册。

光绪二十年（1894 年）六月翁同龢入翰林院清查时仅剩 800 册，现今尚存约 400 册，810 卷，不到原书的 4%。光绪二十六年（1900 年）翰林院被义和团的拳民焚毁，《永乐大典》损坏 300 余册。光绪二十七年（1901 年）六月，英使馆交回《大典》一共 330 册。不久后又遭到监守者的瓜分，1912 年翰林院所藏《大典》移交京师图书馆时，仅剩 64 册。

《永乐大典》不仅篇幅巨大，收集广泛，而且缮写工整，书中的文字全部用毛笔以楷书写成，每半页八行，大字占一行，小字抄成双行，每行 28 个字。《永乐大典》中还有许多精致的插图，山川地形都以白描手法绘制图形，形态逼真，书为硬裱书面，由粗黄布包着，典雅庄重，被中外专家学者誉为有史以来世界上罕见的珍品。

三朝才子解缙之死

解缙，曾经侍奉过明太祖朱元璋、明惠帝朱允炆、明成祖朱棣三代皇帝，与徐渭、杨慎一起被称为“明朝三大才子”。他是江西古水人，出生在一个书香门第之家。他自幼天资聪慧，有“神童”之称。当时的他，名震京城，轰动一时。明太祖朱元璋也深爱解缙的才华，非常器重他，还曾经对他说：“我跟你，论名分是君臣关系，论亲近就像父子一样。”不仅如此，他还常常把解缙留在身边陪伴他读书，还亲自给解缙捧砚台，引得不少人嫉妒。

解缙向来说话很直率，不会藏着掖着。有一次，朱元璋想要和解缙说说心里话，就告诉他：“你有什么说什么，不要有所顾忌，如果说错什么也恕你无罪。”年青气盛的解缙听后，就开始无所顾忌，竟在一天内写出了上万字的意见书，对朱元璋在文化、教育、刑罚、用人、任官等方面采取的一些不当措施，提出了严肃的批评和指正。朱元璋听后，竟然被他的才华所倾倒，非但没有怪罪他，还称赞他真是一大奇才。

解缙不仅才华横溢，而且为人耿直、不畏权贵。正因为他屡次上疏，大胆弹劾小人，以至于他的一生过于坎坷不平。他时而得宠，时而失宠，时而升迁，时而贬谪。解缙初入仕时，曾经指责一位兵部僚属滥用职权、玩忽职守，尚书沈潜因他而受到惩处，对此事一直怀恨在心，于是找机会诬告解缙。明太祖朱元璋也责备解缙“散自恣”，随后就贬他为江西道监察御史。此事发生后，解缙心里大概明白是怎么一回事了。可是在韩国公李善长因罪被朱元璋处死的时候，解缙又代郎中王国用上疏为李善长伸冤。不仅如此，他又代御史夏长文革疏《论袁泰奸黠状》，历陈御史袁泰蔑视朝纲、贪赃枉法、陷害忠良的罪证。袁泰受到了重重的处罚，对解缙反感至极。

朱元璋目睹了解缙的一桩桩事件，觉得他还是缺乏涵养，应该陶冶身心、涵养德性、闭门思过，否则以后会成为众臣攻击的对象。于是，朱元璋以“大器晚成”为理由，让解缙的父亲带儿子回家读书，还告诉其父亲说：“十年后再来也不晚。”于是，他随着父亲回到了老家，在老家一待就是八年。但是在这八年里，他从未虚度光阴，而是闭门着述，校改《元史》，补写《宋书》，删定《礼记》，学了不少东西。直到朱元璋去世后，通过礼部侍郎董伦的极力举荐，解缙才被朱允炆召回朝廷，担任翰林待诏。

永乐元年（1403 年），明成祖朱棣在南京登基，擢升解缙为翰林待读，并与黄淮、杨士奇、胡广、金幼孜、杨荣、胡俨等进文渊阁参预机务。不久后，又迁升为翰林侍读学士，奉命总裁《太祖实录》《列女传》。当时，朱棣对解缙依旧很是器重，还曾告诉大臣们说：“天下不可一日没有我，我则不可一日没有解缙。”永乐二年（1404 年），解缙又被擢升为翰林学士兼右春坊大学士，这也是他仕途最得意之时。但是，皇帝再多的宠爱，也仍然改变不了解缙刚正不阿、坚持正义的气节，对那些不合礼仪之事，他还是会提出反对意见。

永乐三年（1405 年），朱棣因为立谁为太子而发愁，立长子朱高炽为太子吧，可是他身上有残疾，身材又过于肥胖；立曾在“靖难之变”中建有大功的次子朱高煦吧，可是他又缺少帝王的威仪，思考半天依旧拿不定注意。于是，朱棣把解缙召进了宫中，想跟他磋商立太子之事。其实听朱棣的意思，是想立次子朱高煦为太子，但又不好明说。但是，解缙却直言说：“为长，古来如此。皇太子仁孝，天下归附，若弃之立次，必兴争端。先例一开，怕难有宁日，历代事可为前车之鉴。”朱棣听后明显有些不悦，对此议依然犹豫不决。解缙看出朱棣的心思，不好再直言相劝，于是只说了一句话："好圣孙！"于是，两人相视而笑，貌似拿定了主意。最后，朱棣同意立长子朱高炽为太子，封次子朱高煦为汉王，并令解缙撰写立储诏书，以告知天下。事后，朱高煦得知他之所以没能立为太子，都是因为解缙的一句话。因此，他一直记恨解缙，想要找各种机会报复他。

朱高煦也自以为曾经有过战功，又仗着朱棣对他的万般宠爱，更加从心底里看不起他的哥哥朱高炽，认为他不配做太子，所以一直存有夺嫡之心。解缙看出朱高煦的居心叵测，于是劝阻他说："启争也，不可。"后来，这件事情让朱棣知道了，认为解缙是在离间他们的父子关系，于是对他有了很大的意见，盛怒中把他贬作广西布政司的右参政。

永乐四年（1406年），朱棣赐黄淮等人二品纱罗衣，而唯独没有赐予解缙，解缙心里明白朱棣的用意，但也没多说什么。永乐八年（1410年），解缙回京奏事，来得很是不巧，朱棣北征还没有回京。所以，他只好在京停留了几天，闲暇之余还去拜见了监管国事的太子朱高炽，之后便坐船南下。这时，煞有心机的朱高煦又乘机向朱棣进诲言说："伺上出，私现太子，径归，无人臣礼！"朱棣为此震怒，以"无人臣礼"罪下诏书将解缙逮捕入狱。解缙因为心直口快，曾经得罪了不少人。可是冤家路窄，他在狱中遇到了他曾弹劾过的人，于是受尽了各种严刑拷打，并株连了许多人。

永乐十三年（1415年），锦衣卫指挥使帅纪纲把狱中所有囚犯的名册递给朱棣看。朱棣在翻阅中，无意中看到了解缙的名字，就问一句很有水平的话："解缙还活着吗？"草菅人命是纪纲的一贯作风，又加之他十分憎恨解缙。他担心朱棣有一天会赦免解缙，并再次启用解缙。于是急急忙忙赶回狱中，假意置酒祝贺，将解缙灌醉，并脱去他身上所有的衣服，然后将解缙埋于雪中，就这样活生生地冻死了他。那时的解缙才四十七岁。解缙被害后，家中的一切财产被抄没，他的妻子、儿女、宗族都被流放到了辽东。就这样，一代名士就悲惨地死在了皇室争权夺利的斗争中。

迁都北京，有人欢喜有人忧

朱棣，是明太祖朱元璋的第四个儿子。洪武三年（1370 年），被明太祖朱元璋封为燕王，驻地在北京，势力范围也在北京。后来，由于朱允炆实行削藩，遂发动“靖难之役”，攻打侄子建文帝，最终夺得了皇位。他在北京发展多年，也算是个有作为的君主。可以说在北京，朱棣能消除许多隐患，坐稳这个从侄子手中抢来的江山。

朱元璋在世时，大臣中就曾有人提出要迁都北京，可以利用元朝旧有的宫殿，节省民力的同时，还可以节省财力。但是，朱元璋以为它是亡元旧都，一直托词不肯考虑此事，后来人们也不再提迁都的事情了。直到明成祖朱棣称帝后，因为他是篡位而夺得的皇帝之位，内心自然会产生巨大压力。于是，他想通过迁都，改变环境的同时，也改变一下自己压抑的心情。一直以来，朱棣都有着很大的抱负和野心，在京都经营多年，早已经习惯了那里的生活。最为关键的是，朱棣觉得南京是一个血流成河的地方，每每经过一个地方，上面都是血迹斑斑，这使得新登基的皇帝更加心有不安。在这种刺激下，朱棣更是有了迁都的打算。

后来，加之北方边患比较严重，遭受鞑靼和瓦剌不间断的威胁。此时的朱棣为了证明自己有能力治理好国家，于是实行了所谓“天子戍边”的政策，正式提议迁都北京，以表现他守卫边疆的决心。再来说南京这个地方，因为南京偏于江南一隅，非常不利于控制北方的局势。而且自秦朝开始，中国历朝的首都大都建立在北方。在宋朝之前，长安、洛阳、开封等地都曾做过都城。其中，在长安的时间最长。虽然南方也有做过都城，比如金陵、杭州、扬州等地。但让人匪夷所思的是，在南方建都的王朝，大多数都过于短命，不知道是不是纯属巧合；而在北京建都的王朝，大多数都国祚长久，不知道是否真的是地理位置的原因。而朱棣迁都北京的短暂目的，貌似主要是为了抵御敌的大肆入侵。

永乐元年（1403 年），礼部尚书李至刚等人奏称："燕京北平是皇帝'龙兴之地'，应当效仿明太祖对凤阳的做法，立为陪都。"于是，朱棣借此机会，同意迁都北京，并大力擢升燕京北平府的地位，并以北平为北京，改北平府为"顺天府"，又称为"行在"。同时，朱棣开始不断迁发人民，只为了充实北京。其中，被强令迁入北京的有各地流民、江南富户和山西商人等百姓。

永乐四年（1406 年），朱棣正式下令迁都。次年五月，正式开始北京城的修建工作。朱棣仍然保留了南京的都城地位，并保留了一套中央机构。南京和京都一样，设六部、都察院、通政司、五军都督府、翰林院、国子监等机构，官员的级别也和京都一样，唯独名字不一样，北京所在府为"顺天府"，南京所在府为"应天府"，它们合称"二京府"。

永乐七年（1409 年），朱棣以北京为基地，率领军队进行北征。同时还下诏书在北京附近的昌平修建长陵，为自己以后做打算。他将自己的陵墓修在了北京，而不是南京，这更加证明了他下定决心要迁都。到了第二年，朱棣亲征回师后，便下令疏通京杭大运河，打通南北漕运。永乐十三年（1415 年）宣布完工。从此，北京所需物资可以通过相对经济地运输。

永乐十四年（1416 年），朱棣召集群臣，正式商议迁都北京的事宜。对于提出反对意见的一些大臣们，朱棣下了狠心，革职或严惩。从此，再也没有人敢反对迁都。次年，以南京紫禁城为模板的北京紫禁城正式动工了。

永乐十八年（1420 年），北京皇宫和北京城终于建成了。北京皇宫以南京皇宫为"蓝本"，只是规模稍大了些。新修的北京城周长四十五里，呈规则的方形，完全符合《周礼·考工记》中理想的都城的形制。一切准备就绪之后，朱棣下诏正式迁都，改金陵应天府为“南京”，改北京顺天府为“京师”。

永乐十九年（1421年），也就是刚刚迁都几个月的一天傍晚，北京城突然风雨大作，并夹杂着阵阵惊雷。新修建不久的奉天、华盖、谨身三大殿因遭到雷击起火，火势汹汹，瞬间化为灰烬。对于此事的发生，朝野上下议论纷纷，朱棣心中也升起了不祥之感。礼部主事萧仪立即上奏：“迁都后诸事不便，且弃绝皇脉与孝陵，有违天意。”朱棣看完奏本之后，顿时气急败坏，他觉得萧仪把迁都与雷击三大殿联系起来，完全是在蓄意诽谤。因此，他几乎在第一时间内就做出决定，命令锦衣卫将萧仪抓进北镇抚司大牢，没有进行任何审讯，就以“谤君之罪”处以极刑。

如此一直到明成祖朱棣去世，朱高炽明仁宗即位。长期以来，朱高炽作为太子在南京监国。等他即位后，面对残破的北京皇宫，他立刻有还都南京的打算，并下令提前修葺南京宫殿。紧接着，北京六部原印信被收回，新印信重又加印“行在”，这就等于废除了北京作为京师的地位。但是朱高炽享国日短，未满一年就驾崩了，此时还都的实际行动尚未展开。尽管在朱高炽的遗诏中强烈表明了他希望还都的意愿，但后来即位的明宣宗还是暂缓了还都的计划。待明宣宗的儿子明英宗即位后，就正式确定北京为明朝京师，不再称“行在”，从此终明一代再未做任何的改变。

“二朱”，谁更厉害？

谈及明太祖朱元璋和明成祖朱棣，人们对他们的评价可以用两个字概括：厉害。他们一个是明朝开国皇帝，一个是明朝永乐大帝，难道还不厉害吗？历史上的这两个人，一个是父亲，一个是儿子。他们两个人，到底谁更厉害？

比出身。明太祖朱元璋是一个布衣天子，幼时家境贫困，少年的他被生活所逼迫，为了能够生存下去，他出家当过和尚，也当过乞丐。后来才投奔到郭子兴帐下，他的本领和才能终于有了施展之地。最终，他通过自己的努力，一步一步地达到了自己的目标，成为一国之君，其中的艰难险阻可想而知。而朱棣因为占了父亲的“金光”，很幸运地出生在皇室，可谓是含着“金钥匙”来到了人间。虽然说在他的人生道路中也不是一帆风顺，也经历了各种风风雨雨，可是比起他的父亲，他还是有着出生优势的。从这点来看，似乎可以说朱元璋比儿子朱棣要厉害一些。毕竟白手起家在当时来说是很艰难，既没有钱，也没有权，在这样的境地，朱元璋还能够创出如此大的一番事业，真的是很不易。

比勤劳。朱元璋的勤政可是世人皆知，他是我国历史上一个少有的勤政皇帝。他不仅体力充沛、精力过人，而且总是事必躬亲、无遗巨细，似乎从来没有乏累的时候，也不知道主动休息。有时候，他就连吃饭都在思考问题，时不时还停下来记东西，要么写在纸条上，要么贴在身上。每次为他清洗衣服的时候，都会发现在他穿的衣裳里，贴满了各种各样的纸条，猛一看还以为是浑身长满了羽毛。就连他的后宫和殿堂的墙壁上，也都贴满了纸条，直到事情彻底解决后，他才会下令取下来，否则谁也不敢乱动。此外，朱元璋还是一个历史上少有的勤俭节约的皇帝，但他的节约并非出于吝啬，而是出于爱惜民力的真诚表现。当然，长治久安也是他所考虑的因素，因为他担心一时的骄奢淫逸，会让他精心打下来的天下毁于一旦，他不想前功尽弃，所以一直对自己要求很高。

朱棣虽说比不上朱元璋事必躬亲、无遗巨细，但他也是一位十分勤劳的皇帝。这对于一个生于帝王之家的人而言，能够做到丝毫不沾浮华之风，已经很不错了。为了能够守好父亲辛辛苦苦打下来的江山，朱棣一刻也不敢忘记父亲的祖训，“天下初定，对百姓要安养生息之”。因此，自登基以来，他都很注意百姓的休养生息。

有一次，山西的一个官员为了加官进职，想方设法讨好朱棣，他报告说：“听说山西有一种特殊的五色石，如果能把它弄来加工成器皿，放在殿中肯定好看又典雅。”朱棣听后很生气，大喊道：“这些年来战争不断、兵荒马乱，百姓已经受了好多苦了，你居然为了升官发财，还想给他们增加负担，你不知道只要官府求一物，百姓就要受一害的道理吗？况且这些东西根本没有用，饿了能把它当食物吃吗？冷了能用它取暖吗？”官员忐忑地摇了摇头。朱棣继续怒斥：“既然不能，为什么要麻烦百姓呢？”此后，再也没有人在朱棣面前提及此事。

还有一次，朱棣正在大殿和大臣们商议政事，一个无心之举，他的内衣袖子不小心露出来了，又破又烂，大臣们看见了都很惊讶，没想到堂堂一国之君，居然衣着如此简朴。他不紧不慢地说：“我虽拥有天下，按理说，我一天换十件新衣都是没任何问题的。但是，人在福中就要惜福，要懂得节省，万一哪天失去了这些福，岂不是后悔莫及？”大臣们听后，都从心底里佩服眼前的这位皇帝。

比武功。朱元璋是我国历史上唯一一位出身贫苦农民的开国皇帝，从他参加农民起义，到他正式称帝，用了整整十七年时间。元末时期，眼见天下大乱，群雄并起，逐鹿中原，还先后出现了徐寿辉的天完、韩林儿的龙凤、张士诚的大周、陈友谅的大汉、方国珍的夏等诸多政权，此时的朱元璋仍然不急不躁，并采用“高筑墙、广积粮、缓称王”的策略，在最短的时间内废除苛政，以安定民心、发展生产、增强实力，最终完成了天下一统的帝业，可见其与生俱来的雄才伟略。

而朱棣在历史上有“马上天子”之称，他因武功而立此威名，因武功而夺得皇位，因武功而拓展疆土。虽然说四年的“靖难之战”可能没有朱元璋一统天下的分量大，但他迁都北京，天子守国门，五次亲征漠北，保证国家统一和长城以内社会环境的安定，有着积极的意义。此外，朱棣还设置奴儿干都指挥使司，管辖黑龙江、乌苏里江、库页岛等地，只为了捍卫领土的完整。永乐年间造船业的发达，可以以郑和七下西洋为证。当时郑和乘坐的1号“宝船”，是当时的世界之最，可见当时大明海军之强大。当然，大明能够扬国威于海外，和强大的海军是分不开的。在这一点上，虽然朱元璋是用武功打下了一片江山，但是朱棣在此基础上开疆扩土、扬威海外，其雄才大略可以说更胜朱元璋一筹。

比文治。朱元璋在天下一统后，实行了一系列加强中央集权、恢复发展社会经济的措施。比如，实行分封制，在各战略要地立王，以“外卫边陲，内资夹辅”；创建卫所制度，由中央牢牢控制军事指挥权；废中书省及丞相，自统六部，以加强皇权；普查户口，建立黄册制度，丈量土地，编制鱼鳞图册，控制全国人力财富；劝农桑，兴修水利，减轻租赋，与民休息；整顿吏治，严惩贪官污吏；设立锦衣卫，“更置都察院”，颁布制定大明律，兴党狱，诛杀勋贵功臣，强化专制统治。总体来说，朱元璋经过十余年的戎马征战，才建立起了统一的明王朝。在此期间，他推行了一系列缓和矛盾的政策，不仅强化了集权统治，也为明朝的社会安定发展创造了必要条件，也算功劳不菲。

朱棣在发起“靖难”之变后，便发誓一定要励精图治，把恢复发展农业生产放在第一位。于是，他下了人生的第一道诏书，免去山东、河北、河南被战争蹂躏的州县三年赋役。此外，他还六次下江南，体察民情，关心社会经济发展，兴修水利，制定军屯制。不仅如此，他还完善内阁制度，整肃吏治，重用人才，并组织编修《永乐大典》，派郑和七下西洋。朱棣这一系列的措施促进了社会的安定，文化的发展，文明的传播，可称得上是一位功勋卓著的帝王。

说到这里，要说朱元璋与朱棣，到底谁比谁更厉害？只能说，春兰秋菊，各有千秋吧。

不忍细读的大明史

第三章 仁宣之治，大明的『文景之治』

我国历史上，汉朝有“文景之治”，唐朝有“贞观之治”。而明朝的“仁宣之治”，也将明王朝推向了繁荣的高峰。在“仁宣之治”中，明仁宗朱高炽一再要求官府立即赈济，不能迟缓，百姓的生活一片和睦安定，社会也呈现欣欣向荣的局面。待明宣宗即位后，继续执行明仁宗的政策，并停止了远航，从安南撤兵，为明朝甩掉了一个大难题，社会又得到了发展。没有了战争，财政支出少了，国库也跟着富裕起来，明朝的经济发展也达到了顶峰。

仁宗治国，太子监国

在古代，帝王父子（尤其与太子）总是有一种很微妙的关系。如果是太子监国，这种微妙就会逐渐演化成一种暗斗，或者明争。“太子监国”，即中国古代的一种政治制度，通常是指皇帝有事外出时，交由重要人物（比如太子）留守宫廷处理一些国事；也指皇帝因年龄或者能力的原因不能够亲政，而由他人代理主持朝政。在后世帝王中，一般都忌讳太子监国这一制度。只是偶尔象征性地给予未来的储君短暂的“实习”机会。而监国太子呢？总是一副诚惶诚恐、如履薄冰的姿态，他们不求有功、但求无过。只要太子监国，就注定要过一段忍气吞声的日子。如果不这样，就难保从太子到帝王的顺利过渡。

明朝就有这样一位不幸的皇储，当皇帝不到一年，在二十余年的太子生涯中，光监国就有十六年之久，他就是朱棣的继承者朱高炽，是明朝的第四位皇帝。在朱棣的诸多儿子中，朱高炽是样貌最不出众的一个，他不仅身材肥胖，还患有严重的脚疾，行动很是不便。他下地走动的时候，身边总需要两个内侍搀扶着他。即便这样，他还是走得跌跌撞撞，更不用说让他跃马疆场、奋勇杀敌了。也正因为这个原因，勇于奋战的父亲朱棣很不喜欢他。在朱棣看来，这样的人既不俊朗潇洒，也不风流倜傥，实在没有一国之君的样子。但他的祖父朱元璋却非常喜欢他。幸运的朱高炽承蒙明太祖的爱护，被提拔成为世子，为今后立为太子打下了坚实的基础。

为何其貌不扬的朱高炽能够深得朱元璋的喜欢呢？原因就在于朱高炽自幼熟读儒家经典、敦厚稳重、言行识度，对政治有着强烈、多样的兴趣。再加上开国之初，战乱接连不断，国家不安定，百姓也遭受各种疾苦，一心想要治理好国家的朱元璋，希望守成之君能够宽柔治国、休养生息。同样地，他也希望封王的世子能够以宽仁之心来极力辅助后来的君王。

有一次，朱高炽被祖父朱元璋派去检阅部队。可是过了没多大工夫，朱高炽就回来了。朱元璋认为他偷懒，就质问他："为何这么快就回来了？"朱高炽很恭敬地解释道："清晨的天气太冷了，我让战士们吃过饭再来检阅。"朱元璋听后很是高兴，没想到他会如此爱惜军队。

还有一次，为了考验朱高炽的耐心，朱元璋让他审阅官员的奏章，并告诉他一定要细心审阅。于是，他不焦不躁、有条不紊地将奏章分类整理后，并做了详细的报告，呈递给朱元璋过目。他的种种举动再一次打动了朱元璋，让朱元璋更加确定要封他为世子。事实上，朱高炽虽然不能自己跃马扬鞭、驰骋沙场，但是他的军事才能却是非常优秀的。永乐七年（1409 年），明成祖朱棣因北征蒙古、营建北京等诸多事务，长期都不在首都南京。为此，他允许太子朱高炽监国，让他负责处理明朝的一切日常政务，这给朱高炽展示军事才能提供了很好的机会。

永乐中后期，在诸多政治活动中，朱棣父子俩发挥各自的特长，朱棣擅长军事活动和开创性活动，朱高炽则擅长行政工作（东宫监国，朝无废事）。朱棣主持进行的北征蒙古、南击交阯、迁都北京、远航西洋等重大活动，得到了太子朱高炽很好的支持与配合。朱高炽监国时期处理日常政务期间，诸如中下级官吏的升调任免，对普通案件的审理和裁决，对营建、漕运、水利工程等进行协调和管理，也都得到了朱棣的充分肯定与支持。可以说，在那段日子里，他们父子俩的配合也是极好的。

监国的那段日子里，朱高炽不仅要面临其弟朱高煦、朱高燧的谗言，还要应对夺嫡的威胁。好人总是有好报的，朱高炽在诸位大臣的力助下，一次次化险为夷。实际上，只要朱棣的地位不受实质性的威胁，朱高炽的太子地位就是稳定的。

永乐二十二年（1424 年）七月，明成祖朱棣病死于北征的途中。而朱高炽在群臣的辅助下，在即位不足一年的时间内，大刀阔斧地调整和改变了永乐时期继续开创的政策。朱高炽本着为人宽厚、为政开明的原则，发展生产、与民休息，不仅赦免了朱允炆的许多旧臣，平反了许多冤狱，废除了许多苛政，也停止了朱棣时期的大规模用兵，天下百姓得到了休息，文化得到了复兴。因为朱高炽天禀纯明、恭检爱民，后世对他的评价很高，并为“仁宣之治”打下了基础。

郑和七下西洋

郑和，明朝太监，原姓马，名和，小名三宝，又作三保，云南昆阳（今晋宁昆阳街道）宝山乡知代村人。明朝航海家、外交家。出生于明洪武四年（1371 年），是马哈只第二子，郑和有姐妹四人。他的祖父及父辈都是元朝很了不起的重要人物。因为他们曾经跋涉千里，朝觐麦加，被当地的人们尊称为“哈只”，即“巡礼人”或朝圣者之意。郑和生长在滇池之滨，很小就习于水性，受祖辈影响和熏陶，从小就有了“以世界作为人生舞台”的宏伟气魄，并诱发了他对大海的向往。

洪武十三年（1381 年），明朝军队集中兵力，开始进攻云南这块美丽的地方。那时候的郑和年仅 11 岁，就被无情的明军副统帅蓝玉掠走至南京，转而北上，离开了生他养他的故乡。到达南京后，他就被做了宫刑成为太监，并进入朱棣的府邸。后来，道衍和尚（姚广孝）又收郑和为菩萨戒弟子，法名福吉祥，为朱棣立下了赫赫战功。

永乐二年（1404 年），在“靖难之役”中，因郑和功德无量，而被朱棣正式赐姓名为“郑和”，并提升为内宫太监的首领，官至四品，地位仅次于司礼监。对于一个太监来说，到这个地步很不错了。到了第二年，郑和又因功累擢成为内宫太监，并受朱棣的委派，率领巨舶 62 艘、士卒及随行人员 27800 余人，开始了他举世闻名的大航行。

永乐四年（1406 年），郑和开始了第一次远航，顺风南下，首先到达爪哇岛上的麻喏八歇国。爪哇（今印度尼西亚爪哇岛），看似好奇怪的名字，古名又叫“阇婆”，这个地方不仅人口稠密、物产丰富，经济也十分发达。俗话说，来得早不如赶得巧，当时这个国家的东王、西王正在疯狂地“打内战”。没过多久，东王便战败了，其属地被西王的军队“据为己有”。而就在这时候，郑和船队的人员也整理好行装，准备上岸到集市上做生意。未曾想，他们却被占领军认定是跟东王一伙儿的，是来援助东王的。于是，西王麻喏八歇王刀下毫不留情，而误杀 170 人。这下激怒了郑和部下的军官们，他们纷纷请求出战，还大喊道：“我们将士的血，绝对不可以白流。”急于向麻喏八歇国进行宣战，给以报复。

“爪哇事件”发生后，心虚的西王十分惧怕，为了能够安心度日，他便派使者前去跟郑和谢罪，并主动要求赔偿六万两黄金用来赎罪。郑和第一次下西洋就无辜损失 170 名将士，按常情必然会引发一场“血战”。然而，当郑和得知这真的只是一场误杀，又鉴于西王诚惶诚恐，主动请罪受罚。于是，郑和禀明皇朝，希望可以“化干戈为玉帛”。当西王知道这件事后，甚是感动。从此，两国之间和睦相处，再不互犯。

永乐五年（1407 年）。郑和回国后，便立即进行第二次远航的准备。这次出访的有占城、渤尼（今文莱）、暹罗（今泰国）、真腊（今柬埔寨）、爪哇、满剌加、锡兰、柯枝、古里等九个国家。到锡兰时，郑和船队还向有关佛寺布施了金、银、丝绢、香油等好玩意儿。永乐七年（1409年），郑和、王景弘立《布施锡兰山佛寺碑》，并记述了所施之物的“真名”。据载，郑和第二次下西洋的人数足有27000多人，这个数字可谓庞大。

永乐七年（1409年），郑和的船队从太仓刘家港启航，开始了第三次下西洋。郑和船队先是离开占城，来到真腊，然后顺风到了爪哇、淡马锡（今新加坡、满剌加）。郑和在满剌加建造仓库，下西洋所需的钱粮货物都存放在这些仓库里，以备使用。郑和船队去各国的船只，返航时都在这里聚集，装点货物，等候南风开航回国。郑和船队从满剌加开航，经阿鲁、苏门答腊、南巫里到锡兰。在锡兰，郑和又另派出一支船队到加异勒（今印度半岛南端东岸）、阿拔巴丹和甘巴里。郑和亲率船队去小葛兰、柯枝，最后抵古里。于永乐九年（1411年），郑和回到了久违的祖国。

永乐十年（1412年），朝廷又令郑和进行规模更大的一次远航，即第四次下西洋。永乐十一年（1413年）冬开航。郑和首先到达占城，然后率大船队驶往爪哇、旧港、满剌加、阿鲁、苏门答腊等地。从这里郑和又派分船队到溜山（今马尔代夫群岛），而大船队又从苏门答腊驶向锡兰，在锡兰郑和再次派分船队到加异勒，而大船队驶向古里，再由古里直航忽鲁谟斯（今伊朗波斯湾口）阿巴斯港格什姆岛。这里是东西方之间进行商业往来的重要都会，郑和船队由此启航回国，途经溜山国。后来，郑和船队又把溜山国作为横渡印度洋前往东非的中途点。永乐十三年（1415年）郑和又一次回国。这次航行郑和船队跨越印度洋到达了波斯湾。据载，郑和第四次下西洋的人数有27670多人。

永乐十四年（1416年），朝廷又下达了命令，委派郑和送“十九国”使臣回国。永乐十五年（1417年）冬，郑和船队再次远航，开始了第五次下西洋。首先到达占城，紧接着到爪哇、彭亨、旧港、满剌加、苏门答腊、南巫里、锡兰、沙里湾尼（今印度半岛南端东海岸）、柯枝、古里。当船队到达锡兰时，郑和又派一支船队驶向溜山，然后由溜山西行到达非洲东海岸的木骨都束（今索马里摩加迪沙）、不剌哇（今索马里境内）、麻林（今肯尼亚马林迪）。大船队到达古里后，又分成两支，一支船队驶向阿拉伯半岛的祖法儿、阿丹和剌撒（今也门民主共和国境内），另一支船队直达忽鲁谟斯。永乐十七年（1419年），郑和带着船队回国了。

永乐十九年（1421年），朱棣又把遣送十六国使臣回国的重任交给了郑和。为赶东北季风，郑和接到命令后，立马带着船队启程了，这是他第六次下西洋。这次他要到达的国家及地区有占城、暹罗、忽鲁谟斯、阿丹、祖法儿、剌撒、不剌哇、木骨都束、竹步（今索马里朱巴河）、麻林、古里、柯枝、加异勒、锡兰山、溜山、南巫里、苏门答剌、阿鲁、满剌加、甘巴里、幔八萨（今肯尼亚的蒙巴萨）。到了永乐二十年（1422年）八月，郑和船队才顺利回国。永乐二十二年（1424年），明成祖朱棣去世，明仁宗朱高炽即位，并以国库空虚为由，下令立即停止下西洋的行动。

宣德五年（1430年），朝廷再次启用了郑和，让他开始第七次远航。此时的他已经年过六十岁，也应该到安度晚年的时候了。可是，他仍然毅然地担负起重任，漂洋出海、弘扬国威。只是这次，郑和永远地离开了。有人说，他是死在归国的途中；也有人说，他是染了重病，不治而死……

平定汉王之乱

汉王朱高煦，仁孝文皇后（徐达之女）所生，是朱棣的第二子，是明仁宗朱高炽的同母弟弟。他为人狡诈凶悍，但却擅长骑射，一向以雄武自负。明太祖驾崩，建文帝继位，朱高煦与兄长朱高炽一同入朝。舅舅徐辉祖见他游手好闲，品行不端，便暗中告诫他。朱高煦非但不听，还盗走徐辉祖心爱的宝马，渡江返回北平（今北京）。归途之中，朱高煦经常杀死官民，还在涿州击杀驿丞，朝臣都因此指责燕王。

在“靖难之役”时，朱棣不止一次濒临危难。所幸的是，在朱高煦的力战下，都转败为胜，朱高煦立下了汗马功劳。朱棣大喜道：“我已精疲力竭了，我儿应当奋勇再战。”又抚摸着他的背部道：“努力罢！世子常常生病。”朱棣也就是在那时候，对朱高煦有了些许好感，认为他很像当年的自己，朱高煦因此得宠。自此，他开始变得狂妄自负，并恃功骄纵，总是做一些不法之事。

后来朱棣即位，他要做的第一件事，就是命朱高煦率军前往开平防守边境。当时，朝廷也正在商议立储的事情。淇国公丘福、驸马王宁一向喜欢朱高煦，便常常在朱棣面前称赞他的功劳，并一再请求立朱高煦为太子。大臣们的不断举荐，让朱棣难以决断。他纠结了许久，最终还是认为世子朱高炽仁贤，又是明太祖朱元璋所立，而且朱棣也清楚地知道，朱高煦过失太多，所以只封他为“汉王”，封国云南。一向心直口快的朱高煦当然很是不满，大声嚷嚷道：“我到底有什么罪行，要把我流放到万里之外?”死活不肯去云南。随巡北京时，朱高煦又极力请求与儿子一同返回南京，无奈之下，朱棣只好同意了。

后来，朱高煦索取天策卫为汉王护卫，并常以唐太宗自比。不久，朱高煦又请求增加两护卫，行事更加放纵。他自负勇武，又常跟随明成祖左右，多次挑拨是非，陷害太子，致使解缙冤死、黄淮入狱。永乐十三年（1415 年），朱高煦被改封到青州，但仍不愿前往。明成祖朱棣疑心他有夺嫡之意，下诏催他就藩。朱高煦还是不肯动身，并私自挑选卫士，招募精兵三千人，又击杀兵马指挥徐野驴，僭用御用车马器物。

永乐十四年（1416 年）十月，明成祖返回南京，得知朱高煦违法之事达数十起，对其予以痛斥，剥夺冠服，囚禁在西华门内，准备将他废为庶人。太子朱高炽念及兄弟之情，在成祖面前极力请求。成祖削去朱高煦的两护卫，将他的亲信诛杀。永乐十五年（1417 年）三月，成祖将朱高煦徙封到乐安州（今山东惠民），并命他即日起程。朱高煦到达封地后，心怀怨念，更加着急地策划谋反。朱高炽虽多次致书劝诫，朱高煦仍不肯悔改。

永乐二十二年（1424 年），明成祖在北伐回军途中病逝，太子朱高炽继位，是为明仁宗。朱高煦之子朱瞻圻当时正在北京，窥视朝廷举动，朱高煦也派遣心腹入京，伺机叛乱。明仁宗知道后，将朱高煦召回京城，增加其俸禄，赏赐宝物数以万计，仍命他返回乐安，还将他的长子封为世子，其余儿子均封为郡王。

然而，明仁宗朱高炽登基十月左右，就因病驾崩了，明宣宗朱瞻基即位，他是明朝的第五位皇帝。在朱瞻基奔丧途中，朱高煦联合赵王朱高燧，决定效仿自己的父亲当年故伎，指责夏原吉等人是奸臣，举兵要“清君侧”，要再来一次“靖难”，意图染指大宝。当时的御史李浚在家丁忧将满，汉王便派人邀请李浚也参与此次叛乱。谁想，狡猾的李浚假意允诺，背地里却召集合族老小，一同商量如何揭发汉王谋反之事。这时候，有人献策：“若有都指挥使靳荣的鼎力支持，不要说揭发汉王谋反，哪怕就地平定叛乱，也是有可能的。”都指挥使是何许人也？他可是地方部队的“首脑”人物。汉王叛乱一事，都指挥使正是首当其冲的关键人物。

汉王的藩地为乐安州，属山东济南府，而都指挥使衙门就在济南。于是，李浚急忙派人前往济南，向山东都指挥使告知汉王叛乱的消息，并请都指挥使整军备战，尽快平定叛乱。同时也希望都指挥使发给符验，以便自己可以进京告变。不曾想，那都指挥使也早已和汉王约定共同叛乱。李浚得到消息后大惊失色，知道自己撞到了枪口上，于是立刻遣散族人，又安排母亲大人和两个儿子离家避难，以保李氏香火。李浚自己呢？则易容化名，星夜奔往北京，向明宣宗朱瞻基奏陈汉王朱高煦反情。

朱瞻基得知汉王谋反之后，却不忍对叔父用兵，便派宦官侯泰赐书信给汉王，希望他回头是岸。但是，汉王朱高煦接到了书信却没当回事，他部署重兵压阵，面南而坐会见侯泰，并道：“永乐年间皇帝听信谗言，削去我的护卫，把我封到乐安，仁宗也仅用金帛引诱糊弄我，我怎能这样郁郁不乐地长居于此？你回去告诉皇帝，将奸臣夏原吉等人送来，然后再慢慢商议我的要求。”侯泰非常恐惧，只好返回京师。宣宗问起朱高煦所言，侯泰不敢据实回答。因为汉王不仅不思悔改，竟摆下浩大仪仗，重兵陈列，自己面南而坐，把自己当君王。

几天之后，汉王觉得不对劲，“来而不往非礼也”。既然朱瞻基派了使者前来，自己这个当叔叔的也不能丢份，于是他又派了手下一个名叫陈刚的百户，前往北京上疏，并给诸多公侯大臣捎去书信。诸大臣见书信中多有大不敬之词，不敢隐藏，全部呈交御前。明宣宗看完之后，无奈叹道：“汉王果然是要一心谋反了。”事已至此，朱瞻基下诏命阳武侯薛禄立刻整军，随时准备平叛。

就在这时候，大学士杨荣进言：“现今天下大定，谋反不得人心。汉王只是一州之地，兵马粮草都有不足，陛下应该趁其立足未稳，出其不意，御驾亲征。”明宣宗朱瞻基明显有些迟疑，因为他不想跟至亲兵戎相见。杨荣又反复进言，御驾亲征不仅可以鼓舞士气，平叛一战也可以敲定。同时还可以极大提升新君的威望，稳定朝纲，一举两得，何乐而不为呢？正在明宣宗犹豫不决之时，大臣夏原吉上奏，也明确支持御驾亲征的策略，并一再暗示明宣宗不要忘了李景隆的前车之鉴。李景隆是谁呢？他是明朝时期最著名的草包将军。

这时，张辅奏道："请给臣二万兵马，擒拿朱高煦献给陛下。"明宣宗还在思考刚刚夏原吉的话，不由得冷汗涔涔，立即回答道："你确实可以平定叛乱，但我刚刚继位，也许还有心怀二意的小人，若不亲征，便不能安定小人的反叛。"于是决定以阳武侯薛禄为平叛先锋，准备御驾亲征。

朱高煦起初听闻薛禄率军，非常高兴，认为容易对付，及至得知宣宗亲征，方才害怕。后来，宣宗致信给朱高煦道："张敖失国，始于贯高，淮南被杀，成于伍被。现在大军压境，你只要交出怂恿谋反之人，朕就可免除你的过失，恩惠礼遇与原先一样，不然的话，一开战你必然被擒，或者你的部下把你当成奇货绑了献于朕，到那时，你后悔也来不及了。"爱面子的汉王依然不肯主动妥协，硬着头皮派人向明宣宗下战书，并约定第二日清晨开展。

很快，平叛大军抵达乐安城下。朱瞻基喊道："两军对阵，死伤颇多，朕心不忍。"当下命大军慢慢前行，驻军在乐安城北，包围四门。诸多将士因为立功心切，纷纷到御前请战。明宣宗仁慈，忧心子民，一概不容许。并一再强调发射时，要尽力避开百姓士兵，只须震慑叛军即可。

再说那城中的叛军，眼看形势不对，就各自给自己找活路。为了能够脱避罪责，叛军们居然在这时候团结一心，聚集在一起，准备亲手抓住汉王，献给明宣宗。汉王听闻大惊，见军心思变，惊惧交加，于是起了投降的心思。但是他一想到，如果现在就投降，恐怕会让城中的叛军获知，心思缜密的他最后派了心腹之人出城，来到御驾阶前，向明宣宗表明了痛悔之心，并愿意明日出降。

当天晚上，汉王朱高煦便匆匆忙忙将叛逆谋反来往的书信全部焚毁，兵器也全部收归。到第二天，明宣宗朱瞻基移驻乐安城南。煞费心机的朱高煦准备出城请降，却在半路被下属王斌等人拦下，并劝阻他说：“宁可战死，不为人擒。”因为这些人都是谋反的干将，一旦汉王主动投降，皇帝念在宗亲，必定不会杀了汉王；但谋反总要有人承担罪责，他们这些人将会逃无可逃、罪不可恕。汉王当然明白这些，担心他们会“狗急跳墙”，不敢过分激怒这些曾经的心腹，便假意回到汉王府，偷偷打开了城门投降。

汉王投降之后，群臣便纷纷上奏，请求将汉王明正典刑。果不其然，一向仁慈的明宣宗念在宗亲，不忍加刑于至亲叔父，便宣布赦免城中守军之罪，改乐安州为武定州，命薛禄与尚书张本留守，然后准备班师回朝。

平安返回京城之后，朱瞻基便将汉王父子废为庶人，在西安门内建造房屋，并将他们禁锢于内。此外，他还亲自把平息朱高煦叛乱一事编写成《东征记》，昭示群臣不要再犯同样的错误。逆党王斌等人也被朱瞻基下令处死，只有长史李默一人逃过一劫，因他曾经进谏而免去了死罪，被贬谪至口北为民。至此，汉王叛乱平息。

殊不知，死性不改的朱高煦，最终还是难逃一死。有一日，明宣宗念及亲情去探望朱高煦，未曾想朱高煦对明宣宗的怨恨难消，落魄的他居然故意伸出一脚，把明宣宗勾倒在地。如此一来，触犯了宣宗的底线，一怒之下命人用三百斤重的铜缸将朱高煦扣住。朱高煦勇武有力，竟将大缸顶起。这时候，明宣宗又命人将其死死压住，并在铜缸周围点燃木炭，把朱高煦活活烤死在缸中，很是凄惨。朱高煦的几个儿子也全都被杀。就这样，朱高煦成为历史上第一个被活活烤死的王爷。

一怒之下斩恩师

在古人眼中，高官厚禄并不难得，最难得的是成为皇帝的老师。因为那是一种无法比拟的殊荣，在历朝历代都是一件光宗耀祖的好事儿。但是，皇帝的老师并不好当。如果皇帝孺子可教、勤奋苦学，也许老师还能好当一点；如果皇帝玩世不恭，能够把皇帝教好，几乎没有可能，因为老师的地位再高，也高不过皇帝。皇帝虽为学生，骂不行，责罚更不可以，这便是给皇帝当老师的最大难题了。

比如，从鞠躬尽瘁、死而后已的诸葛亮，到直言进谏、帝王明镜的魏征；从被诛灭十族、以身殉道的方孝孺，到殚精竭虑、功高震主的张居正……不难发现，原来每一位帝师背后的亮丽光环，都是经历过最艰难的时刻，并经受着血与火的洗礼。在明朝历史中，也同样不例外。担任帝师者大有人在，但是被自己的皇帝学生活活打死的，恐怕只有戴纶一个人吧？

戴纶，山东高密人。当年，戴氏家族在高密也算得上是名门望族。在其父辈中，戴希贤曾担任河南知府，戴希文曾担任南京太仆寺卿。说起戴纶的出身，他既非进士，也非举人。早年，戴纶以儒士出任山东昌邑（今山东潍坊昌邑）的训导，成为一名官职卑微的学官。朱棣在位期间，他又被提拔为“礼科给事中”（相当于礼部的处长）。

永乐十八年（1420 年），戴纶与林长懋双双被选为太孙中允，即辅导明宣宗朱瞻基读书，也就是给朱瞻基当老师。再到后来，他被升任“中允”“谕德”。等到明仁宗朱高炽即位后，戴纶又被升为“洗马”，继续给朱瞻基当老师。因为深受“皇恩”，这两位直臣自然不敢有丁点儿怠慢，一直以刚直不阿著称，兢兢业业、精心辅导朱瞻基。但是，朱瞻基与老师戴纶的恩怨，在朱棣在位时就已经埋下了祸根。

明宣宗朱瞻基年少时，他并非如其父明仁宗朱高炽一样勤奋好学，相反，他颇似其爷爷朱棣，不仅喜好玩乐，而且尤爱习武。对此，朱棣看在眼里，也一再训诫孙子朱瞻基一定要“全面发展”，不仅要学习诗书，还要学习骑马射箭。朱棣的要求当然正中朱瞻基下怀，并以此为借口，经常外出射猎习武，一出去就是一整天，以至一度荒废了学业。戴纶呢？终于按捺不住一颗忧国忧民之心，不止一次暗示朱瞻基，“学习文化治理国家，比打猎游玩重要得多”，规劝再三发现不见奇效。于是，戴纶给朱棣写了一封信，希望能够帮到朱瞻基。

之后有一天，朱棣问孙子说：“你觉得诸多大臣中，谁对你最好？”朱瞻基很快回答说：“当然是戴老师对我最好了。”朱棣也不知出于什么心理，竟然让朱瞻基看了戴纶的“告状信”，朱瞻基看完之后脸色立即大变。自此以后，朱瞻基就怀恨在心，有谁愿意身边有一个“打小报告”的老师呢？

朱瞻基即位后，林长懋被任命为广西郁林知府，戴纶则被提拔为兵部左侍郎。虽是官运亨通，但皇帝少年时的阴影却也悄然降临。对于之前发生的事情戴纶一无所知，在以后的日子里他依然时时以“敢于纳谏”为己任，行事以“刚正敢言”著称，对朱瞻基的种种错误行为，都会不计后果地做出大胆的批评和指正，这更加激起了朱瞻基心中的愤恨。

洪熙元年（1425 年），戴纶不仅“封驳”朱瞻基的圣旨，还大胆上书请求停止游猎的行为。因为“射猎”一事，再一次触动了朱瞻基的“心病”，他气急败坏、忍无可忍，怨愤之下，先是把戴纶贬至安南，接着又把他关进了牢狱，祸从口出、祸从天降，对于朱瞻基的这一系列作为，戴纶很是无奈。坏事总是接二连三，这件事又牵连到了戴纶的好友林长懋。后来才知道，暗地里揭发戴纶与林长懋有相互“怨望”罪的，居然是朱瞻基派去监视戴纶的锦衣卫经历沈迪，原来这都是朱瞻基的“安排”。

等到戴纶和林长懋被押解到京后，朱瞻基又下诏由自己“亲审”。没想到的是，戴纶、林长懋他们二人毫不畏惧，竟然又在百官面前大胆谏言，斥责朱瞻基的种种过失，这一举动更激得朱瞻基龙颜大怒，立即下令将戴纶就地处死。本来朱瞻基是想将戴纶全家都满门抄斩才解恨。但经过杨士奇等人的苦苦相劝，力言此举恐怕会引起众人的非议，朱瞻基执拗不过眼前这些大臣，只好再次“虚心纳谏”，杨士奇等人也因此救下了无数无辜的性命。但“死罪可免、活罪难逃”，戴、林二人的父亲——河南洛阳知府戴贤，太常寺卿林希文都被打入了大牢，终究没能忍受住牢狱之苦，惨死在了牢中。

事情到这儿还没结束，不知道朱瞻基是不想留下任何祸患，还是认定戴纶真的犯下了滔天大罪，他又再次下令：凡是与戴纶家有联系的“十族”，其家产全部充公。对于青年男女，比如未婚男子、未婚女子都被发配宫中，一辈子为奴为婢；对于弱势群体，比如老人、妇女都被流放边疆。不幸的戴纶终于没能逃过一劫，被判处死刑。而他的好友林长懋，也被判入狱。但他比戴纶幸运一点儿，原因是他在广西任职的时候一向为官清廉、造福一方。事发后，当地的百姓组织到京城“上访”，为了不扰乱民，朱瞻基只得对他“网开一面”。但终究却未能逃过十年牢狱之灾。直到明英宗朱祁镇即位后，才赦免了林长懋，命他继续担任郁林知府，在当地颇有政绩，印象也很好。

戴纶作为一代帝师，本应该宦途似锦，但可惜的是，他却因为直言遭来杀身之祸。而当年与戴纶一起辅助朱瞻基的陈山、张瑛二人，却以逢迎谄媚一再得宠，后来陈山、张瑛都官拜内阁大学士。虽然明宣宗朱瞻基以陈山、张瑛品行不端、性格怪异，而有意疏远了他们。但与戴纶的不幸遭遇比起来，已是天壤之别。

南北取士，大明王朝的科考制度

明太祖朱元璋建立明朝后不久，于洪武三年（1370 年）正式开科考试。这对于“马背上打天下”的朱元璋来说，守业更比创业难。要想长治久安，就要施以教化，推进经济文化发展，才能让黎民百姓过上好日子。国家要发展，关键在人才。为此，朱元璋专门做出规定，以后选拔“公务员”，全部由科举考试来选拔。

自古“仕而优则学，学而优则仕”。未来局势的发展正如朱元璋所预料，士子们想当“公务员”，就像朱元璋当年想当皇帝的心情是一样的。自实行“科举考试”以来，天下读书人纷纷为之响应，人心思定，社会发展，稳定了政权的同时，也为朝廷选拔了诸多优秀的人才。后来，由于国内和周边局势的各种影响，中间停考了好几年。直到洪武十五年，朱元璋再一次恢复了科考制度，而且正式颁布了新的“科举考试”，为大明王朝的“南北取士”提供了丰富的经验。“南北取士”其实是在仁宣年间确立的，但它的“导火索”却是洪武三十年（1397 年）的“南北榜之争”。

洪武三十年（1397 年）二月，明王朝迎来了其“三年一度”的科举会试。在主考官的选择上，朱元璋经过反复斟酌，终于圈定了 78 岁高龄的翰林学士刘三吾为这次考试的主考官。

刘三吾，在当时可谓大儒士，是元朝的旧臣。在元朝末年，他就曾担任过广西提学。明朝建立后，他更是贡献多多。比如，明王朝的科举制度条例由他制订，还有明初的刑法《大诰》也由他作序。此外，他还主编过《寰宇通志》，这本书可以称得上是人们了解当时中国周边国家

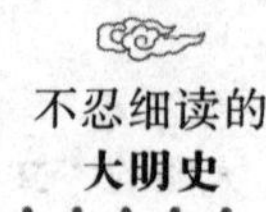

的“百科全书”。同时，他还与汪睿、朱善三人并称为“三老”，当时的人们对他印象很不错，说他是“为人慷慨，胸中无城府，自号坦坦翁”，可谓是人品才学俱佳的领袖人物。这一次，朱元璋选择他为主考，不仅是对他的认可和信任，也是对这次科举的莫大期望。

等到三月殿试时，陈䢿获得第一名，尹昌隆获得第二名，刘仕谔获得第三名，是为春榜。据统计，此次科共录取宋琮等进士一共 52 人，有点凑巧的是，这次录取的居然全部是南方人，故又称南榜。那些北方举人不知是何原因，全部落选了。待公布完录取榜单后，一瞬间舆论哗然，尤其引得那些北方举人的强烈不满，他们纷纷指责主考官刘三吾，说他因为自己是南方人，就包庇南人，毫无节制地压抑北方人。六天过去了，会试落第的北方举人依然不肯泄愤，反而变本加厉，联名上书，跑到明朝礼部鸣冤告状。而在南京街头上，还有数十名考生沿路喊冤，甚至拦住官员轿子就跑上去告状。一时间，街头巷尾各种传言纷飞，有人说主考是收了钱的，也有人说主考在搞“地域歧视”，各种说法让主考们自己也有口难辩了。

坏事传千里，很快消息就传到了朱元璋的耳朵里。朝堂上下为之震撼，先后有 10 多名监察御史上书，要求朱元璋务必要彻查，还那些落榜的北方举人一个公正。这时候，朱元璋的侍读张信等人，也怀疑此次科举考试有鬼。朱元璋本人为此也很是恼怒，马上下诏，成立了 12 人的“调查小组”，特命侍读张信、侍讲戴彝、右赞善王俊华、司直郎张谦、司经局校书严叔载、正字董贯、王府长史黄章、纪善周衡和萧揖，以及已经殿试取录的陈䢿、尹昌隆、刘仕谔等人，在落榜试卷中每人再各挑选十卷进行阅读，增录北方举人入仕。然而，调查小组经过数日的复核，到该年四月末终于做出调查结果。但是，这次的结果再一次让朱元璋瞠目结舌，经复阅后上呈的试卷，真的文理不菲、无可挑剔。可以断定的是，这次考试所录取的 51 人皆是凭自己的才学录取的，没有任何问题。

结果一出来，再次引起各界的哗然。那些落榜的北方举人依然不服气，再次上疏朱元璋，有人上告说张信与刘三吾相勾结，故意挑出北方举人的劣等试卷送呈皇上，并且严厉指责这是一种欺君罔上的行为。朱元璋大怒，五月突然下诏，指斥本次科举的主考刘三吾和副主考纪善、白信三人为“蓝玉余党”，尤其抓住了刘三吾在10多年前曾上书为胡惟庸鸣冤的旧账，再次认定刘三吾是“反贼”，随后便把他发配到了西北。其他涉案的诸官员也未能逃此一劫，都受到了严惩。曾质疑刘三吾的张信更惨，因他被告发说曾得到过刘三吾的授意，最后落了个凌迟处死的下场。其余诸人也被朱元璋毫不留情地被发配流放，只有戴彝、尹昌隆二人幸运免罪。原因是他们在复核试卷后，列出的中榜名单上有北方举人，这才救了自己一命。

尔后，朱元璋决定亲自阅卷，录取了任伯安等61名为进士。同年六月殿试，黄观获得第一名，韩克忠获得第二名，王恕获得第三名，是为夏榜。因录取的61人全是北方人，故又称北榜。这就是著名的明代“南北榜之争”，又被称为“春夏榜之争”。

朱元璋的一系列作为，虽然暂时缓解了科考矛盾，但并未从根本上解决问题。到了明仁宗时期，录取名额不均衡、不公正的问题依然没能消除。为了能够彻底地缓解矛盾，明仁宗征求了大学士杨士奇的意见，决定以后实行“南北分省取士”。又过了不久，明仁宗去世了，刚刚登上宝座的明宣宗又继续采用了明仁宗的政策，分省取士，分配名额，力求做到“一碗水端平”。这看似“一碗水端平”的做法，其实也凸显了当时潜藏已久的不正当竞争。

明称贤相，必首“三杨”

明朝曾经流传这样一句话，“明称贤相，必首三杨”。所谓“三杨”，就是指明朝前期内阁大学士杨士奇、杨荣和杨溥三个人。他们都是历任明成祖、明仁宗、明宣宗、明英宗四朝（1403－1449年）的重要权臣，在朝臣中德高望重、声誉卓越，是股肱之臣，可称得上是明朝前期政坛上的“元老级”人物。

他们三个人因为居住地和郡望都不一样，为此，人们称有学行的杨士奇为“西杨”，称有才识的杨溥为“南杨”，称有雅操的杨荣为“东杨”。也正是在他们三个人的大力辅佐下，明朝在洪武之后的半个世纪内，呈现出“天下清平、朝无失政、中外臣民翕然”的大好景象。他们的功德和政绩，在杨家的族史上留下了最为光辉的一笔。他们三人的确是功德无量、居功至伟。

杨士奇，江西泰和人。在他年幼时，因为出生贫寒，父亲又早逝，孤儿寡母的生活更是雪上加霜、难上加难。被逼无奈之下，母亲也改嫁了。为了能够生活自立，他便在湖广一带当了教书先生，过着平静的日子。直到建文初年，在王叔英的极力举荐下，他以布衣身份进入了翰林，充任编纂官，并参与了《太祖实录》的编修工作，正式开始了从政的生涯。到永乐初年，他又与明朝第一才子解缙等人被朱棣一起选入内阁。等到明仁宗即位以后，因为一直备受仁宗的信任与恩宠，他又以东宫旧臣的身份，被升为礼部左侍郎兼华盖殿大学士，并长期主持内阁，这也是他仕途最得意之时。明仁宗去世后，他继续成为明宣宗朱瞻基的首席顾命大臣。

杨荣，福建建安人。他警敏通达，善于察言观色，在文渊阁治事三十八年，尤其擅长谋划边防事务。然而，由于他恃才自傲、狂妄自大，总是容不下他人之过错，常与同事产生过节纠纷。由于经常接受边将的馈赠，惹得不少人非议。建文二年，杨荣考中进士，被授予翰林院编修。建文四年，等到朱棣进入南京之时，杨荣便和解缙、杨士奇等人一同迎附。永乐初年，因为他思维敏捷、足智多谋，深得朱棣的大力赏识，并多次跟随朱棣北征，规划边务、参决军事，他的贡献最为突出。明仁宗即位后，他又先后被升为谨身殿大学士、工部尚书。到了明宣宗的时候，又加少傅，赠太师。明英宗正统五年去世。

杨溥，湖广石首人。他和杨荣同为建文二年进士，同授编修，但是他们两人的仕途经历却大不相同。杨荣因其后被检入内阁，又跟随朱棣北征而成为永乐帝的近臣。而杨溥却在永乐年间被太子朱高炽封为洗马官，成为太子身边的官僚，也因此遭到汉王朱高煦夺嫡的再三陷害，一度为这场夺嫡斗争而入狱，一入狱就是十年。但是，他在牢房中依然读书不辍。直到明仁宗即位后，杨溥才终于获释，并主持修建了弘文阁。宣宗即位后，杨溥又进入内阁，开始与杨士奇、杨荣等大臣共掌机要，并升为礼部尚书。待到正统初年，“三杨”便完全以“三朝元老”而构成了一个稳定的“政治三角人物”。

“三杨”中，先来说杨士奇，他先后受到过明仁宗、明宣宗、明英宗三位皇帝的信任和重用，也因此引来其他大臣们的妒忌。仔细算来，他在文渊阁处理政事足有四十年，在明朝的任职时间算是最长的了。为官多年，他一直本着顾全大局、不计小处、兢兢业业的态度，不仅关心民情，请求减免赋税，缩减官田，审理积案，减汰工役，还想尽一切办法安抚逃民，惩治那些贪官污吏。为此，他深受广大百姓的爱护和拥戴。又因为他慧眼识人、善于选拔新人，他推荐的于谦、况钟、周忱等人后来也都成了明朝名臣，他的功劳的确不小。

再说杨荣，他在文渊阁任职的时间没有杨士奇长，好像只有38年，但也很不错了。他凭借机敏通达、善于观察、多谋能断的诸多优点，深受朱棣的赏识。朱棣一向脾气暴躁，每次遇到大臣议事未决，总是大发雷霆，迁怒于朝臣们。但是，只要杨荣来到朝堂，朱棣马上就会变怒为喜。毫无疑问，议事自然也会有个好的结果。此外，杨荣曾五次随朱棣出塞，两次巡边，立下军事大功。皇室对杨荣的优遇可谓是厚重多多，这是其他人所不能比的。但他却从未因此恃宠骄矜，一直在坚持着他“事君有体、进谏有方”的本分。杨荣的一生竭尽才智、安定社稷、爱民亲仁，尚不失为贤相。

最后说杨溥，因为性格内向，不善于表达情感，以至于他没有杨士奇、杨荣那样优秀、那样卓越。但是也正因为他成熟、稳重的个性，朝中的许多大臣都从心底里佩服他、支持他。明宣宗也十分信任这位阁臣，对他提出的建议也总是认真对待、虚心接纳，君臣关系甚是要好、融洽。在“三杨”执掌内阁的这段时期，被认为是明朝国力最强、政治最清明的时期，也呈现出了“仁宣之治”的局面，这种盛世局面的形成，“三杨”功不可没。

他们三人，不仅在政治上有着极高的地位，在文学上也有着很高的造诣。明朝建立以后，随着政治的稳定和经济的繁荣，也逐渐形成了许多新的文学流派，“台阁体”就是明代出现的第一个文学流派，它的代表作家就是“三杨”。其中，杨士奇的代表作是《东里文集》，杨荣的是《杨文敏集》，杨溥则有《文定集》。多年来，由于“三杨”拥有较高的政治地位、社会地位，而且文学成就也突出，这使得那些追逐功名利禄的士人们垂涎三尺，也开始拼命学习。得官之后，他们又竞相摹仿传习，以致相沿成风，成为影响很大的一个文学流派。

第四章 两朝天子，宦官昌盛的时代

“两朝天子，一统江山明社稷；一代圣人，四书精典宋至贤”。明英宗、明代宗时期，外有瓦剌骚扰，内有宦官专政，曹氏之乱，地方上还有农民起义之忧。朱祁镇有权就是任性，误听宦官王振之言，御驾亲征，结果全军覆没，北京城危在旦夕。朱祁钰意外继位，立足未稳，就废掉原来的太子，立自己儿子为太子，不得人心，为明英宗“夺门”复辟埋下了伏笔，这两个皇帝当得都很不称职。

太皇太后欲诛王振

王振，是明朝蔚州（今河北蔚县）人，少年时略通经书。一次偶然的机会，他做了教官，但是要走中举人、考进士这条荣身之路，只能说这辈子跟他是无缘的。他自己也挺有自知自明，为自己寻了另外一条出路——自阉入宫。刚进宫的时候，先是教宫人们读书。为此，宫里人都称他为“王先生”。他进宫没多久，人气就开始暴涨，并受到明宣宗朱瞻基的欣赏，任命他为东宫局郎，服侍太子，也就是后来的明英宗朱祁镇。

宣德十年（1435 年）正月，明宣宗朱瞻基病故。他的长子明英宗朱祁镇继承皇位，成为明朝的第六位皇帝。当时，朱祁镇还年幼，只有 9 岁，还没有能力亲自处理国家大事。只好让太皇太后张氏（朱祁镇的祖母）垂帘听政，替他把持国事。张太后在明朝诸后中颇为精明能干。当时的她虽然秉政，但却没有亲自处理国家大事，她告诉大臣们说：“我是一个寡妇，如果把持朝政，那就是坏了祖宗家法，绝不可以这样做。”于是，她把一切政务都放心地交给内阁大臣“三杨”去处理，这也算是明朝时的一个好传统。

朱祁镇即位后不久，第一个想要提拔的人便是王振。因为在他还是太子的时候，王振就对他特别照顾，朱祁镇打心里感激他。于是，朱祁镇升任王振为司礼监太监。此后，王振便开始倚仗朱祁镇对他的宠信，利用司礼监管理内外章奏之便，压制百官作威作福，渐渐开了明朝宦官干权之端，成为明朝第一代专权太监。更有甚者，王振还越过原司礼太监金英等人，出任宦官中权力最大的司礼太监。

司礼监是明代宫廷里 24 个宦官衙门中最重要的一个职位。它总管宫中宦官所有事务、提督东厂等特务机构，代替皇帝掌管内外一切章奏和文件，并代传皇帝谕旨等。由于此职事关机要，历来都是由皇帝心腹宦官担任的。朱祁镇把这样一个重要的官职安排给王振，也为他日后擅权开辟了道路。其实在当时看来，这似乎是一件很正常的事，正所谓一朝天子一朝臣，宦官也不例外。

心怀不轨的王振，看到张太后垂拱而治，“三杨”也一直忠心秉政。再加上他们曾经是前朝的元老级人物，在朝中威望很高。王振自知不能与他们明着为敌，只好采用“两面派”的办法，静下来把握时机，随机应变。自此，他就对张太后和“三杨”百般殷勤，总是一副毕恭毕敬的样子。殊不知，王振虽然表面上一直在讨好“三杨”，对他们总是事事顺从，但其内心却按捺不住攫取权力的欲火。一有机会，他便想方设法抓权，干一些干预朝政的勾当。

张太后贤明有德，不想朱祁镇因为一个太监，断送了好不容易打下来的大明江山。于是，她派人在暗地里调查王振，并监视他的一举一动。当她发现王振的确有夺权力、夺朝政的迹象，心中开始不安起来，她最担心的事情还是发生了，她一万个不愿意看到前朝宦官专政的历史再重演。于是，她决心用计谋去提醒朱祁镇一定要严防宦官专政，并准备找合适的机会给王振一个“下马威”，以打消他妄图干预朝政的念头。

正统二年（1437 年）的一天，张太后命令宫中所有女官穿好戎装，佩好刀剑，并要求她们守卫在便殿旁边。接下来，张太后便把朱祁镇和英国公张辅、大学士杨士奇、杨荣、杨溥以及尚书胡濙等人召集到便殿，似乎是有什么事情要宣布。朱祁镇和五位大臣见到肃穆凛然的场面，顿时有点不知所措。朱祁镇见势头不对，急忙按规定站立在东边，等待张太后训示。而五位大臣也是战战兢兢，小心翼翼地站立在西边，等待张太后发落。而张太后却是一副不紧不慢的样子，盯着他们看了足足半个时辰。朱祁镇站得腿都有点发麻了，这时候张太后才发话了，指着五位大臣对朱祁镇说：“你看，这五位大臣都是先朝元老，受先皇之命辅佐你治理国家，以后你有什么事情，都要与他们商议。如果他们不同意，你就千万不可以去做。”朱祁镇点头答应了。

过了一会儿，张太后又派人召来了太监王振。王振刚一进殿，张太后就喝令其跪在地上，声色俱厉地说：“自明太祖以来就已经立下了规矩，所有宦官不得干预政事，但凡有人违犯，定斩不饶。如今，你每天侍奉在皇帝左右，却又如此不安分守己，不把大明法律放在眼里，按理应当赐你一死。”没等张太后把话说完，那些她事先安排好的几个女官便闻声而上，举起手中的刀剑，架在了王振的脖子上。毫无心理准备的王振，一时间吓得面如土色，浑身直打哆嗦。朱祁镇见到这样的状况，也大吃一惊，急忙跪下替王振求情。这时候，身旁的五位大臣也跪下请求太后，能够免王振一死。张太后看到眼前这一幕，怒气稍稍平息了些，改变脸色后说：“皇帝你年纪尚幼，怎么能知道此等宦官自古以来就祸国殃民。既然你们如此为他求情，我就看在你们的面子上，饶了王振这一次。但是从今以后，绝对不允许他干预国政，如再有违犯，决不再轻饶他。”王振听完张太后的话，连连点头答应，并不断磕头谢恩。之后，每隔一段时日，张太后就会派人到内阁去查问，王振最近操办了些什么事情，有没有未通过内阁而由王振私自决定的事情。这一次，王振的锐气被张太后杀去不少，也不敢再轻举妄动，的确是收敛了不少。

正统七年（1442 年），太皇太后张氏病逝，朝野上下哀声一片。唯有王振一个人却欣喜若狂，喜的是他再没有可畏惧之人了，此后他又开始肆意妄为了。而这时候的“三杨”呢？在正统五年时，杨荣就因为疾病缠身，没过多久就死去了；杨士奇也因为儿子杀人连累了他，他没有脸面再去干涉朝中大事，所以主动辞官了；如今只有杨溥一人在朝，而随着时间的流逝，杨溥也一天天变老。即使有杨荣曾经引入内阁的大学士马愉、曹鼐等人的协助，但是他们几个人资历太浅，威望也不够，只靠杨溥一人支撑大政，实在有些累心。于是，王振擅权的一切条件都成熟了。此时的朱祁镇，依然十分信任王振，朝政也渐渐地被王振抓在了手中。他好像被王振灌了过多的迷药，凡是王振说的，他就都相信，而且认为王振说的就是最合理的。朝中其他大臣也只能睁一眼闭一眼，因为他们懂得“胳膊拧不过大腿”的道理。

就这样，王振利用手中的权力，开始结党营私、拉帮结派。对于那些曾经对他溜须拍马、谄媚逢迎之人，他就大力提拔；对于那些曾经反对自己专权和对自己不恭不敬之人，他便大打出手，残酷地镇压他们。自王振控制朝政以后，许多人敢怒不敢言，毕竟他的后台是朱祁镇，没有人敢往一块大石头上撞，硬撞的只有死路一条。一天天过去了，王振越来越不能把控自己，他不仅对内党同伐异大耍淫威，对外也是投机取巧，还肆意破坏边防。“不作死，就不会死”，可是王振却依旧在没完没了地作死，最终招致了瓦剌贵族的大举进犯。

土木堡之变

历史上的“土木之变”，又叫“土木堡之变”，发生在明朝正统十四年（1449 年），是明英宗朱祁镇北征瓦剌的一次惨败事变。土木堡位于河北省张家口市怀来县境内的一个城堡，坐落在居庸关至大同长城一线的内侧，是长城防御系统中的一个重要“枢纽”。

正统十四年（1449 年），蒙古族瓦剌部落首领也先遣使 2500 余人贡马，跟往常一样向明朝政府邀赏。瓦剌是蒙古中的一部，在明朝初期瓦剌臣服于明朝，所以他们每年都要向明朝献马朝贡。这一次，他们居然虚报为3000人，就是为了多领一些赏物。对于以往瓦剌无端地增加贡使，朱祁镇的亲信王振非但不加以限制，还按数给予赏赐，以至于瓦剌的胃口越来越大。这一次王振却一反常态，当场拒绝了瓦剌的无理要求，随即叫礼部的人按实际人数发给赏赐，又将瓦剌贡马削价五分之四。瓦剌贡使对此很不乐意，愤怒而归，回去后便添油加醋地向瓦剌首领也先汇报。

正统十四年（1449年）七月，北方的瓦剌军首领也先便以明朝减少赏赐为借口，亲率一支大军进攻明朝，来势极其凶猛。他们兵分四路，迅速向南发动进攻。当时，守卫西北的将士们几次与他们交战，都失败而归。于是，将士们急忙向京师请兵救援。京城中，依然是王振手握大权，明英宗朱祁镇只不过是一个名存实亡的皇帝罢了，无论何事都只听从王振一人摆布。听到将士告急的声音，不懂军事的王振以为可以侥幸取胜、冒滥边功。于是，他极力怂恿明英宗朱祁镇御驾亲征。为了能够尽快让朱祁镇出兵，他告诉朱祁镇："您完全可以效仿宋真宗御驾亲征，这样肯定可以在历史上留下美名。"

朱祁镇在平日里就对王振言听计从，同时他也幻想着可以像他的曾祖父朱棣那样多次进入漠北，建立赫赫军功。所以，这次他依旧听了王振的话，同时他自己也觉得只有亲征，才能让他大显身手。于是，他不顾群臣反对，做出了亲征的决定。短短的两天内，王振和朱祁镇就凑了20万大军，对外号称50万，胡乱配了些粮草和武器，就匆匆向大漠挺进。当时，与朱祁镇同行的除了王振，还有英国公张辅、兵部尚书邝埜、户部尚书王佐及内阁大学士曹鼐、张益等100多名文武官员。但是朱祁镇下令不让他们任何人参与军政事务，而是把一切军政大权都交给王振一人，王振在他心目中简直比亲信还亲信。

也先听说是朱祁镇御驾亲征，于是假装退兵，想引诱明军进入大同及其以北地区。正统十四年（1449年）八月，王振和朱祁镇率领军队顺利进入大同。这一路上，他们都看到瓦剌军队在不停地向北撤退。王振对朱祁镇说："您看吧，瓦剌人看您御驾亲征，都怕您了。"朱祁镇听完王振的话更加有底气了，继续率领部队向北行进。这时候，身边的不少大臣都觉得事有蹊跷，这一路，他们没有遇见瓦剌的一兵一卒，而自己也没有损失一兵一卒，恐怕是瓦剌兵有诡计。想到这里，兵部尚书邝埜准备奏请回军，提醒王振不要中了瓦剌人的圈套。可是王振却不以为然，觉得他们无中生有。

到了第二天早晨，王振的同党、镇守大同的宦官郭敬就把前几天前线惨败的情况密告给了王振，并告诉王振说："如果继续北进，肯定是要掉入瓦剌人设下的陷阱。"王振听了郭敬的话，才有点害怕起来，急忙传令撤退，第二天他们便撤出了大同。

一开始的时候，王振要从紫荆关（今河北易县西北）退兵，目的是想在父老乡亲面前耍耍威风。手握重权的王振便立即下令从紫荆关方向回京。可是还没跟瓦剌交战就这样仓惶退兵，让士兵们心中很是焦躁，军纪也开始混乱起来。还没走多远，王振忽然又想起，如果瓦剌人的大队人马也经过蔚州，他们肯定会损坏他家乡的田园庄稼。于是，他又临时改变主意，火速传令改道东行，向宣府（今河北宣化）方向行进。明军撤退的消息很快就传到了瓦剌人耳朵里，他们开始奋起直追，形势十分紧迫。就在这时候，大同参将郭登和大学士曹鼐等人向王振提出建议："从这里到紫荆关，只有40里，大人应该从紫荆关回京，而不应该取道宣府，这样才能逃出瓦剌大军的追赶。"执迷不悟的王振当然不愿意听别人的劝告，而是一意孤行，继续向宣府方向行进。

就这样，明军迂回奔走了好几天，才退回到宣府。这时的瓦剌大军也已经追袭而来。情急之下，朱祁镇派恭顺伯吴克忠、都督吴克勤率兵断后，以掩护朱祁镇撤退。结果他们都战死在了沙场。朱祁镇又派成国公朱勇等率骑三万前去阻击，朱勇等人冒险进军至鹞儿岭，没想到却陷入瓦剌重围。虽然他英勇奋战，但终究寡不敌众，一会儿工夫三万军队就全部覆没。而这时候的王振在做些什么呢？关键时刻他除了能带着朱祁镇逃跑，似乎没有其他能耐。

这一次他们退到了土木堡，这里离怀来城仅仅只有20里，随行的文武官员都主张进入怀来城宿营更加安全一些。可是，愚蠢的王振为了不让自己搜刮来的那些钱财丢失，执意要留在土木堡宿营。对于兵部尚书邝埜等人的一再奏请，王振都置之不理，并把他们轰出殿外。没有办法，邝埜只好只身一人闯到了朱祁镇的行殿，请求朱祁镇速速做决定。没想到王振一直守在朱祁镇的身边，看到邝埜半夜闯宫，破口大骂："你这个愚蠢的人，不懂用兵之道，就不要胡说八道。现在已经是半夜，你深夜乱闯，这次你必死无疑。"说完便即刻命令武士强行把邝埜拖了出去。

第二天，朱祁镇想继续行进，但为时已晚，瓦剌军队已经包围了整个土木堡。土木堡地势比较高，旁边又没有泉水，唯一的一条河流就在往南行走15里处，也都被瓦剌军队占领了。就这样，明朝的20万大军在短短几日就变成了10万大军，足足亏损了一半人马。这一路上士兵们都在不断奔波，再加上被围两天，没吃没喝，一个个连说话的力气都没有了。王振这才着急了，命令士兵就地挖井，士兵们拖着疲惫的身体挖了二丈多深，也不见一个水滴。士兵们怨声载道、骂不绝口，军心进一步涣散了。明军在暗处，瓦剌军在明处，他们看到明军找不到水喝，饥渴难忍，想趁他们疲惫之际，用计谋把他们引出堡垒，一举歼灭。

过了几天，也先便派遣使者假装要与王振谈和。天真的王振还信以为真，满口答应，通过朱祁镇让曹鼐起草了一封诏书，并派出两人去也先军营谈判具体的议和事宜。也先为了继续迷惑明军，就假装撤退，故意将土木堡南面那条小河流让出。殊不知，他们已经在暗地里做好了埋伏，只等明军争水大乱之机，出兵全歼他们。王振看到瓦剌军向后撤退，天真地以为瓦剌军真的要议和，就下令移营就水。饥渴难忍的士兵们得令后，一哄而起，纷纷奔向河边。正在明军争相乱跑之机，瓦剌伏兵四起，明军溃败。

朱祁镇眼见突围没有希望了，索性从马上跳下来，面向南方，盘膝而坐，等待就缚。不一会儿，瓦剌兵冲上来，有一个士兵上前掀开朱祁镇的衣甲，一看他的衣甲与众不同，就知道不是一般人物，没敢直接斩杀，而是拖他去见瓦剌首领也先的弟弟赛刊王。赛刊王盘问朱祁镇："你是谁呢？"朱祁镇反问道："你又是谁？是也先，还是赛刊王？"赛刊王听朱祁镇的口气如此之大，立即报告也先，也先派遣留在瓦剌军中的明朝使者去辨认，才知道他就是朱祁镇。

就这样，朱祁镇一夜之间沦为瓦剌军队的阶下囚，20万军队被击溃，从征的100多名文臣武将，有66名都战死沙场，这就是历史上的"土木之变"。他的护卫将军樊忠实在恼火至极，抡起手中的铁锤，对准王振的脑袋，狠狠地砸了下去，王振当即死亡。王振这个祸国殃民的恶宦，终于落得个罪有应得的可耻下场。

誓与京城共存亡

土木之败，明英宗朱祁镇不幸被瓦剌俘去，这便使得明王朝面临空前严重的政治危机。就在这生死存亡的关键时刻，于谦能够不顾一切挺身而出，挽狂澜于既倒，使明王朝顺利渡过难关，稳定了局势的同时，也安定了民心。

于谦，字廷益，号节庵，是浙江杭州府钱塘县（今浙江省杭州市）人，明朝的一位名臣。在于谦七岁的时候，有一位僧人惊奇于他的相貌，说："这是将来救世的宰相呀！"八岁时，有一天，于谦穿着红色衣服，在骑马玩耍。邻家老者觉得很有趣，就故意戏弄他说："红孩儿，骑黑马游街。"于谦应声而答："赤帝子，斩白蛇当道。"他的对答让老者大吃一惊，瞬间产生钦佩之情。他对的下联不仅工整，而且还显露出他非同寻常的气势。

永乐十九年（1421 年），于谦登辛丑科进士。宣德初年（1426 年），他被授职监察御史。在与明宣宗朱瞻基上奏对答时，其言谈也是博雅流畅，让朱瞻基为之倾听。当时，一个名叫顾佐的都御史，向来对属僚十分严厉，却唯独尊让于谦，认为他的才华胜过自己。宣德二年（1427 年）朱高煦谋反时，于谦便跟随朱瞻基亲征乐安，朱高煦出城投降，朱瞻基命于谦口头列举朱高煦的所有罪状。于谦严词正气严切，厉声威严激烈，朱高煦趴在地上发抖，称罪该万死。明宣宗朱瞻基对此十分满意，大军班师后，于谦得赏与各位大臣相同。

宣德五年（1430 年），于谦以兵部右侍郎巡抚河南、山西，昭雪了被冤枉的几百个囚犯。他上疏奏报陕西各处官校骚扰百姓，诏令派御史逮捕他们。朱瞻基知道于谦可以担当重任，当时刚要增设各部右侍郎为直接派驻省的巡抚，于是亲手写了于谦的名字交给吏部，越级提升为兵部右侍郎，巡抚河南、山西。于谦到任后，轻装骑马走遍了所管辖的地区，访问父老，考察当时各项应该兴办或者革新的事，并立即上疏提出。一年上疏几次，稍有水旱灾害，马上上报。

正统十三年（1448 年），于谦又被朝廷召回京，并任兵部左侍郎一职。当时京师最有战斗力的部队、精锐的骑兵都已在土木堡失陷，剩下疲惫的士卒不到十万，人心惶恐，朝廷上下都没有坚定的信心。于谦便请郕王朱祁钰调南北两京、河南的备操军，山东和南京沿海的备倭军，江北和北京所属各府的运粮军，马上开赴京师，依然策划部署，人心稍为安定，于谦立即被升为兵部尚书。

到了第二年，也就是正统十四年（1449 年）八月二十三日，郕王朱祁钰登临午门代理朝政，右都御使陈镒等人恸哭请求将王振灭门九族，王振的余党锦衣卫马顺不干了，他大声呵斥，想要驱逐群臣。正在这时候，给事中王竑气愤地抓住其头发，大声呵斥：“你们这些奸党，早就罪当诛杀，如今还敢如此嚣张?”群臣随之一哄而上，马顺竟然被活活打死。随后，众人又将王振的余党宦官毛贵、王长随从内宫中拉出，并乱拳打死，还把他们的尸体悬挂在东安门外示众。

监国郕王朱祁钰被这种场面吓住了，害怕得要起来走开，于谦推开众人走上前去扶住郕王不要起来，而且告诉郕王朱祁钰宣谕说：“马顺等有罪该死，不予追究。”大家才安定下来。于谦的袍袖因此全部撕裂。退出左腋门，吏部尚书王直握着于谦的手叹道：“国家正是倚仗您的时候。今天这样的情况，即使是一百个王直也处理不了啊!”当时，上下的人都依赖重视于谦，于谦也毅然把国家的安危视为自己的责任。随后，郕王朱祁钰又下令把王振的侄子王山捆绑到刑场，凌迟处死。王振家族无论大小一律斩首。不久，王振党徒宦官郭敬、彭德清从大同逃回京师，也被抄家下狱。

土木一战，损失了大部分精锐部队，残兵不及十万，一时间军心震恐。于谦根据敌我双方的军事态势和也先的气焰，估计他肯定还会有所行动。所以，他一方面继续选派得力将领，增补关隘，调整长城防守。另一方面又马不停蹄地招募民夫，储备军粮，打造更多的武器。

于谦在受事的第二天，奏请朱祁钰调取两京、河南备操军，山东及南京沿海备倭军，江北以及北京诸府运粮军，以及宁阳侯陈懋所率领的浙军急赴京师守卫。同日，又下令将通州的漕粮全部移人京师。

紧接着，于谦又派遣御史白圭、编修杨鼎等人，募兵畿内，山东、山西、河南等地，并招募民夫，沿河漕运官军，集中京师备用。与此同时，他又命内外军工厂不分昼夜地加工，赶造攻战武器和战车，并令边将收集土木堡等地败军丢失的大量武器和溃散的士兵，以备作战之用。一切准备就绪，只等待与瓦剌军决战于北京城下。

当朱祁镇土木堡被俘的消息传到北京后，朝野上下惊惶失措，一个个吓得六神无主，京城内顿时人心惶惶。这时候，以徐有贞为首的一些大臣主张立即南迁，整个朝廷处于动荡不安之中。就在这生死存亡之际，时为兵部侍郎的于谦以“宋朝南迁”的故事反对迁都，还力主“国不可一日无君”，并向皇太后分析了迁都的种种利害，最后终于说服了皇太后。吏部尚书王直、内阁学士陈循等人也都赞同于谦，廷议于是决定固守北京。为了安定人心，皇太后立即下旨立朱祁镇的弟弟朱祁钰为君，是为明代宗，年号景泰（故明代宗又称景泰帝），成为明朝的第七位皇帝。

明代宗朱祁钰即位后，立即封于谦为兵部尚书，并授予重任。为何要拥立朱祁钰即位呢？原来于谦是这样想的：首先，也先的阴谋不能得逞，又便于统一部署，共同抗击瓦剌；再次，举荐人才，调兵遣将，妥善安排。于谦注意提拔一批有才能的将领。同时，从各地调来勤王兵，不分昼夜地赶造武器，装备军队。同时，在北京周围还布置兵力，严把九门，注意日夜操练军队，迅速地提高战斗力。这样，逐步形成了一个依城为营，以战为守，分调援军，内外夹击的作战部署，准备与瓦剌军决战于北京城下。

正统十四年（1449 年）十月初一，瓦剌首领也先率一路兵马，经过大同、阳和等地，并占领紫荆关，长驱进入北京地区。十月十一日，瓦剌军逼近北京，也先将军队布置在西直门以西。于谦派兵迎击瓦剌军于彰义门，打败也先部队先锋，夺回被俘者一千多人。同时于谦又派人率兵夜袭，以疲惫敌军。十月十三日，瓦剌军趁风雨大作，进攻德胜门。于谦命大将石亨在城外民房内埋伏好军队，然后派遣小股骑兵佯败诱敌。也先果然中计，亲率大批部队穷追不舍。等也先军进入埋伏圈后，于谦一声令下，明军开始反击。只见神机营火器齐发，火箭弓弩多如飞蝗般地射向敌军，明军前后夹击，也先部队大败而逃。

瓦剌军受到致命的打击之后，也先发觉明军主力在德胜门，便集中力量转攻西直门。都督孙镗率军迎战，打败也先的先头部队。由于也先不断增兵围攻孙镗，孙镗力战不支，退至城下。此时，把守城头的给事中程信，严令不准开城。同时，命城上守军发神炮，火箭轰击瓦剌军，明军又从彰义门、德胜门抽兵增援，终于打退了瓦剌军的进攻。

第二天，瓦剌军又改为进攻彰义门。于谦命守军将城外的街巷堵塞，在重要的地带埋伏好神铳手、短枪手，又派兵在彰义门外迎战。明军前队用火器轰击敌军，后队由弓弩压阵跟入，击退了瓦剌军的进攻。而此时，明代宗朱祁钰所派监军太监，率数百骑兵冲击敌阵去抢功，使明军阵势陷入混乱。瓦剌军乘势反击，追到德胜门外。在万分危急关头，当地居民纷纷登上房顶，以砖石迎战瓦剌军。于谦派出的援军也及时赶到，打退了瓦剌军的反扑。

也先在进攻北京的过程中，到处遭到军民的抵抗和不断袭击。各地的百姓自动组织起来，抗击瓦剌军的掠夺。北方边陲重镇的守兵，也抱着与城共存亡的决心，誓死保卫国土。也先进攻北京各门屡次遭到失败，中路军在居庸关的进攻也受挫，并获悉明朝各援军即将到达。唯恐后路被切断，便于十五日夜率一部人马，挟持朱祁镇由良乡（今北京市房山）向紫荆关撤退。

于谦发现也先军队正在撤退，即命令石亨等集中火炮轰击也先军营，炸死瓦剌军一万余人。瓦剌军在撤退的路上，一路烧杀抢掠，掠夺了许多物资和人口。而明军分路追击；石亨大破瓦剌军于清风店（今河北易县西），范广在固安打败瓦剌军。也先一路狂逃，十月十七日，撤出紫荆关，不久退往关外。东路的脱脱不花军，闻得中路、西路已败，亦立即撤退，并于十月二十日单独遣使进贡，来北京议和。至此，明军取得了保卫北京的胜利。

也先率军退至塞外，数次南下，都因明军防范严密而未得逞。鉴于政治诱降落空，军事进攻又遭失败。在长期的战争中，损失了大量的人力和物力，又失去了与明朝经商的机会。万般无奈之下，于景泰元年（1450年）八月，无条件地释放了明英宗朱祁镇。其后，在蒙古族内部的相王争斗中，也先的势力一落千丈，日渐衰竭。

北京保卫战是明朝历史上的一次壮举，它粉碎了也先图谋中原的企图，同时也是英雄于谦人生中的一大亮点。

英宗回朝，易储风波

对于朱祁钰来说，这辈子都和皇帝位置无缘的他，突如其来登上皇位，大权在握，不愿意放手也是正常的。北京保卫战之后，大明军队多次击败瓦剌，也先挟持英宗朱祁镇奇货可居的计划失败，于是便想放了明英宗，借此求和。他想放，可是明代宗朱祁钰却不愿意接。朝中大臣大多数主张将朱祁镇迎接回朝，朱祁钰便十分不悦地说："当初是你们逼着我当这个皇帝的。"于谦见此时的情景有些为难，于是说："您已经当了皇帝，即便他回来，帝位还是您的。"朱祁钰见最得力的大臣都这么说，便派人去与瓦剌接触，看究竟是怎么回事。

派去瓦剌的使臣杨善随机应变，竟将太上皇迎回，生米煮成熟饭，朱祁钰也只好接受了这个事实，但即便如此，在迎接的礼仪上，朱祁钰也是减了又减，明英宗抵达北京后，由安定门入城。之后，改乘法驾，入东安门，朱祁钰自东安门出迎，行拜见之礼，明英宗答拜，互拉双手，泪涕沾襟，相互推辞逊让了许久。但是，随即朱祁钰便将朱祁镇软禁在南宫。一锁就是七年。在中国历史上，汉族的皇帝被俘后不附带任何屈辱的条件就被放回来，这还是第一次。

在朱祁镇回京的七年里，他的日子过得并不好，每天几乎都是夹着尾巴做人。因为那时候的他不再是皇帝，而只是皇太后亲自封的名义上的太上皇。而朱祁钰自即位以来，却是大变样。曾经胆小怕事的他，渐渐变得冷血无情，他完全不顾手足之情，不仅将他的哥哥朱祁镇软禁在南宫，还杜绝朱祁镇和宫中任何人有接触。那时候的朱祁镇，虽然是太上皇，实际上却没有任何权力和自由。

先从朱祁镇的居所说起，正常来讲，朱祁镇贵为皇亲国戚，即使再不受宠的皇兄、皇子都会有一处差不多的居住之地。可是贵为“太上皇”的朱祁镇，却偏偏被安排到了一间僻静又简陋的居室，那里面除了一些生活必需品外，几乎空荡荡的，没有任何家居，就连笔墨都很少提供。就这样，朱祁镇过着和阶下囚一样的生活。

谈及朱祁镇的伙食，说不好听点儿，就连当时的太监宫女都比他的伙食好。这还不够，朱祁镇连日常的开销都不够，都要依靠朱祁镇的皇后钱氏做一些缝缝补补的小活儿，然后偷偷拿到宫外去卖掉，换些零花钱，以弥补开支用度的不足。有时候，钱氏还要靠娘家贴补一些。这样的生活已经够惨了，当时还有个太监为了向朱祁钰邀功求赏，居然添油加醋进言说：“太上皇居住的南宫树木太多，恐怕会有人越过高墙私下与他联系。”朱祁钰听后，立即命人将院中所有的大树砍掉。可以说，在那七年中，朱祁镇是在惊恐与饥饿中度过的。

早年时，朱祁镇就和宫中的太监们，特别是那些资格老的太监们有着很好的交情。这次朱祁钰指派看守朱祁镇的太监中，有一位老资格的太监名叫阮浪，恰巧和朱祁镇算作旧相识，朱祁镇常常和阮浪聊天，有一次聊的开心了，就把自己随身携带的一个金绣袋和一把镀金刀送给阮浪。阮浪是个比较随意的人，全然没有想到这其中蕴藏着极大的风险，他收了这两件东西，觉得没有什么用，便又送给了和他关系甚好的王瑶。

无巧不成书，王瑶和阮浪一样，是个小官，他想都没想就收下了这些东西。更巧的是王瑶有个朋友叫卢忠，他时常会拿出这些东西给卢忠看。锦衣卫身份的卢忠看到这两样东西，特务的本能便激发出来。于是他勾结自己的同事李善，去像朱祁钰告密，罪名是阴谋复辟。根据就是这两样东西，朱祁镇想要收买阮浪和王瑶帮他复辟。

疑心重重的朱祁钰认定朱祁镇是想谋复皇位，于是立即下旨逮捕了阮浪、王瑶，并大刑逼供他们。而阮浪和王瑶他们两个人都是重情重义之人，什么都不肯告诉，朱祁钰一气之下便将王瑶凌迟处死，阮浪也死于狱中。这件事以后，朱祁钰受了很大的刺激，便更加留意和防范朱祁镇的一举一动了。

随着帝位渐渐巩固，朱祁钰并不满足，他不仅自己要做皇帝，而且希望自己儿子朱见济能够取代明英宗的太子朱见深成为皇位的合法继承人，于是他一手导演了贿赂朝臣的闹剧。

景泰三年（1452 年），朱祁镇的儿子朱见深仍然是太子，这是朱祁钰即位以来的一块心病。他一直想找机会废掉太子朱见深，立自己的独子朱见济为太子，可是他又怕大臣们不同意，毕竟朱见深是皇太后亲自封的太子。犹豫不决之际，朱祁钰想先试探一下颇有资历的太监金英，说："七月初二日，是东宫太子的生日。"金英立刻回答："东宫生日是十一月初二日。"前者是朱见济的生日，后者是太子朱见深的生日。初步试探没有达到理想的效果，朱祁钰隐忍了一段时间。

后来他又试探太监王诚、舒良等人的意见，这二位可是一肚子馊主意，居然提议朱祁钰收买大臣。朱祁钰真的采纳了他们二人的意见，开始不断地给内阁学士和七卿中的一些人加官晋爵，还时常加以赏赐。正所谓"吃人嘴软，拿人手短"，朝中大臣们几乎都已经得到了王诚等人的关照，收了这么多好处，自然要办实事儿，他们立刻表态支持易储。

可是他的汪皇后坚决不同意这个做法，悍然争辩，却因此触怒了朱祁钰，废了皇后，打入冷宫。

就在这时候，广西的土司官守备黄竑因为谋杀自己的侄子，连累全家被逮捕。手足无措的黄竑经过高人指点，竟然在万里之外的广西上表要求易储，朱祁钰看后大悦："万里之外，乃有此忠臣。"于是，立即免去了黄竑一家人的死罪，还加官都督同知。这下，朱祁钰心中更有底气了，第二天便把黄竑的表章交付内阁，要求其他大臣签名表态。大臣们知事已至此，纷纷表示赞同，称："父有天下，必传于子，此三代所以享国长久也。"朱祁钰十分高兴，给大臣们加官加俸，并于同年五月初二正式册立自己的儿子朱见济为太子，废明朱祁镇的长子朱见深为沂王。

也许真的是天命不可违，朱见济在被立为太子后不久，便暴病身亡了。朱见济一死，太子之位又空缺了，应该由谁来继承呢？立储一事再一次被提上了日程。有大臣提议："可以力主恢复朱见深太子的名分。"朱祁钰听后大怒，在暗地里对那些提出复储的官员进行打击和报复。自此，大臣们害怕遭受报复，所以立储之事就被这样耽搁下来了。朝臣上下认为朱祁钰私心过重，有失民心。贵州道监察御史钟同曾言："太子薨逝，足知天命有在。"同时兼陈一切弊政。朱祁钰闻讯大怒，钟同被下狱杖死。

"夺门"复辟

朱祁钰正当壮年，子嗣的问题在这个时候还没有凸显出来。但是到了景泰八年（1457 年）正月初，他突然得了重病，皇储的问题再次摆上桌面。众臣议论纷纷，一时之间定不下来。石亨亲眼看见朱祁钰的病态，内心却打起了主意。如果复朱祁镇登基，自己将来就是有功之臣，于是立即派人找到了前府右都督张軏和宦官曹吉祥，告诉二人朱祁钰已经不行了，商议要为自己谋后路。

这个时候，京师正有一种流言，说大学士王文正力劝朱祁钰立襄王朱瞻墡的长子为皇储，如果是这样，王文将是定鼎之臣，立有首功。即便是重新立沂王朱见深为太子，谋议是文臣之事，功劳也轮不到石亨、张軏等武将身上。石亨说："朱祁钰病已沉重，如有不测，又无太子，不若乘势请太上皇复位，倒是不世之功。"于是，这三个野心勃勃的投机分子，决定将赌注押在太上皇朱祁镇身上，拥立朱祁镇复位，这样，三人就是大功臣，能够飞黄腾达。

他们三人当场就做了分工，宦官曹吉祥进宫去见孙太后，密告她复辟一事，借机取得了孙太后的支持。石亨和张軏则一起去找太常寺正卿许彬商议。许彬听说二人的来意后，当即以手加额，说："这是不世之功！不过，我老了，不中用了。徐有贞多计谋，你们可以去找他商议。"

石亨和张軏又连夜去找徐有贞。徐有贞听后大为兴奋，当即夜观天象，见紫微有变，忙道："帝星已见移位，咱们要干这件事，须得赶快下手。"几个人经过详细谋划，决定在正月十六晚上动手。

正月十六白天，吏部尚书王直、礼部尚书胡濙、兵部尚书于谦会同群臣商议，决定一起上奏请复立沂王朱见深为太子。众人推举商辂主草奏疏，疏成后已经是日暮西山，来不及奏上朝廷。于是群臣决定在次日清晨朱祁钰临朝时，再将奏疏递上去。但所有人都没有料到，政变就在这天晚上爆发了。随之而来的便是许多人的杀身之祸。倘若这复立沂王朱见深的奏疏早一天递上，或许于谦等人不会遭到杀身之祸。短短几个时辰，不但改变了明朝的历史，也改变了许多人的一生。

正月十六晚，徐有贞换上朝服，怀着紧张而忐忑的心情离开了家，临行前对妻女交待说："我要去办一件大事，办成了是国家之福，办不成我徐家就是灭顶之灾。你们自己要有心理准备。"徐有贞出门后又顺路邀请了杨善和王骥作为同党，杨善和王骥二人都表示要以死报答太上皇。王骥当时已经七十多岁，不但自己亲自披甲上马，还将儿子和孙子都带在了身边。三方人马会齐石亨叔侄、曹吉祥叔侄后，又等到了张軏率领的大队京营兵，一齐向皇城进发。张軏调兵进城是借口瓦剌骚扰边境，要保护京城安全。而石亨掌管皇城钥匙，所以能够通行无阻。

四鼓时分，大队人马从长安门直接进入皇城。进入紫禁城后，徐有贞重新将大门锁上，防止外面有援兵进来，并将钥匙投入水窦中。皇城内的守军见这伙人十分奇怪，不明所以，但也不敢过问。

这时候，天气忽变，乌云密布，伸手不见五指。众人害怕有逆天意，会遭到天谴，都非常惶恐。明朝内阁首辅徐有贞精通天象，站出来大喊："我们是去为朝廷做事的，是辅助太上皇复辟的，大家不必要惊慌。"众人听后鼓足勇气继续前进，并很顺利地进入了皇城，直奔南宫。然而，南宫宫门坚固异常，怎么也打不开。石亨派人用巨木悬于绳上，数十人一齐举木撞门。门没有撞开，门右边的墙反倒先被震坍了一大洞。众人便从墙的破洞中一拥而入。

朱祁镇这时候还没睡觉，正秉烛读书，突然看见一大堆人闯了进来，还以为是弟弟派人来杀自己，不禁惊慌失措。谁料众人一齐俯伏称万岁。朱祁镇这才问："莫非你们请我复位么？这事须要审慎。"这时乌云突然散尽，月明星稀。众人的士气空前高涨，簇拥着朱祁镇直奔大内。路上，朱祁镇挨个儿问清诸人姓名，表示不忘功臣之意。

一行人来到东华门，守门的士兵上前阻拦。朱祁镇站了出来，表明自己太上皇的身份。守门的士兵顿时傻了眼，不敢阻拦。于是，众人兵不血刃地进入了皇宫，朝皇帝举行朝会的奉天门而去，并迅速将明英宗朱祁镇扶上了奉天殿宝座。殿上的武士们挥金瓜要打徐有贞等人，被朱祁镇喝止。徐有贞等人一起叩拜，高呼"万岁"。石亨敲响钟鼓，召集群臣到来。

这时天色已经微亮，众臣因为朱祁钰事先说明今天要临朝，都已经早早等在午门外，准备朝见。听到钟鼓齐鸣后，众人按顺序走入奉天门。但眼前的一切使他们目瞪口呆，宝座上的皇帝已经不是明代宗朱祁钰了，而是八年前的皇帝明英宗朱祁镇。群臣面面相觑，一时不明白是怎么回事。正在众人犹豫之际，徐有贞站出来大喊："太上皇复辟了！"朱祁镇对百官宣布道："景泰皇帝（指朱祁钰）病重，群臣迎朕复位，你们各人仍担任原来的官职。"众朝臣见此，只好跪倒参拜。朱祁镇就这样又重新取得了皇位，由皇帝变为阶下囚，由阶下囚变为太上皇，由太上皇再次变为皇帝，称得上是一位具有传奇色彩的皇帝。

朱祁镇重新坐上皇位时，朱祁钰正在乾清宫西暖阁梳洗，准备临朝，突然听到前面撞钟擂鼓，立即问左右："莫非是于谦不成?"意思是问是不是于谦谋反篡位了。左右惊愕万分，不知道该如何回答。片刻后，宦官兴安回奏说是太上皇复位，朱祁钰连说："好，好，好。哥哥当皇帝了，挺好的。"然后喘了几口气，重新回到床上，面朝墙壁睡下。

景泰八年（1457 年）正月十七日，朱祁镇正式复位，史称"夺门之变"或"南宫复辟"。这时候的朱祁镇，为了区别自己不是第一次当皇帝，于是他将年号改为"天顺"，这也使得他成为了明代历史上唯一拥有两个年号的皇帝。

当天，朱祁镇传旨逮捕兵部尚书于谦、吏部尚书王文。天顺元年（1457 年）一月二十二日以谋逆罪杀于谦、王文，弃市，籍其家。并迫害于谦所荐之文武官员。论复辟功，对石亨、张軏、徐有贞等人分别晋官加爵。二月初一，废朱祁钰仍为郕王，迁于西内。二月十九日，朱祁钰去世，时年 30 岁。以亲王礼葬于西山，谥曰戾，其妃嫔也都被赐死殉葬。他并没有葬在他生前选好的皇陵，而是被葬在了西山，成为我国历史上第一个没有葬在皇陵的皇帝。

曹石之变

曹吉祥，是永平滦州人。早年的时候，他就入宫为宦官，投身于权倾朝野的王振门下。景泰八年（1450 年），与大臣石亨、徐有贞等人勾结，帮助明英宗复辟。明英宗复辟成功后，便立即封赏有功之臣，所有参与夺门之变的人员都进职封爵。曹吉祥、石亨、徐有贞这几个立功者，立即成为宫廷政变中最大的赢家，成为朱祁镇眼中的红人儿。其中，曹吉祥被任命为掌管司礼监，钦晋封昭武伯，总督三大营，掌握着京城的军政大权。他的嗣子曹钦，从子曹铉、曹铎、曹鐿等都被任命为都督，门下客冒功得以当官的多至数百上千人。曹吉祥这时的权势之大，与忠国公石亨不相上下。因此，当时的人们把他们并称为“曹石”。

曹吉祥等人左右着朱祁镇，他们得势后做的第一件事情，就是镇压朝中正直大臣，给自己树立威信。因为曹吉祥不通文墨，担心司礼监其他宦官会与他争权，所以他极力主张，凡有大事都要经过内阁，希望借此可以笼络内阁成员支持他一个人。可是在引荐文武官员时，曹吉祥依然表现得很贪婪，以贿赂的多少来决定官位的高低，而不管这个人是否有能力胜任。对于这点，朱祁镇还是有点警觉。但因为曹吉祥曾经帮助他复位，没有功劳也有苦劳，所以也不好直接斥责他，只会在暗地里密令大臣对曹吉祥稍加压抑。如此一来，曹吉祥便对内阁产生不满，内阁与曹吉祥的矛盾一天天被激化。

曹吉祥居功自傲、气焰很盛，并多次和石亨勾结，公然抢夺民田，被监察官一再弹劾。他们二人知道后大怒，一有机会就向朱祁镇说监察官的坏话，说他们监守自盗。朱祁镇执拗不过他们二人，只好命令吏部尚书王翱查核，并做出规定："凡年龄在三十五岁以上的监察官员，才可以继续留任，不到三十五岁的一律要调用。"这样一来，给事中何玘等十三人就被调为州判官，御史吴祯等二十三人被调为知县，检察官一下子少了近一半。刚好这时又碰上了风雷雨雹的自然灾害，朱祁镇这才醒悟到此举不对，于是又把这些人一一召回，并官复原职。

一山不能容二虎，过了没多久，曹、石二人因利害发生了冲突，不断闹矛盾，这让御史杨瑄、张鹏等人有机可乘，联合起来弹劾他们，希望可以除掉他们。谁曾想，曹石二人居然很快冰释前嫌，重新勾结起来。分析半天之后，他们怀疑是阁臣徐有贞、李贤在后面主使，于是又一起到朱祁镇面前诬陷他们，说张鹏是朱祁镇复位时被处死的宦官张永的从子，杨瑄和张鹏曾经又是同伙，绝对不可以轻信他们。朱祁镇听后为之一振，不假思索，立即命人把杨瑄、张鹏以及参与弹劾的御史全部关进了诏狱，并逮捕了徐有贞和李贤二人。

曹、石二人见朱祁镇对自己言听计从，于是更加肆意妄为，嚣张至极。朝野官民都看在眼里，但也只能侧目而视，敢怒而不敢言。有一位官员实在忍无可忍，于是写了一封匿名书，想要告发曹吉祥。可是阴险狡诈的曹吉祥竟然奏请朱祁镇出榜悬赏，说要捉拿这个诬陷他的人。曹、石如此放肆的行动，后来连朱祁镇都有所发觉，他瞒着曹吉祥，去牢狱探望向首辅李贤，并详细询问他对"夺门"一事有何看法？李贤一脸正经地说："我们可以说迎接皇上大驾，但不可以说'夺门'。因为皇位本来就是皇帝固有的，"夺"反而说明不是本来应有的了。而且当时万一失败了，将把您置于何地？何况当时郕王已经病重，他病死了，群臣自然会请您复位，何必要生出这么多事？他们又有什么权利要求升迁赏赐呢？"朱祁镇听完李贤这番话，才恍然大悟，开始疏远曹吉祥，并下令今后奏章不准再用"夺门"二字，同时裁革冒"夺门"功而得以封官的达到四千多人。

天顺三年（1459 年），石亨的从子石彪想出镇大同，朱祁镇觉得其

中一定有诈，便下令收押石彪等人进行严刑拷问。很快，石彪的不法行径就都暴露了。朱祁镇大发雷霆，立即逮捕石彪下狱。再来说曹吉祥，他平日里与石亨狼狈为奸，时间久了，觉得朱祁镇肯定认为自己奸佞，对自己的怀疑加重。此时的曹吉祥，担心自己也会遭到同样的命运，便开始用大量的金钱笼络那些达官贵人。

有一天，曹吉祥和他的死党们在一起喝酒，曹吉祥问他们："自古以来，历史上有没有宦官子弟当皇帝的?"有个姓冯的千户说："当然有了，你们本家魏武皇帝曹操就是中官曹腾的后人。"曹吉祥听了非常高兴，于是加紧了阴谋叛乱的活动。为此，曹吉祥做了不少准备，还豢养了一大批曾经投降留下来的蒙古军士，并渐渐地成为他的心腹，他还想依靠这些军士为他干出一番大事业呢。

天顺五年（1461 年），曹吉祥决定孤注一掷，开始起兵叛乱，在宫中以禁军内应。计谋已定，当天晚上，为了振军心，曹吉祥摆下丰盛的酒席，让手下人痛饮一场。这时候，有一个叫马亮的越想越怕，为了保命，他偷偷溜出去，来到朝房告发曹吉祥。朱祁镇接到报告后，立即下令逮捕曹吉祥，并禁闭皇城各门及京城九门。后半夜的时候，曹吉祥发现消息已经走漏，立刻率领手下猛将冲进朝房砍杀了值班官员，并纵火焚烧东西长安门，众多叛兵在长安街上斥逐厮杀。入朝百官知道是曹吉祥叛军后，四处躲藏。就在这千钧一发的时刻，突然来了西政军 2000 多人，来围攻曹吉祥叛军，瞬间打成了一片。

直到黎明时，叛军见胜利无望，便纷纷逃散。曹吉祥的死党想从城门突围而逃，结果城门紧闭，他们无法逃出，只能逃回家中躲避。三天后，曾经气焰熏天的曹吉祥被凌迟处死，其党羽或被坐死，或被流放，他的财产也在朱见深即位的时候没收，这就是"曹石之变"，以失败而告终。

石亨“自食其果”

石亨，是明朝的一位将领。他长相十分奇特，国字脸再加庞大的身躯，胡须也很长，还擅长骑马、射箭，尤其擅用大刀。从外表看来，他就是一副大老粗的样子，似乎无智无谋。他出生在陕西渭南，早年的时候接替了父亲的官职，任宽河卫指挥佥事。后来，官至太子太师，被封为忠国公。他的一生经历了明英宗朱祁镇、明代宗朱祁钰两位皇帝。

正统元年（1436 年），瓦剌军占据了有利地形，在黄牛坡与明军作战。这一次石亨也参加了征战，这也是他第一次征战，没想到他居然在黄牛坡击败了自以为是的瓦剌军，还夺回了许多马匹。首次征战就打了这样的战绩，他被迁任都指挥佥事。两年后，瓦剌军再次来犯，石亨打探到 300 多名瓦剌军骑兵在黄河边饮马，于是他趁机率领兵将追击到官山下，打了瓦剌军一个措手不及，斩了不少瓦剌骑兵。因此，他又擢升为都指挥同知，又充任左参将，辅佐武进伯朱冕守大同。

正统六年（1441 年），有一天，石亨借着跟朱祁镇独处的机会，向朱祁镇谏言：“边关军饷一直不能凑足，士兵们老叫喊着吃不饱，这样如何能够安心作战。如果朝廷可以发放耕牛种子，让军队开垦边塞土地，这样算来，军队每年可以增加军粮 18000 石。”朱祁镇见他对朝廷也算忠心耿耿，于是答应了他的要求。

到了第二年，石亨又奏请朱祁镇说：“如果驻军在大同西路边境修筑堡垒，就可以用它来囤积粮草。”这一次他的建议仍然得到了朱祁镇的采纳。此后，石亨对朝廷做的贡献越来越多，他又分别在红城、延安、金山等地，多次击败瓦剌军，以功先后升迁都指挥使、都督佥事。为了给朝廷广泛搜罗人才，他又奏请朱祁镇可以仿效汉、唐制度，除保举制度以外。同时，他还建议设立军谋宏远、智识绝伦等科目，对拟用贤士先自己述职，试用期通过后才可以正式任职，这些要求朱祁镇都一一答应了。

正统十四年（1449 年），石亨又与都督佥事马麟巡守塞外至箭豁山，血气方刚的他再一次打了胜仗，兀良哈军队落荒而逃，他又晋升为都督同知。短短几年，他居然能连升数职，他的努力也算没有白费。当时，智勇双全的边关守除杨洪外，就数石亨最风光了。他虽然为偏将，但朝廷一直视他为大帅。第二年秋天，瓦剌军首领也先又起兵进攻大同，石亨和西宁侯宋瑛、武进伯朱冕等人在阳和口和也先军队大战。这一次也先军队好像是做足了准备来的，气势很是勇猛。就在两军交战不分胜负时，也先略施小计，把宋瑛、朱冕二人围困起来斩杀了。此时的石亨才意识到问题的严重性，一个人惊慌失措地逃出了重围。这是石亨第一次打败仗，他难免会有不甘心。为了立功赎罪，他又降官募兵，希望可以再次得到朝廷的重用。

景泰元年（1450 年），明代宗朱祁钰即位，石亨又奉诏佩镇朔大将军印，并率领三万人马巡哨大同，再一次击败了瓦剌军，朝廷又赐他世袭诰券。后来，朝廷更换太子，石亨又被加封为太师。于谦建立团营时，又任命石亨为提督，充总兵。

“夺门复辟”石亨立了大功，被朱祁镇当即封为忠国公，特加恩宠，言无不从。从那以后，石亨倚仗朱祁镇的宠信，屡次擅权行事，权欲肆意膨胀。有一天，他的弟弟还有侄家人都来投靠他，希望石亨能够帮他们谋得一官半职。石亨为了证明他在宫中的地位，就答应帮他们进官。接二连三，他那些所谓的“亲戚”都去找他帮忙，他居然真的帮他们谋得了官位。短短的时日，他冒功进官者达到 50 余人，还有其部下的亲戚、朋友等攀亲骗官者多达 4000 余人。

一时间，石亨势焰熏天，利令智昏，一些企图升官的人都纷纷拜在他的门下。不仅如此，他还挟持坚持抗击外侮的于谦、范广等重要辅臣，那些曾给他提过意见的给事中成章、御史甘泽等人也都纷纷被贬黜官职。

他还大兴冤狱，诬陷耿九畴、岳正入狱，将杨瑄、张鹏赶至边关，将朝廷文职巡抚全部撤换成武将充任。那时候的他，一心想干预朝政，每天都入宫进见朱祁镇。即使朱祁镇不召见，他也设法借故入宫。每次遇事都要求朱祁镇采纳他的意见，十分骄恣专横，恨不得将一切大权独揽。

这些事情朱祁镇都看在眼里，终于有一天他受不了石亨的所作所为，便召来首辅李贤来商量此事。李贤说："您是一国之君，朝中所有大事都应该是您一人说了才作数。"朱祁镇似懂非懂地点了点头。又过了几天，朱祁镇再次召见李贤说："阁臣如果有事要奏，必须见，可石亨是一名武将，何以频频入见呢?"于是敕告左顺门："没有经过宣召，武官不得放进。"从那以后，石亨进宫的次数也就减少了。

天顺三年（1459 年），石亨的噩运终于来了，他的侄子们借石亨的"风光"大胆凌辱亲王，还口口声声说要谋反，被朱祁镇定为谋逆罪，石亨也因此被受连累，先是停止他上朝参见，削官为民，后来朝廷调查到石亨还有朋党，干脆把他罢黜了。

第二年，锦衣卫指挥使逯杲上奏，说石亨至今还心怀叵测，不仅与其侄孙石后招权纳贿、肆行无忌，还与术士邹叔彝等制造妖言、蓄养无赖，伺机察看朝廷的任何动静，以图谋不轨。朝廷诸多大臣也恨石亨恨得牙痒痒，纷纷弹劾石亨犯下的种种罪行。朱祁镇下诏抓捕石亨入狱，并没收他的所有家产。后来，石亨整日郁郁寡欢，最后病死在狱中。

连中三元

据推算，科举制度在我国延续了一千三百多年，其中还产生了 600 多名状元。而在这些状元中，至少有十六人曾获得了"连中三元"的这份殊荣，商辂就是其中之一。所谓“连中三元”，就是一个人在科举考试中，同时取得了解元、会元、状元三个头衔。说简单一点，就是这个人在全省、全国和皇帝的心目中都是第一名，这可是一件非常难得的事情，也是我国古代读书人的最高荣誉。

商辂，是淳安（今属浙江）人。他的母亲生了五个儿子，商辂是老小。一般来说，最小的孩子都会受到父母的宠爱，商辂当然也不例外。商辂从刚刚记事起，就聪明好学、不耻下问，他的父母逢人就夸，十分自豪。在商辂六岁的时候，经过母亲的悉心指导，开始每天诵读《论语》等儒家经典，学了没多久，他就已经倒背如流。

商辂的父亲商霖，曾是严州府的一名县吏。在商辂出生那年，有一天，知府看见吏员们住的宅子里忽然有一道亮光闪过，对此现象很是奇怪，不知是凶是吉。第二天，知府就询问他们最近谁家有大事发生。这时候，商霖站出来，说他最近生了一个儿子。知府又惊又喜，嘱咐他说：“你要好好抚养这个孩子，他肯定会给你们家带来大富大贵。”商霖只是笑了笑，没多说话。还有一次，商辂正坐在父亲的肩头玩耍，此举正好让一位官员看见了，便随口吟道：“顽童无知骑父作马。”商辂马上作答：“慈父有德望子成龙。”其实这位官员的本意是想嘲笑商辂，没想到被商辂的回答给震惊了，灰溜溜地离开了。

等到商辂十三岁时，他已经能够写出一篇完整又得体的文章，并且才思敏捷、很有见地。有一天，他的私塾老师想要考考他，于是给他出了这样一道题目：“岭上古松，仰着龙头望月。”商辂抬头看了看窗外的竹园，立刻吟道：“园中新竹，钻出凤尾朝天。”私塾老师顿时被他的才华折服了，连连称赞他：“勤奋读书，必成大器。”

商辂生在一个不太富裕的家庭，没有火烛，这让酷爱学习的他很是烦恼。他的父母也规劝他，白天勤奋学习，晚上可以早点休息。可是他做不到，有时候白天剩余的一些功课没做完，他睡觉都不踏实。于是他就想尽办法来取亮光。偶然的一次机会，他发现松明点燃了可以照亮。

这下好了，他有了照亮的工具，常常看书到深夜。终于功夫不负有心人，在他十六岁时，他就进入县学学习，这是当时官办的法定学堂，开始了科举考试的第一站。此后，商辂的学习在那几年称得上是如鱼得水、进步飞快。因为自幼他就读过诗书，基础也很扎实，所以他贯通经史、文笔出众，考试也常常得第一名。18 岁的时候，他又成为增生，这在当时属于一种官费读书的学员，一般学员是进不去的。也就是说，对于家庭贫困的商辂再也不用担心生计问题，可以一心一意读书了。

宣德十年（1435 年），22 岁的商辂又参加了浙江省的乡试考试，并考取了第一名，中解元，这就表明商辂再也不是普通人了，他已经拥有了举人的功名，完全有资格进京赴考，参加全国的会试考试了。跟他同龄的学员们，都十分敬佩并羡慕他，年纪轻轻就取得了无数读书人梦想的“解元”称号。此时的商辂，学业可谓是春风得意，而他也没因此骄傲，而是满怀信心地准备向下一个目标前进。

第二年，也就是正统元年（1436 年），商辂带着浙江省第一名的“光环”，踌躇满志地去北京应试。可是，这一次命运跟他开了个玩笑，这个曾经全省第一名的他，居然名落孙山。也许是他的年轻气盛，让他过于自满，导致了此次考试的失利。突如其来的落榜消息，使他受了很大的打击，伤心欲绝的他居然有了放弃科举考试的想法。幸好，当时有一个考官很看好商辂，一直劝他不要气馁，要继续努力，商辂这才恢复信心，决心准备下一次的考试。经过六年的寒窗苦读，29 岁的商辂再次参加了会试考试，可他还是再次落榜。而这次商辂没有颓废，也没有自暴自弃，他决定留在京城，进入太学学习，他相信凭自己聪颖的天资再加上勤奋的汗水，必然会得到上天的垂青。

正统十年（1445 年），是决定商辂命运的关键一年。商辂以浙江解元的身份进京再次参加会试和廷试，这一次他取得第一名，成为了会元，这就意味着他是这一年全国进士考试的第一名。在殿试考试中，商辂再一次夺魁，完成了他的愿望。明英宗朱祁镇也更加看重他，钦点他为状元，创造了“连中三元”的历史性纪录。

正统十四年（1449 年），经历了悲惨的“土木堡之变”后，商辂与刘俨等人进学东阁。朱祁镇被俘之际，于谦等大臣力主郕王监国，才使大明朝躲过了一场灾祸。这时候，商辂受陈循、高谷等人的举荐与彭时同入内阁，参预机务。上任之后，他极力反对“南迁”，主张要誓死抵抗瓦剌人。

景泰元年（1450 年），朱祁镇返回京城当太上皇，因商辂在居庸关迎接朱祁镇有功，被升为翰林学士，迁兵部左侍郎，兼左春坊大学士。景泰八年（1457 年），当了八年太上皇的朱祁镇在石亨、徐有贞等人的策划下，趁朱祁钰病重之际，发动了“夺门之变”，改年号为天顺。

待朱祁镇复辟后，一切都变了。第一天便杀了于谦，第二日又将首辅陈循、内阁商辂等人都打了二十大板，并以谋逆重罪，削职为民达十年。后来，等朱见深即位后，商辂才被召回，入职文渊阁。次年，商辂进兵部尚书、户部尚书，修《宋元通鉴纲目》成，改兼文渊阁大学士。后来他又被任为吏部尚书、谨身殿大学士。

商辂在内阁为官足有十八年，致仕后，刘文安见其子孙多贤，忍不住发感慨：“我与公相处这么多年，从来没看见公笔下妄杀一人，所以您的子孙都那么贤良。”商辂回答道：“实在不敢让朝廷妄杀一人。”

商辂居家十年后，辞世，享年 73 岁。商辂的一生曾辅助过明英宗朱祁镇、明代宗朱祁钰、明宪宗朱见深三位皇帝治理社稷，政绩非常卓著。正是商辂自身的才华，再加上数十年寒窗的功夫，还有江南诗书之乡的不断熏染，才造就了科举史上这百年一遇的奇迹，商辂“连中三元”的事迹更为人们所传颂。

“至忠”之臣袁彬

在一次惊天动地的大事变——“土木堡之变”中，他拼命护驾北征，成为一名捍卫国家的英雄人物；明朝中唯一一个做了两朝正牌正使的锦衣卫官员；被纪晓岚以名传千载的“至忠”之名记录在《四库全书》中。这个了不起的人物到底是谁呢？他就是来自江西新昌县义钧乡（今江西宜丰县澄塘镇秀溪村）的袁彬。

袁彬，出生在一个近侍家庭。自幼聪颖的他，不仅能诗善文，而且富有才华，但是却一直没能谋得合适的职位。正统四年（1439 年），也就是袁彬 39 岁的时候，他才代替了父亲袁忠的职位成为一名校卫。校卫虽然也属于锦衣卫的一种，但只是级别比较低的一般卫士。因为父亲袁忠也没有太大功绩，所以他的地位也很卑微。后来，他终于时来运转，在“土木堡之变”中护驾有功，从此在历史上留下了好的名声。

正统十四年（1449 年），在王振的蛊惑下，明英宗朱祁镇御驾亲征，浩浩荡荡向大漠挺进。未曾想在土木堡被也先的瓦剌军队击溃，导致全军覆没，朱祁镇也被俘虏，成为阶下囚，被关在也先的牢笼里。果然，大难临头各自飞，朱祁镇身边除了一个叫袁彬的校卫陪护，其他侍从为了能够活命都抛下朱祁镇不顾。朱祁镇心想：“难道是袁彬不怕死？”可是转念一想，“我身为九五之尊都怕死，他怎么会不怕死呢？”顿时间，心里有些感激袁彬，他告诉自己，等有机会逃出牢房，一定要重重赏赐袁彬。

在牢房的那段日子，袁彬每天都跟随在朱祁镇身边寸步不离，对他照顾得无微不至。即便如此，朱祁镇还是生病了。牢房可不比皇帝的寝宫，每到夜晚，北风刺骨，朱祁镇冻得难以入睡。袁彬看到朱祁镇蜷缩着身子，便解开自己的衣服，将朱祁镇冻僵的脚裹住，只为了给朱祁镇取暖。牢房的日子固然很苦，有时候朱祁镇都有点绝望了，这时候，袁彬便会反复开导他，坚信他肯定可以回国，让他不要放弃。日子一天天过去了，朱祁镇对袁彬的依赖也到了片刻难离的地步。人是铁，饭是钢，一直都是袁彬在照顾朱祁镇，终于袁彬也熬不住了。有一天，袁彬感冒发高烧，差点不省人事。当时的朱祁镇急得不知所措，趴在他的背上大哭。不料经朱祁镇这么一折腾，袁彬出了一身大汗，感冒竟然不治而愈了。

在朱祁镇被掳的那段日子，朱祁镇和袁彬可以用“相依为命”来形容。袁彬不但在生活上对朱祁镇百般照护，在政治上也千方百计让其免遭外族人的欺辱。在北行的路上，阴险狡猾的也先不断地试探朱祁镇，发现他不仅没有因为沦为俘虏而自暴自弃，反而依然有坚强的毅力，这让也先很是惊讶。是什么力量让朱祁镇有如此顽强的精神呢？不言而喻，当然是袁彬的功劳了。当时，跟朱祁镇、袁彬一起当俘虏的还有个叫喜宁的太监。可是他贪生怕死，经不起也先的严刑拷打，很快就投降了瓦剌人。谁甘心当叛徒呢？喜宁一边为瓦剌人提供情报，帮助也先攻打明朝，一边又想拉朱祁镇一起下手。于是，他就给也先出了一个主意，可以让朱祁镇改变气节。

有一天，也先派人到朱祁镇那里去提亲，说他有个亲妹妹，一眼就看上了朱祁镇，想要嫁给朱祁镇。还说如果朱祁镇娶了他妹妹，他们瓦剌就会和明朝和好如初。此时的朱祁镇不知道该怎么办，就去找袁彬商量对策。袁彬一听，就知道也先是在玩“美人计”。于是，他规劝朱祁镇说：“您是中原大国的君王，您如果成为了外族人的女婿，不但气节丧失，尊严丢尽，今后还将处处受别人的牵制。而且您是在当俘虏的时候娶亲，这会更加让人觉得您身为流亡之君，居然不思返国，反而在敌营贪图享乐，这对于大明，对于您今后的声誉也都是没有好处的。所以，希望您能够顾全大局，千万不要答应这门亲事。”

朱祁镇听完袁彬的分析，觉得说得很有道理。第二天他就拒绝了也先。也先看到朱祁镇居然能受得了这样的诱惑，更加不甘心。后来，也先又选了六名绝色女子去服侍朱祁镇。袁彬又告诉朱祁镇，让他这样回复也先：“待朕归国娶令妹时，再将那六位绝色女子纳为媵从，也算不负令妹了。”接下来的日子里，也先又多次按照汉奸喜宁的计谋行事，都以失败而告终。

喜宁的计谋屡次失败，担心也先哪天不开心，就会把他杀了。于是，他又主动去找也先，并用讨好的口气跟也先说：“朱祁镇真的是个好色之人，他之所以变化这么大，肯定是那个锦衣卫袁彬在他背后出主意。只要把袁彬杀了，朱祁镇肯定就范。”有一天傍晚，趁着夜深人静没人发现的时候，也先、喜宁便不分青红皂白，把袁彬五花大绑，拖到了野外，并下令要将他五马分尸。袁彬知道一直是喜宁在背后作怪，所以在临刑之前，破口大骂喜宁。胆小如鼠的喜宁怕袁彬反击，命人赶紧行刑，以除后患。在这紧要关头，朱祁镇赶到了行刑的地方。他抛开皇帝的尊严不顾，哭着乞求也先刀下留人。也先看到朱祁镇狼狈不堪的样子，饶袁彬一命。

此事过后，袁彬就一直劝说朱祁镇，对喜宁一定要多加小心，说他经常在也先面前挑拨是非，屡次犯我大明，制造边事，实在是太可恶了。只有想办法除去这个人，回国才大有希望。朱祁镇表示赞成，于是让袁彬想好计策，写了两份密信，派另一侍卫带回朝廷，交于兵部尚书于谦。按照信中的计策，于谦很快就将喜宁处死了。也先失去喜宁，又遭到大明的齐心抵抗，被逼无奈之下，于景泰元年（1450 年）八月，将朱祁镇送回国，袁彬等人也一同被送回京城。

朱祁镇返回北京后，朱祁钰只授袁彬为锦衣卫试百户。朱祁镇复辟后，袁彬被迁为指挥佥事，之后改为指挥同知。一直以来，朱祁镇都记得和袁彬一起同甘共苦的日子，也十分优待袁彬。只要是袁彬请求的事情，他没有一件不同意。当时内阁首辅商辂罢免，袁彬乞其居所，之后又请别建，都得到批准。后来，朱祁镇又替袁彬做媒，给他娶了妻子，还让他外戚孙显宗主婚。这还不算，一有闲暇时间，朱祁镇就会召袁彬入宫，盛宴款待他，并和他彻夜长谈。每次谈到他们患难的那段日子，都感觉像回到了以前，很是温暖。

天顺五年（1461 年），有智慧有谋略的袁彬因平定曹石之变有偌大的功劳，又进迁都指挥佥事。当时，锦衣卫指挥门达恃帝宠，势倾朝野，朝廷重臣多下诏狱，唯独袁彬一人不屈服。门达不甘心，又诬陷袁彬，请求逮捕袁彬。朱祁镇虽欲法行，却告诉他说："随便你怎么办，但要把活的袁彬还给我。"之后，多亏漆工杨埙不断替袁彬伸冤，袁彬才被释放出狱。过了没多久，朱祁镇驾崩，门达被贬到了都匀。袁彬被恢复原职，仍然掌管锦衣卫。

弘治元年（1488 年），袁彬因病卒于任上。朝廷赐其光禄大夫、上柱国、左军都督，并诰封他的母亲、妻子为一品夫人，他的后代世袭锦衣佥事，待遇着实不错。

不忍细读的大明史

第五章 荒唐皇帝，平庸又伟大的岁月

有人说，明代的成化年间是“太平盛世”。朱见深继位初期，平反了于谦冤狱，恢复了于谦之子的官职。他还以德报怨，恢复了代宗帝号，博得了朝野的一片称颂之声，并任用李贤为相，阁臣之中还有彭时、商辂等人，可谓是人才济济，朝政也比较清明，堪称拨乱反正的明君。到了明宪宗后期，后宫干政，宦官当道，挥霍无度。明朝开始出现倒退，他距离“明君”也越来越遥远。

终登大宝，设立皇庄

正统十二年（1447 年），明英宗朱祁镇的长子朱见深出生在北京紫禁城，所以他理所当然是未来皇帝的继承人。用今天的话来说，朱见深是含着金钥匙出生的。可是没有人会想到，仅仅两年之后，他的人生悲剧就开始了。

正统十四年（1449 年），就是在这一年，瓦剌人南犯，直逼山西大同。一时糊涂的朱祁镇不顾群臣的反对，在王振的再三蛊惑下，执意要亲自带兵出征。在“土木堡之变”后，朱祁镇被瓦剌俘虏，成了肉包子打狗——一去不回。在大明王朝的最关键的时刻，牙还没长全的朱见深，被皇太后光荣任命为皇太子，时年两岁。两岁的朱见深哪里会知道，他之所以在这个时候被立为皇太子，背后有着极为复杂的政治斗争。

当时，朱祁镇战败被俘，朱祁钰顶替了他哥哥的位置。老谋深算的皇太后早已料到这个弟弟不会就此罢手，为了防止皇位旁落，皇太后操碎了心，急忙拥立朱见深为太子，并作为支持明代宗朱祁钰登基的唯一条件，朱祁钰很爽快地答应了。可是，虽然皇太后成功地将朱见深立为太子，但她深知深宫之中人心险恶，说不定哪天朱祁钰心情不好，就会来一个斩草除根的把戏，她也不可能时刻陪伴在宝贝孙子身旁。于是，为了力保他的安全，皇太后做出了一个决定：派自己的一个亲信去保护朱见深的周全。她做梦也没有想到，正是这个不经意的决定，改变了朱见深的一生。她派出的亲信是一个姓万的宫女，从此这位宫女开始无微不至地照料幼童朱见深。果然正如皇太后所料，朱祁钰坐稳皇位之后，根本没有归还的意思。他不但自己追求皇权，还想让自己的儿子也能够继位。

景泰元年（1450 年）六月，遣使与明朝议和，表示愿送回朱祁镇。明代宗朱祁钰考虑到如果朱祁镇回京，他的皇位肯定不保，所以极其不愿意接回朱祁镇。在于谦等人的再三劝说下，朱祁钰才答应讲和，接回了太上皇。八月，被俘一年左右的朱祁镇终于被放了回来。朱祁钰为了保住皇位，在此后的八年时间里，一直将朱祁镇软禁在南宫。

景泰三年（1452 年），朱祁钰用大量资金买通了大臣，成功废除了朱见深的太子地位，改立自己的儿子朱见济为太子。没想到第二年，朱见济就夭折了，当时被追封为怀献太子。对于这一变动，皇太后虽然心里很不服气，可是又不能说什么。而此时已经五岁的朱见深，自然不知道发生了什么事情，幼稚的他每天只知道在深宫中闲逛、玩耍。看着他身处险境，周围的人们都认为他地位不稳，被废掉太子是迟早的事情。因此，宫中的那些势利小人都不愿意接近这位所谓的皇太子，对他总是一副冷冰冰的样子。待朱祁镇成功复辟后，才第二次立朱见深为太子。

天顺八年（1464 年）正月，朱祁镇病逝，享年三十八岁。他的长子朱见深继承了皇位，在文华殿摄政，成为明朝的第八位皇帝。次年，朱见深改年号为成化。朱见深刚刚即位，就发生了这样一件事：都指挥使门达结交东宫内侍王纶，在一起密谋由翰林侍读学士钱溥取代李贤辅政之事。

门达是何许人也？在朱祁镇晚年的时候，门达深得宠信，而当时李贤被任命为内阁首辅，对门达统率的锦衣卫官校总是各种限制和管束，门达因此恨之入骨，所以想设计陷害李贤。可是，门达的各种过分的行为举止，朱见深都看在眼里，但他总是得过且过，不忍心处置他。就在朱祁镇病重之际，门达还不肯安稳，再一次蓄意勾结王纶，想要除掉李贤。他们的阴谋被朝臣揭发，朱见深这次大怒了，王纶被斩，钱溥被贬，门达也因他罪并罚。而与此同时，李贤则进少保、华盖殿大学士，知经筵事。自此，朱见深更加倚重李贤，李贤也在一直尽自己所能，精心辅佐朱见深。

同年，朱见深还没收了宦官曹吉祥在顺义的田地，并设为“皇庄”。从字面意思理解，“皇庄”就是皇帝一个人的庄田。其实不是这样的，它不仅包括皇帝自己，也包括皇帝的后妃、皇帝的儿子以及在京诸王的庄田。因此，待皇子成年后，分封后离京去了封地，他们在封地取得的田地，就不算是皇庄了。皇庄的设立，其实是开了明代土地兼并的先河。很快，朱见深的皇庄就遍布顺义、宝坻、丰润、新城、雄县等处。上行下效，皇帝既然带头兼并土地，藩王、勋戚、宦官也请求皇帝赐土地，于是便有了王田、官庄这一说。虽然在嘉靖初年，曾在表面废止皇庄，改称官地，但那只不过是换汤不换药。看得出，朱见深设置皇庄的做法，无疑是在与民争富，是在毁坏王朝统治的经济基础。因此，皇庄的建立，在当时来讲是存在诸多弊端的。

成化元年（1465 年）正月，朱见深任命都督同知赵辅为征夷将军，总领所有总兵，征讨广西瑶族的叛乱。三月，四川山都掌蛮又进行了暴乱。十二月，韩雍大破广西大藤峡的瑶族叛乱者，将大藤峡改名为“断藤”。很快一年过去了，到第二年正月，朱见深结束了团营建制。三月，朱永在南漳大破荆、襄贼地区的乱匪头目刘通，并擒拿了刘通。十月，朱永擒拿匪首石龙等人，荆襄地区的乱匪终于被平定。

成化三年（1467 年）正月，朱见深授朱永为平胡将军，和杨信一起征讨毛里孩。三月，朱见深封商辂为兵部侍郎，再次进入内阁。十二月，左庶子黎淳再次提出明代宗时期废黜太子的事情，朱见深说：“以前的事情都已经过去了，我不会放在心上，况且这些都不是你作为一个臣子

所应该说的。”

成化七年（1471 年），朱见深又任命王恕为刑部侍郎，总理河道事务。十一月，朱见深拥立皇子朱祐极为皇太子，并大赦天下。可不幸的是，在成化八年（1472 年）正月，朱祐极就去世了，随后被追封为悼恭太子。

成化十一年（1475 年）朱见深又拥立皇子朱祐樘为皇太子。年底的时候，不仅恢复了明代宗朱祁钰的帝号，还平反了于谦的冤屈，任用贤明的大臣商辂等人治国理政，可以说颇有一番君王的风度。时代风气清明，朝廷多名贤俊，朱见深能够宽免赋税、减省刑罚，使社会经济渐渐复苏。但是在位期间他曾经任用奸邪，不能说没有缺陷。

成化十三年（1477 年）正月，为了加强特务机构，朱见深设置了西厂，由太监汪直担任提督。四月，汪直将郎中武清、乐章，太医院的院判蒋宗武、张廷纲，浙江布政使刘福等人下了西厂大狱。同年五月，方贤又下了西厂狱。大学士商辂、尚书项忠等人纷纷上书朱见深，请求速废西厂，朱见深采纳了他们的建议。六月，朱见深又罢免了项忠为民，又复设西厂。不久后，商辂也辞官了。

成化十八年（1482 年）正月，朱见深眼见身边的重臣都离他而去，于是下旨废置西厂，希望可以挽回身边的重臣。

镇抚广西，重用良臣

朱见深登基之初，不仅为于谦平反，还恢复了于谦之子的官职，并且以德报怨，把曾经废掉自己太子之位的叔叔朱祁钰追认为皇帝，并且为他重修陵寝。一时之间，博得了朝野上下的一片称颂。此外，朱见深在镇抚广西期间，还重用李贤、王翱等贤能大臣。

先来说李贤，是明代邓州人，曾经辅佐过明宣宗、明英宗、明代宗、明宪宗四朝四位皇帝，在朱祁镇天顺年间、明宪宗成化初年被任职内阁首辅，人们还称他“李文达”、“李阁老”。李贤的先祖为蓟（今北京城西南隅）人，唐朝的时候，他的祖先在邓州做官，因为喜爱邓州的山水清秀、土地肥沃、民风淳朴，于是就在邓州安了家。

成化二年（1466年）三月，内阁首辅李贤的父亲不幸去世，家里人写书信给李贤，要他速速回乡奔丧。李贤听到父亲去世的消息，悲痛欲绝，立即请求朱见深回乡守制。朱见深被李贤的孝心所感动，下旨追封李贤的父亲李升为少保，并告诉李贤：“如今朝中正是用人之际，我允许你驰驿奔丧，但葬毕后就要速速回京。”李贤这次回乡，本来打算在家替父亲守孝三年。于是，他再次乞求终制，上奏说：“自古以来都是以孝治天下，仕者官无大小，父母之丧皆终三年之制，我作为儿子必须要尽其孝、亲之心。”朱见深继续回诏：“我希望你能够在我身旁辅助我成明朝大业，别无他求。”李贤再次上奏：“臣自出仕，离开父母足有三十五年，如今父亲八十七岁而卒，我如果还不能替他守孝三年，我的父亲在天之灵也会抱此终天之痛，死不瞑目啊。皇上既然允许我回家奔丧，为什么不能让我在家守孝一段时日呢？再说了，内外大臣就不是只有我一个重臣，差我一个也不为少。况且我只需要离开三年，三年很快过去了。”固执的朱见深任凭李贤说破嘴皮，都不肯轻易放人，只允许他速去速回。

同月，李贤从老家奔丧回来，朱见深便立即命李贤复任首辅。李贤再次上奏，可是历经了请求守制的艰难，以情动人也不管事儿了，说大臣夺情非太平之幸事也没用，真的是好话歹话说尽，都说不动朱见深。李贤本来打算归家葬毕，派人驰奏，只要在家赖着不走就行了，务求终制。可没想到的是，朱见深居然派了内官跟着他一同到家，丧事还没结束，内官就催迫李贤上路。无奈之下，李贤只好速速办完丧事，速速回京。

李贤终究还是没能拗过朱见深，正式夺情视事。李贤上奏："前段时日我奔丧回家，经过了郡县，发现其间民情利病，我亲眼目睹那些事件，现在我都列举出来给您过目。"一下子列出了十几条见闻和建议对策，朱见深看完后一一听从。从那以后，只要是李贤的上奏，朱见深无不照准。朱见深对老臣的依赖，不仅体现在治世良臣、一代贤相李贤身上，在两广总督王翱身上更是体现得淋漓尽致。

再来说王翱，他是永乐年间的进士，一生历经七朝，辅佐过六位皇帝，堪称是文臣中的"活化石"。王翱在后世留下了许多的典故，无需多言，就以天顺年间为例，王翱与李贤在当时可谓是一对"黄金搭档"。大将石亨专权，视王翱为绊脚石，所以想要除去王翱。王翱不喜欢钩心斗角，于是请求致仕，当时朱祁镇已经批准了，在李贤的劝阻下，王翱才得以继续留下。等到石亨准备向李贤下手的时候，又被王翱救下，他们两人相得甚欢。朱祁镇非常信任李贤，所以每次用人都要咨询李贤，而李贤极力推荐王翱，王翱正是在李贤的举荐下，才得以施展其志。

王翱的辞职堪称是"史上最难辞职"。天顺八年（1464 年）三月，吏部尚书王翱第一次奏请辞职，朱见深说道："我刚刚即位不久，你作为朝廷老臣就要离开，我不允许。"王翱只好继续留下来辅佐朱见深。同月，户部尚书年富因陕西边储供给繁重，想要罢黜左布政使孙毓，而进右布政使杨璇、左参政娄良、西安府知府余子俊。这时候，吏部尚书王翱埋怨年富侵占己职，而且擅自注拟，于理不合，两个人就这样结下了梁子。

朱见深对年富也还不错，为了满足他的要求，就私下里命孙毓主动辞职，而没有责怪年富。这让王翱心中甚是不悦，觉得朱见深有私心，于是再次奏请朱见深要彻查此事，年富知道此事后气急败坏。过了一个月后，好强的年富就因为愤懑王翱专恣，疽发而卒。当时年富刚刚七十。朱见深闻之震悼，赐年富谥号“恭定”，遣官谕祭，并命有司营葬事。

天顺八年（1464 年）八月，王翱第二次请求辞职，朱见深回复说：“你忠勤老成，我还需要你继续辅佐我，我不允许你离开。”那时候的王翱已经年过八十一，就这样王翱又在朱见深身边待了一年。

成化元年（1465 年）正月，任职太子少保兼吏部尚书的王翱已经八十二岁了，第三次提出辞职，奏请朱见深：“如今我年事已高，应该到了安度晚年的时候了，再说朝廷也不需要我这样老的人了，我为朝廷也做不了什么大贡献了。”朱见深还是不允许。三月，王翱又从太子少保、吏部尚书升为太子太保兼吏部尚书，凡是遇到雨雪天气，他都不必上朝。五月，太子太保、吏部尚书王翱第五次提出辞职，朱见深有旨：“朝廷任用老成，还是不能让你走。”六月，太子太保兼吏部尚书王翱第六次恳求辞职，朱见深回复王翱：“爱卿虽然年老，但是我还是舍不得你离开，辅佐的重任非你不可，为了让你清闲点，以后你只要每月初一、十五来上朝就可以了。”王翱见朱见深都退让到这个地步了，也不好再多说什么了，只能继续为官。

成化二年（1466 年）二月，太子太保、吏部尚书王翱已经年八十三，第七次提出辞职，那时候的王翱虽说年纪老到连话都听不清，觐见时还得带一个侍郎当秘书。但是在选官方面却毫不含糊，朱见深更舍不得放王翱离开，总是想方设法满足王翱的所有要求，希望王翱在职期间能够再帮他选拔一些优秀的官员。

成化二年十一月，王翱因为身患疾病，真是没有精力再去处理朝中一切事情了，于是第八次提出辞职，诏曰：“爱卿德望老成，是国家的栋梁之才，我还需要你再辅佐我成大业，以成用贤图治之功，还是不允许你离开。”于是，朱见深命太医每天都要前去诊视王翱的病情。每有政事，朱见深第一个想到的人还是王翱。

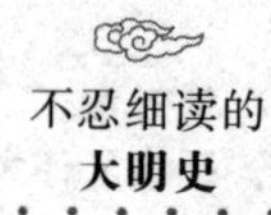

成化三年七月，王翱已经卧疾超过五个月，第九次提出辞职，家人也奏请皇上，要在家养病，言辞十分恳切，当时王翱已经有八十四岁了。这一次，朱见深看王翱实在没有精力辅佐他了，终于不情愿地同意了王翱的辞职。操劳了一辈子的王翱想要回故乡安心养病，可是还没来得及出京城，就于同年十一月去世了。王翱虽然历仕五十三年，但是身后却没有多余的财产。人们都称赞他始终清白、名节不失，视古大臣无愧云。

朱见深正是在李贤、王翱这些老臣的精心辅佐下，才顺利地坐稳了皇帝之位，并开启了一系列的整顿和改革，老臣们一个个鞠躬尽瘁、死而后已了……

抚治荆襄流民

流民问题作为一种社会病态，成为历代王朝的一项严重的社会问题。比如，洪武年间，曾制定了一项极为严厉的户籍政策，其目的就是为了把百姓们永远地束缚在土地上，以保证国家的赋税和徭役。明中叶以来，随着土地兼并的不断加剧，大批的农民失去了土地；再加上赋役的日益苛重，致使百姓怨声载道。如此一来，“流民”和“逃户”就越来越多，荆襄山区很快便成为了一个流民最大的聚集区。

提及荆襄的郧阳地区，主要在湖广、河南、陕西、四川四省交界的地带。向北走，有秦岭；向南走，有大巴山；向东走，有熊耳山；居于中间，有武当山和荆山。那里山深林密、沃野千里，成为封建统治的最薄弱环节。在元代的时候，这里就已经是流民的聚集区。为了能够生存下去，聚集区的百姓也会时不时地与朝廷武装对抗。明朝初期，开国名将邓愈奉明太祖朱元璋的命令，平定了这一地区，随后便将那里的百姓全部迁移，腾出了这片地方，并下令严禁百姓进入此处。但是到了永乐年间，这一封锁被打破，郧阳山区依然源源不断地有流民进入。宣德至成化年间，聚集在这里的流民已经达到150万，真成了一个不小的群体。他们千百为群，为了寻找生存之道，便就地开荒采矿，流徙不定。为了进一步加强对这一地区的有效控制，天顺八年（1464年）的时候，明朝政府还特意设定湖广布政司参议一员，专门负责管理荆襄、南阳三府的流民的各种事宜。

成化元年（1465年）三月，在荆襄流民中有个叫刘通的人，被人们举荐为这里的首领。有一天，刘通联合另外两个兄弟，在房县大木厂聚众4万人进行起义，这两个人曾经跟他患难与共，后来结拜为兄弟，他们分别叫石龙、刘长子。这几个月以来，刘通一直盘踞在梅溪寺，并自称汉王，年号德胜，还任命了将军、元帅等。

同年五月，朝廷指派抚宁伯朱永为总兵官，兵部尚书白圭提督军务，太监唐慎、林贵监军，会合湖广总兵李震、河南巡抚王恕入山征讨这群流民。当时的刘通在襄阳房县、豆沙河等处万山之中，还分为七屯，一边耕田，一边作战，日子过得倒是挺滋润。在梅溪附近，刘通的起义军打败了湖广总兵李震，杀都指挥以下的军官达到38人。总兵官朱永不幸生了重病，只能暂时留在了南阳。兵部尚书白圭率官军分兵四路，分别从南漳、远安、房县、谷城犄角一同并进。白圭、唐慎、李震在南漳小胜义军，并进至潭头坪。

就在同一时间，林贵、鲍政自远安进兵马良坪。喜信、王信自房县进兵浪口河。王恕、都指挥刘清等自谷城进兵洞庭庙，四面围攻刘通。这一次，刘通吃了败仗，率部撤到了寿阳，欲出陕西。苗龙走大市，欲出远安。明军已至寿阳，刘通起义军的退路被截断了，随后遂退至大市，与苗龙合兵，拒战明军。在激烈的战斗中，刘通的儿子刘聪以及苗虎等百余人战死了。明军乘胜进逼，刘、苗率众退保山寨，这里山险谷深，易守难攻。正好又赶上大雨泥泞，明军猛攻了三天三夜，都没能攻下山寨。

在那千钧一发的时刻，白圭率兵前来增援，刘清领兵千余，由小路绕到寨后，纵火焚义军营寨。正面，白圭率大军进攻，义军数万迎战，见营后起火，腹背受敌，顿时乱了阵脚，被明军斩杀了万余人。刘通、苗龙等40余人被生擒。送到京师，磔杀于市。义军余众男子10岁以上者都被斩杀。刘长子、石龙两个人在乱军之中逃去，收集余部，聚众于四川巫山。白圭派参将喜信、鲍政、都指挥白玉追蹑其后，进兵巫山。

同年十月，刘通义军粮草都用光了，军心也开始有所动摇。白圭派指挥张英打探，知道他们缺少粮草，于是想趁机进山诱降他们。刘长子见明军气势汹汹，临阵动摇，起了投降之心，五花大绑把石龙绑了，送到了喜宁营。而他自己则率领众军到喜宁营乞讨粮食，随即投降。过了不久，刘通的妻子连氏以及义军将领一共600余人都被诱降。刘长子因为出卖石龙等义军领袖，终究没能逃过一死。同年十一月，明军班师回朝，众人都被押送进京，石龙与刘长子等均被杀于市。为了能够彻底安抚流民，朝廷又任命原户部右侍郎杨璿为右副都御史，前去抚治荆襄、南阳流民。

刘通组织的流民起义失败后，流民问题还是没有得到解决。连续几年的干旱，使许多小农无以为生，于是大批入山。很短的时期内，流民入山者就达90余万。成化六年（1470年）十月，荆襄流民李胡子、王彪、小王洪等刘通旧部又聚众起义，他们在南漳、内乡、渭南之间活动。李胡子称太平王，立“一条蛇”“坐山虎”等名号。

同年十一月，朝廷又派都御史项忠总督河南、湖广、荆襄军务，与湖广总兵李震前往镇压，也没能解决流民的问题。从那以后，朝廷为了有效防止流民再一次进入，便制定了一个严刑峻法，凡是违反的人都要被治罪。规定中这样写：凡是闯入山中的人，带着枷号示众一个月，全家都要被谪戍边卫。此外，朝廷还命人在12个通衢要路设立营堡，并驻兵200人常年戍守在那里，又在8个水陆要塞设立巡检司，凡是路过此地的人，都要进行一一盘查。即便如此，流民偷偷入山的趋势依然没有减少，这让朝廷伤透了脑筋。

成化十二年（1476年），聚集在荆襄山区的人数又达到几十万人。对此，朝中的一些官员两次出兵，但是并没有实际效果，这都是当年项忠滥杀无辜酿成的恶果。为了改变这一政策，祭酒师傅周洪谟特意写了一本叫《流民说》的书籍，在这本书中总结了东晋时设侨置郡县的办法来处置和安抚流民，还主张“听其近诸县者附籍，远诸县者置州县以抚之”的做法。这时候的朝廷，实在想不出其他的办法，只好采用这种办法，于同年二月，命都御史原杰经略郧阳，再次去安抚流民。

同年十一月，朝廷正式开设湖广郧阳府，又在其他地方开设湖广都司、卫所及县，迁回流民113000户，遣返故土16000户，愿留者达到96000余户。为了真正做到安抚流民，朝廷还答应他们可以自占旷土，开垦为业，以供赋役，并设置郡县进行管理。湖广割竹山地分置竹溪具，割郧、津地，分置郧西县；河南割南阳、汝州、唐县地，分置桐柏、南召、伊阳三县；陕西析商县地，分商南、山阳二县，以商县为商州，以郧阳府统郧、房、竹山、竹溪、郧西、上津六县，卫设于郧阳。就这样，流民问题才暂时得到了解决。

项忠使流民“堕泪”

项忠，是嘉兴（今浙江省嘉兴市）人，是明朝有争议的政治人物。正统七年（1442年），项忠顺利考中进士，并被授予刑部主事职。因为功绩不错，后来被晋升为员外郎。

正统十四年（1449 年），项忠跟随朱祁镇北征蒙古瓦剌，在兵败之时，情急之下，他不顾一切地去掩护朱祁镇逃脱瓦剌人的追捕，自己却不幸被俘。一夜之间，他便成为瓦剌人的俘虏，他们命令项忠替他们喂马。身手敏捷的项忠乘着敌军不注意，挟持二匹马急忙往南奔逃了。他骑着马不停地跑啊跑，日夜兼程，终于马跑不动了。为了不耽误行程，项忠抛弃了马，光着脚丫子徒步走了七天七夜，总算逃回宣府，进入府第那一刻他便累晕在了地上。

景泰年间，项忠由郎中调升为广东副使。天顺初年（1457 年），项忠又被任职为陕西巡察使。当时陕西正在遭遇严重的饥荒，项忠立即上奏朝廷，请求开仓放粮，赈济饥民。救灾的事情过去没多久，他的母亲就病逝了，于是他辞官回家服丧。陕籍军民舍不得这样的好官就这样一走了之，纷纷到朝廷请求留任项忠，得到了朱祁镇的同意。

天顺七年（1463 年），陕西饥荒还是没能彻底解决，这一次项忠自作主张，命令部下开仓，以 180 万石粮食救济灾民，并奏请免陕西税粮 91 万石，朱祁镇一一答应。同年十一月，朝廷又以大理卿召项忠赴京，陕西父老又一次要求朝廷挽留项忠。朱祁镇看到项忠人缘如此之好，只好将项忠提升为右副都御史，巡抚陕西。

当时，陕西的水质多碱，不能饮用。为了解决百姓的吃水问题，项忠组织人力开龙首渠及皂河，引水进城。又疏浚泾阳郑、白二渠，灌溉泾阳、三原、礼泉、高陵、临潼五县田地七万多顷。战乱总是不断，不久之后，居住在洮（今属甘肃省）、岷（今甘肃南部）的羌族闲来无聊，便无端起事。项忠上疏说：“羌族入侵，只有一个目的，那就是劫掠财物，如果将他们全部斩杀似乎有伤仁慈，可是如果一味地抚慰他们，也显不出我大明的威武，请让我见机行事，如何？”经过朱祁镇的同意后，项忠便率领陕西子弟兵到边境，先是占据了险要之处，之后就摆好阵势，准备讨伐羌族。说是讨伐，其实只是在虚张声势，吓唬那些羌族人而已。

羌族首领见项忠声势如此浩大。没等项忠出战，他们就一个个吓得投降了。项忠利用自己机智的头脑，打败了羌族，让边境百姓从此安居乐业。

成化元年（1465 年），因为陕西总是不断受到战争的骚扰，为了整饬军纪，为了选拔优秀的武官，项忠进言说："三边大将每次遇到敌将就停留不前，不仅仅是因为胆怯，还有一个原因是权轻。为何士兵害怕敌人，而不害怕自己的将领。现如今，朝廷要推举一些将才，可是一年过去了，还是没人主动应招。在陕西这个地方，民风强悍，自古以来就出名将，怎么能说没有将才？只能说他们不能应对策问罢了。如今天下善于对策的人太少了，一百人中居然不到两个，又怎么能以此苛求那些武人？"朱见深很看好项忠的意见，允许项忠在作战的过程中，可以适当选拔一些武将，但是项忠的下属却依然恪守成规，迟迟不肯采用项忠的意见。

成化元年（1465 年），蒙古族毛里孩又大举入侵延绥各地，朝廷打算提前做好准备，于是立即下诏书命项忠与彰武伯杨信二人商量对策，共同抵御，可惜还是没能取得成功。第二年，杨信大胆地说出了自己的想法，率领士兵大举搜索河套地区。为了以防万一，朱见深又命项忠任提督军务。他刚一赶到延绥，毛里孩便开始大举攻陷开城，深入到静宁、隆德等几个州县，大肆抢掠一番便撤离了。这时候，兵部开始弹劾项忠，有说他办事不利的，也有说他不尽心尽力为朝廷办事的。可是朱见深却依然信任他、宽容他。过了一年，项忠又被召回掌管都察院事务。

成化六年（1470 年）冬天，朝廷又指派都御史项忠总督河南、湖广、荆襄军务，与湖广总兵李震一同征讨李原。项忠认为兵将太少，战斗力肯定不强。他要求增调永顺、保靖士兵，合兵 25 万人，分八路进攻义军。同时，项忠还派人招谕流民出山。流民附和李原起义的虽然达到百万之众，但因为没有严密的组织，又没有合适的武器，所以他们只能在这里得到土地，得以生存。后来听闻项忠在招谕，于是扶老携幼，纷

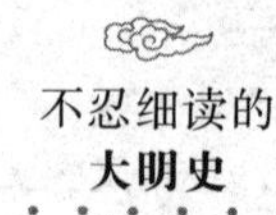

纷出山了，算起来一共有40万流民受抚。王彪率领几十人前去侦查敌情，并劝阻流民出山，竟然也被官军抓获。瞬间义军势孤，李原只好退入深山，等待机会再出山。项忠派副使余洵、都指挥李振进山追捕，与李原部在竹山县相遇，李原战败后被擒。小王洪所部500余人屯于钧州龙潭，都被生擒，起义就此失败。项忠指挥官军对手无寸铁的流民进行了血腥的大屠杀。

当时，流民中有些是来自洪武年间就进山耕田的人，他们并没有参加任何起义。可是明军入山之后，却不分青红皂白，对所有的流民都进行了大屠杀。凡人尽草剃之，死者枕藉荒野山谷。短短的时日，就有万余人被编戍湖广、贵州，集体乘船而往。有一些人因为染上了疫病，不久后就病故了。可是他们连尸体都不肯放过，弃尸江浒，臭不可闻。对于那些被招出山的40万流民，项忠强迫他们各回各家。适值溽暑，多数人因忍受不了饥渴而死，其他的流民有在路途中染上瘟疫的，押送者害怕被传染，将他们故意推入江中，大部分流民因此丧命。

大屠杀过后，项忠在流民的累累白骨上，立“平荆襄碑”以记其功。后来，这个碑被人们称作“堕泪碑”，以嘲笑项忠心狠手辣、滥杀无辜。再到后来，项忠因平流民之功升为右都御史。还朝后，项忠因为滥杀无辜的传闻，不断受到朝中大臣的弹劾。

只知有汪，不知皇上

自明太祖朱元璋以来，明朝就推行极端的君主专制。皇帝越来越不相信朝中大臣，慢慢地宦官便成为皇帝的“耳目”与“爪牙”。到明朝中期，皇帝便将君主权力赋予一部分给自己的家奴——宦官，放心地让他们去干预朝政，宦官们便趁机窃取军政大权。

成化年间，一度形成汪直专权的局面。汪直，明代权宦之一，广西大藤峡瑶族人，自幼便入宫，原来在万贵妃身边当小内侍，以年少狡猾、办事麻利得到朱见深的赏识。一位愤世嫉俗的少年，一位驰骋沙场的重权监军，一位被文官口诛笔伐数百年的太监，他就是明朝成化年间的宦官汪直，西厂的缔造者。

明英宗朱祁镇去世后，朱见深继承皇位，是为明宪宗。朱见深登基后，便立即册封了在“土木之变”后叔叔明代宗朱祁钰执政期间，一直照顾他的万贞儿为贵妃。过了没多久，幼童汪直就被招入宫中，并被分配到圣宠不衰的万贵妃身边当差。因为汪直伶牙俐齿、做事周到，很快就得到万贵妃的喜爱。后来，汪直也因为万贵妃的提拔，还不到 14 岁，就已经掌管禁军御马监，成为内廷的“二号人物”。

成化十二年（1476 年），汪直才刚刚十五岁，就有了一段难忘的经历：当时皇宫中突然出现了一种叫“黑眚”的现象，宫中上下顿时人心惶惶。据当时宫中的老人说，这种奇怪的现象象征着灾祸。后来经过朝廷的仔细调查，发现是宫中有一些太监勾结妖道，并让他们私自进入大内。朱见深知道了这件事，非常气恼，突然觉得自己常常处于被蒙蔽的状态，对宫内外的信息知道太少了。于是，他就派机灵古怪的汪直出宫去刺探情报。很快，汪直就出色地完成了朱见深交予他的任务。之后没多久，朱见深就决定设立西厂，并任命汪直为统领，其在规模和权力上，新建立的西厂都远远超过了当时的东厂和锦衣卫。

当时的汪直，虽然年轻气盛，但他并不畏惧朝堂前辈们。刚刚成为西厂统领，他就收到了四朝元老“三杨”中杨荣的曾孙、福建建宁卫指挥同知杨华和父亲杨泰为祸乡里的情报，汪直也没做具体调查，就直接把他们下狱了。南京镇守太监覃力朋上京进贡后，在回去的路上用船运载私盐，还骚扰沿途州县，汪直也还是二话不说就将其拿下了。至此，朱见深认为用汪直为监察官吏很有功效，对稳固皇权也起到了很大作用，从此更加看重和宠信汪直了。

但是，汪直的活动也触碰到部分朝臣的利益，对汪直的所作所为，他们总是持反对态度。在合适的时机下，元老内阁首辅商铬等人一起联名，强烈要求废除西厂，声势十分浩大，不得已之下，朱见深在西厂成立一年后，就下令将其废除了，并命汪直到南京赋闲。很快两年过去了，汪直终于还是等到了“第二春”。当时的巡抚辽东右副都御史陈钺，一直想巴结汪直，这一次他以女真入寇为理由，请求出兵进剿，并一再要求能够和汪直一起出征。此时的朱见深为了让汪直将功补过，爽快地答应汪直和陈钺一起出征建州女真，结果非常喜人，他们大获全胜。

到了第二年，汪直在朝中的好朋友、兵部尚书王越也纷纷请求和汪直一起出征。他们两人在当时算是配合极好的，他们趁着雪夜，率领精骑向威宁海大军方向奔去。他们兵分几路，打了蒙古人一个措手不及，蒙古人大败。转眼到了第三年，鞑靼军闯入大同境内肆意剽掠，汪直等人商议之后，决定截杀他们，追到一个叫黑石崖的地方，敌人无路可退只好投降。第四年，大批虏寇进入延绥，汪直、王越二人分兵抵御，再次获得大胜。可以说，那几年里，汪直为朝廷的确做了不少贡献，也打了不少胜仗。

然而，汪直毕竟还太年轻，好多事情都考虑得不够周全。在他认为，只有不停地建功立业，就能让朱见深更加赏识他、宠爱他，却始终不懂得“盛极必衰”的道理。因此，在宫中，他从不懂得谦虚谨慎，不但不把朝廷的文官武放在眼里，就连自己的宦官同僚，他都要找机会极尽打压。久而久之，便引起了宫中大臣们的公愤。于是他们内外廷联手，密谋扳倒汪直，让他不能继续嚣张下去。

当时，朝廷有个演戏的太监，名叫阿丑。他心地正直、性格滑稽，每次在皇上跟前做院本，都能非常机智地回答皇上的提问，很有东方朔谲谏的风范。他当然也免不了受到汪直的挤兑，所以也一直想把他赶下台。有一次，阿丑装作一副喝醉酒的样子，有个人对他说："有官要到了。"阿丑听到后，不予理睬，依然在说醉话。旁边又有一个人对他说："刑部侍郎来了。"阿丑依旧烂醉如泥。那个人又继续大声喊："皇上驾到。"一听是皇上到了，阿丑反而醉得更疯。这时候，只听另外有个人小声地告诉他："汪太监到了。"阿丑立刻就醒了，并恢复了常态。那个人问他："你这人好奇怪，皇上来了你都不怕，居然会怕汪太监，这是什么道理?"阿丑故意放低声音回答说："天下之人，不知有皇上，只知有汪太监，谁敢不怕?"这时候，站在一旁的皇上听到了这句话，若有所思地点了点头，好像明白了什么。从那以后，汪直便逐渐地不被重用了。

成化十九年（1483 年），是汪直镇守大同边疆的第五个年头，那时候的汪直才刚刚 20 岁。这一年，汪直上书朝廷，称鞑靼可汗小王子要率领大军来犯我朝，请求京师驻军支援他。兵部得知是汪直上书，始终不允，反而拿巡抚郭镗的上奏大做文章。郭镗上奏称，汪直在关外和总兵许宁已经水火不容，干了很多荒唐事情。比如，汪直认为在 A 处布防比较好，而许宁认为在 B 处布防比较好，汪直便把军队从 B 处调往 A 处，许宁则马上又下令从 A 处调往 B 处，汪直又下令回到 A 处……就这样，反反复复调动好多次，他们动的是嘴皮子功夫，可是把士兵折腾得够呛。后来，他们二人吵架不止，最后达成一致，决定把军队一分为二，一人指挥一半等等。郭镗的奏章呈上来之后，群臣讨论的结果就是把汪直调走。此时，朱见深和汪直的感情已经淡了，很快批准了这个意见，下令把汪直调往南京担任御马监太监，并把他的好友王越也降职召了回去，从此他们二人退出了历史舞台。

就在汪直和王越离开不久，鞑靼可汗小王子真的攻打过来了。许宁等人觉得他们不足为患，所以一直消极抵御，没想到狡猾的鞑靼可汗小王子不仅诡计多端，还阴狠手辣，致使明军死伤上千人。但是，这些官员们都不敢把实情报告给朱见深，一直隐瞒着，等到大同战败一年后，朱见深才在无意中知道真相。朱见深大怒，并因此诛杀了大批官员。朝中大臣都知道，这次惨败，就败在不该在那时候调走汪直、王越他们二人，让鞑靼可汗小王子有机可乘。

此后，史书上就再也看不到有关汪直的消息了。过了三年后，万贵妃因病逝世。又过了没多久，朱见深也病逝，终年 41 岁。弘治十一年(1498 年)，明孝宗朱祐樘准备召回汪直、梁芳等旧朝太监，当时朝野上下一片哗然，极力反驳，有一些官员还因此愤而弃官。之后，就再也没有听到他的消息了。

第六章 弘治中兴，父亲是我的前车之鉴

弘治一朝，既无权臣、宦官或后宫的专权，也少有弊政。朱祐樘在位期间，更新庶政，言路大开，一改朝纲，任用贤能之士，奸佞当道的局面得以大改观。在他的精心治理下，明朝出现了“弘治中兴”，为这一朝带来了美誉。国家政治清明、经济繁荣、百姓富裕、天下小康。所以，弘治朝在明代历史上被称为政治最贤明的时期，明孝宗也被人们称赞为一代贤君。

“纸糊三阁老”和“泥塑六尚书”

成化时期，朱见深曾经无节制地宠信那些佛道之徒，一些佞幸小人趁机混入朝中，致使一大批贤能之士或贬逐，或罢官，或去世，朝中难有直臣容身。到了朱祐樘掌管天下时，他彻底摒弃了父亲朱见深的既定政策，开始大胆地拨乱反正，用开放的、不拘泥守旧的治国思路，命令朝中不可以再有崇佛信道的事情发生，并将前朝的法王、国师、真人、国子等封号一律革除，下令处死了曾经的妖僧继晓，使文武百官弹冠相庆。

在任职安排上，朱祐樘把阵容来了一次大换血，他对前朝的“纸糊三阁老”“泥塑六尚书”以及奸佞小人，比如侍郎李孜省、太监梁芳、万贵妃的弟弟万喜等人，毫不手软地统统做了处理。不仅将内阁首辅万安罢官，将梁芳下狱，将李孜省流放。朱祐樘觉得这还不够过瘾，紧接着，他又罢免了右通政任杰侍郎蒯钢等千余人。但他并没有对他们进行斩杀，只是给了他们一次血的教训而已。他的这些举止，称得上是一个贤明的君主，让后来人称颂至今。

何为“纸糊三阁老”？“三阁老”指的是明宪宗时期内阁的三位首辅，他们分别是万安、刘珝、刘吉。由于当时的朝中大权都由太监汪直掌握，因此这三位首辅都要看他脸色行事，不敢有自己的主张，对汪直的命令总是随声附和，以至于被人们戏称为“纸糊三阁老”。

第一位阁老万安，字循吉，是明代眉州人，即今四川省眉山市东坡区尚义镇万冲村人。明朝内阁大学士，内阁首辅。万安年轻的时候在眉山读书，据说他少时天资聪明，可遗憾的是他长大后，却把所有的聪明都用在了钻营上。

正统十三年（1449 年），万安考中进士，授庶吉士。后来，他依靠巴结朱见深的宠妃万贵妃，当上了内阁首辅。那时候，他虽然进了内阁，却总是不学无术。为了保住自己的地位，他不断找人拉关系，最后竟然把巴结的对象放在了宦官身上，让宦官做他的内援。后来，他为了稳定自己的官位，又开始巴结万贵妃。对万贵妃大献殷勤，投其所好，自认为聪明的他还自称是万贵妃的子侄辈，而万贵妃竟然真的把他当做了自己的娘家人。

一次偶然的机会，万安还认识了万贵妃的弟弟——锦衣卫指挥万通。万通也把万安当做自己的亲戚，和他交情甚密。后来在聊天中才发现，万通的妻子王氏竟然和万安的妻子是亲姐妹，亲上加亲，他们两家更加亲近。由于万贵妃的关系，万通的妻子可以随意出入后宫。这样一来，万安就能够随时探听到宫中的情况，采取行动，使自己的官位更加巩固。

万安虽然身居大明王朝内阁首辅的时间长达 10 年，但他却一直无所作为，人们因此称他为“万岁阁老”“纸糊阁老”。不过，万安虽然是一个油滑小人，但也算不上十恶不赦的大坏蛋。他做内阁首辅时，曾经顺应当时的情势，请求朱见深废除了西厂，这是他唯一做的好事。后来，明孝宗朱祐樘即位之后，他就被罢官了。

第二位阁老刘吉，是河北省博野县大程委村人。正统十三年（1448 年）考中进士，成化十一年（1475 年），成为内阁成员。他的品行和万安差不多，但有一点要强于万安，那就是脸皮更厚。成化二十三年（1487 年），担任内阁首辅一职。

在古代社会，官员相互弹劾好像已成为一种风气。这就让那些言官有了事情做，像刘吉这类人，自然会成为他们的攻击对象。可是，这位刘吉不但心理承受力好，脸皮也着实厚。无论言官跟他说什么，他都当做没有听见。所以，人们又送他另外一个名字“刘棉花”。俗话说，“棉花者，不怕弹也”。这位官至大学士、内阁首辅（宰相）的仁兄，他的拿手好戏便是颠倒是非、精于营私，也因此屡屡遭到谏官们的弹劾。但是，他都能够坦然面对，依靠逢迎皇帝、勾结宦官，想尽办法排挤和打击曾经弹劾过他的人。就这样，他一直在内阁的官位上混了18年，也真是不容易。

第三位阁老刘珝，字叔温，是明代青州府寿光县阳河里（现青州市高柳镇阳河村）人。正统十三年（1448年）考中进士，授编修。天顺年间，朱见深即位后，他以东宫旧僚升任太常卿，兼侍读学士。成化十年（1474年），他升吏部左侍郎，充讲官如故。第二年，他兼翰林学士，入内阁参预机务。当时的明宪宗称他为“东刘先生”，并赐他一枚印章，也因此惹来不少同僚的妒忌。不久后，他又升任吏部尚书，再加太子少保、文渊阁大学士。并受命编《文华大训》，加太子太保，进谨身殿大学士。于是，他被堪称“三朝元老”，又称“刘阁老”。朱见深时期，他每天无所事事，基本上都是混日子，曾经是尸位素餐的大臣群体的头领，也是“纸糊三阁”的老成员之一。

何为“泥塑六尚书”？明成化年间，当时的朱见深把大权都交给了汪直一个人，自己跟没事人一样，经常不理朝政，以至于朝廷的六部尚书都成了吃闲饭的官儿。每日除了坐在衙门里喝喝茶、聊聊天，其他啥事也不干，因此被人们称为“泥塑六尚书”。“泥塑六尚书”分别是吏部尹旻、户部殷谦、礼部周洪谟、兵部张鹏、刑部张蓥以及工部刘昭。

尹旻，字同仁，是山东历城县（今属济南市）人。正统十三年进士，改翰林院庶吉士，授刑科给事中。景泰年间，正值国事繁多之际，他屡次向朝廷陈述自己的正面意见，都被采纳了。天顺初年，尹旻被升迁左给事中，当时的朱祁镇很是器重他，想要重用他，于是擢通政司右参议，没过多久又被升左参议。后来，他又擢吏部右侍郎，转左侍郎。不久又进尚书，累加太子少保、太子太保、太子太傅、光禄大夫、柱国。可以说，当年的尹旻神采英发，不仅大有才略，还善断大事。但是在当时官场，他的雄才大略得不到发挥，也纯属无可奈何。

殷谦，正统四年（1439 年）考中进士。明成化年间，担任户部尚书一职。他在历史上的记载不是很多，那时候的他，每天也是无所事事，身居官位，却不谋官职。

周洪谟，正统十年（1445 年）进士，授编修职。他不仅见识多广，记忆力也超强，而且文笔也很是漂亮，被当时的不少文人所羡慕。不仅如此，他还精通本朝的典制和掌故，喜欢和一些学子们在一起谈论经国济民的方略，算得上是明朝的一个大才子。

张鹏，景泰二年（1451 年）考中进士，授监察御史。天顺元年（1457 年），同官杨瑄劾石亨、曹吉祥，后连坐下狱，后戍辽东，再改南丹。朱见深即位时，他被召复原官，超擢福建按察使。成化四年（1468 年），以右佥都御史巡抚广西，剿寇有功。后改漕运总督，兼抚淮、扬四府。没过多久，他又被进为南京副都御史，巡抚宁夏。召还后，升任兵部侍郎。成化十八年（1482 年），升任兵部尚书，后加太子少保。

张蓥，正统十三年进士。景泰初期，他被擢御史。历江西副使按察使、陕西左布政使。成化三年（1467 年）以右副都御史巡抚宁夏。十八年擢本部尚书，后加太子少保。

刘昭，景泰二年（1451 年），登进士，授兵科给事中。天顺元年，他被升通政司右参议。天顺五年（1461 年），父丧丁忧，后夺情继续担任。天顺七年（1463 年），他升任通政司左通政。成化九年，他再升工部右侍郎。成化十五年（1479 年），升工部尚书。成化二十年（1484 年），加太子少保。成化二十三年（1487 年），改户部尚书，后被夺太子少保。

其实，“纸糊三阁老”也好，“泥塑六尚书”也罢，他们都是被当时的局面所逼迫，以至于虽为高官大官，却又无所作为。而当时的朱见深，经常不理朝政，太监汪直大权在握。所以，这些官员每天都得看太监汪直的脸色行事，敢怒不敢言。虽然“纸糊三阁老”“泥塑六尚书”都是对他们个人的讥讽，但不难看出，这也是当时明朝混乱的一种鲜明表现。

为官务实的刘大夏

刘大夏，自号东山居士，是湖广华容（今属湖南）人。他的父亲刘仁宅曾经担任瑞昌知县、广西副使，为自己的儿子们做了榜样。他的哥哥叫刘大中，弟弟叫刘大奇，他排行老二。他历经明英宗、明宪宗、明孝宗、明武宗四个朝代，历官皆著政声，朝廷嘉奖，百姓为之颂扬。朱祐樘观察他不仅为官清廉，办事也干练，远远超过其他朝中大臣，于是对他倍加倚重，也十分器重他。刘大夏也不负众望，竭诚辅佐，贡献颇多，成为朝堂公认的“弘治中兴”第一名臣，深得朝野上下青睐。

弘治二年（1489 年），刘大夏被任命为广东右布政使，当地官府有一种“羡余”钱。之所以叫“羡余”，是因为它从来不记在账上，也就相当于现在的小金库。以前的布政使可以随意花销这笔钱，甚至可以直接塞进自己的腰包，这在当时看来是一件无可非议的事。可是刘大夏刚上任第一天，就打开库房清点。没想到，眼里不揉沙子的他，第一眼就发现有一笔前任布政使没有用完而剩下的“羡余”钱。于是，他立即命令掌管仓库的吏员将其记入官库账簿。

库吏翻出旧例，提醒刘大夏说：“如今您已经是这里的新布政使了，这笔钱理应归您，而不应该记入官簿。”刘大夏在官场奔波干了这么多年，自然明了“羡余”钱的惯常用途。他知道即使把这笔钱塞进自己的腰包，也不违法，更不会遭非议。他对于库吏的再三提示，迟迟未作回应。刘大夏沉默了许久，突然自责道：“我刘大夏平时读了不少圣贤书，一直希望做一个好人。今天遇上这件事，我怎么会考虑这么久？此举实在是愧对古代贤人，不是一个大丈夫所做的事。”想到这里，他立刻命令库吏将那摞“羡余”统统列入官账，并作为正式支销，自己一分钱也不要。

弘治十一年（1498 年），刘大夏考虑到身体状况，从户部侍郎任上退休，回到湖北华容老家。他一边养病，一边读书，并在闲暇时间亲自率领子弟耕田种地。由为家中的田地不多，耕种所得只够他们一大家人吃饭穿衣。俗话说“人善被人欺”，刘家人世代忠厚仁义，可是在那些恶霸邻居眼中，觉得他们一家人软弱可欺，就凑成一伙儿，肆意侵夺刘家的田地。在当时，凡是曾在朝廷担任过高官，即使退休后在地方上也仍然属于霸主，百姓们都会惧让三分。可是，刘大夏身为朝廷财政大臣，官居三品，他居然主动拿土地让给恶霸，不与其争论一番。他这样做，固然深受古贤“食禄之家，不与民争利”的思想影响。

弘治十三年（1500 年），也就是刘大夏在老家歇息了两年后，他又被朱祐樘征召为官，回朝任职。治水有功的刘大夏，成为朱祐樘身边最受倚重的大臣。

弘治十八年（1505 年）春，有一天，明孝宗朱祐樘下早朝之后，单独召见了刘大夏和另一廉臣戴珊。商议完事情后，朱祐樘就命令宦官拿来两锭白金，给他们每人赐锭，然后动情地说：“两位爱卿，拿着这枚锭去买些茶果饮用吧，最近是官员述职的时候，各地官员都来到了京城。我听闻朝廷中有一些公卿，为了避受行贿之嫌，故意闭户不与别人接触。可是唯有你们两位，开门延客。可是居然没有一个人敢向你们行贿。我了解你们，所以想单独赏赐你们。这是命令，不必朝谢我的。”因为刘大夏每次立功回朝，都会以各种借口推掉朱祐樘的赏赐，可是这一次他居然没有拒绝。

刘大夏在从政的40多年里，一直担任要职。特别是在弘治后期，深得明孝宗朱祐樘的信任和赏识。从皇帝到朝野，都把他视作“当今第一人”。但是，功绩辉煌的他却从没有产生过私心，替自己的子孙谋取一官半职，而是一直教育并亲自为他们做示范，要他的子孙靠自己的辛劳和实业谋生。

在辅佐朱祐樘的时候，他力革宦官弄权之弊。此举遭到宦官和谄附宦官的阉党们的忌恨。朱祐樘病逝，朱厚照刚一即位，就立即以反朱祐樘弘治之政，开始重用宦官和阉党。此时的刘大夏知道，如今朝廷大局已变，自己再怎么努力也无力回天。于是，他在正德元年（1506年）的时候提出第二次退休，当时的刘大夏已经71岁了，也真到了退休的年龄了。

正德三年（1508年），刘大夏跟宦官刘瑾的仇怨也到了结的时候了。刘瑾开始想尽办法陷害他，想要刘大夏彻底消失。当他被刘瑾矫旨逮捕时，同行们都觉得他会被迫害致死，于是劝告他说：“你可以向他行贿，先保住一命要紧。”刘大夏听后坚决不同意，他说：“我这样死了，祸害发生在我一个人身上，如果我为了免一死，向宦官行贿，就会连累我的子子孙孙，毁了我一生高洁的操守，也会坏了家风国风。”刘大夏心里清楚，受贿可耻，行贿也不是什么光彩的事情。所以，他宁肯选择一死，也不肯让神圣的廉洁受到一丝玷污。

正德五年（1510年），刘大夏从发配地回到了家中，当时的他已经75岁了。回到家后，他依然耕读不辍。没过多久，他的一个时任巡抚的门生从百余里外来拜见他，途中向一个犁地的“老农”打听“刘尚书家”，老农亲为他带路。到家后，门生才发现这位带路的“老农”，就是曾经的刘大夏。

三朝重臣王恕

王恕，是三原县（今属陕西）人，明代中期的一位贤臣。王恕历经了明英宗、明代宗、明宪宗、明孝宗、明武宗五朝。在朝为官的这些年里，他始终保持着刚正清廉的优秀品格，与马文升、刘大夏二人合称为“弘治三君子”，并与其子王承裕成为“三原学派”的代表人物。在辅佐明孝宗朱祐樘的时候，还实现了“弘治中兴”。

正统十三年（1448 年），王恕顺利考中进士，由庶吉士授大理左评事职，升左寺副。他曾经冒着有可能被处斩的风险，大胆上奏条陈关于刑罚不当的六件事，经朝廷议定后正式推行。后来，他又被调任扬州知府，看到那里的百姓饥寒交迫，没等到朝廷下旨，他就发粮救济饥民。不仅如此，他还兴办资政书院，以培养读书人。

天顺四年（1460 年），王恕因为政绩突出，开始一步步高升，一跃成为江西右布政使。没过多久，他就平定了赣州寇乱，为朝廷多立了一功。朱见深即位之际，曾经下诏命令大臣们严格考察天下各地方的官员，不能有任何疏漏。在朱见深的死命令下，罢免了河南左布政使侯臣等十三人，而用王恕一个人代替侯臣。

成化元年（1465 年），朝廷正在遭遇南阳、荆襄地区的流民集聚造反。为了尽快平息这场造反，朝廷立即提升王恕为右副都御史，命令他前去安抚治理流民的问题。可不巧的是，他的母亲也在这时候去世了。因为政事一刻也不能耽误，所以朝廷只给他准了两个月假，让他回老家奔丧，然后速速回朝办事。王恕一向孝顺，想要替母亲守孝三年，但是他的推辞没有获得朝廷批准。

待他回朝之后，就立即与尚书白圭一同平定大盗刘通的起义，又攻破其党徒石龙。王恕向来不喜欢大开杀戒，他严格命令其部下不准滥杀无辜，所以那些没有造反之意的流民都被放回了。后来，王恕又被调去安抚河南，他凭功绩升左副都御史。不久他又调升南京刑部右侍郎。正在他仕途得意之际，他的父亲又去世了。等到他丧服期满，又以原官职总督河道，做了不少好事。比如，他疏通了高邮、邵伯等湖泊，修建了雷公，上、下句城，陈公四水塘的水闸。后来由于灾异，朝廷需要消灾之策，王恕又一次做到了。不多久，王恕擢升为南京户部左侍郎。

王恕来到南京没几个月，又被升为兵部尚书，仍兼协助守备处理机要事务。在选拔部属时，王恕一再强调："不许任何熟人说情。"这让他的同僚很是不悦，觉得他太多事儿。按照当时的制度，民田田租全部免除，对应天、镇江、太平、宁国、广德的官田征收租额的一半。可是，民田大都由豪门来管，而官田却由贫民来管。名义上看，好像官田更有面儿，可是贫民还要付一部分田租，这对他们来说不是一笔小开销，而是一个大累赘。对此，兼右副都御史巡抚南畿的王恕伤透了脑筋，最后决定酌量减少官田田租，稍稍增加民田的负担。

当时的常州有额外多征的粮米，他就奏报朝廷以六万石大米补夏季田税缺额，又补其他府户口盐钞税六百万贯，公私两便。如果所辖区发生水灾，他就奏免秋粮六十余万石，四处救济借贷，救活二百余万人。江南每年向内府输送白熟粳糯米十七万余石，送交各府部糙粳米四万四千余石，致使很多百姓因此而倾家荡产。此外，当时的宦官还横征暴敛，只要是各地输送的贡物，负责收贡物的官员一概都要超额索取。对于这一系列行为，王恕先后向朝廷陈述了其中的害处，可是居然没有一位大臣赞成，最后他的意见只好被否决了。

成化二十年（1484 年），朝廷又改任王恕为南京兵部尚书。南京守备太监钱能见风使舵，每次看见他就说："王公，是天界之人，我恭敬侍奉而已。”而王恕向来都是“你好，我好，大家好”的态度。钱能看出王恕如此坦诚，只好收敛了些。王恕果然闲不住，在林俊被下狱时，他就上疏说：“天地只有一坛，祖宗只有一庙，而佛却有千余座寺。如今朝廷要修建一座寺，却需要移民数百家，还要花费国库几十万两银子，这本来就是件得不偿失的事情。林俊说得没错，所以不应该判他有罪。”朱见深看到王恕的奏疏很是不高兴。可是执着的王恕，对自己认准的事情向来都是从容陈述。他先后应诏陈述问题有 21 次，提建议 39 次，都是极力阻止皇帝宠信那些胡作非为的人。可是哪位皇帝愿意每天都被大臣挑缺点、说不是，王恕这是戳破了朱见深的底线，开始对他颇感厌烦。

成化二十二年（1486 年），朱见深起用传奉官，王恕的进谏更加频繁，朱见深心里更加不悦。当时，王恕已加职太子少保，正赶上南京兵部侍郎马显奏疏请求辞官回乡。之后朱见深就在批文上附上王恕以太子少保退休，朝野群臣得知后都为之一震。王恕多次任巡抚，从侍郎到尚书，都在留都南京。由于他直言不讳的个性，得罪了朝廷不少大臣，终于无法继续待在朝廷了。他辞官回到家乡后，名望依然很高，人气依然很旺。一些大臣因为赏识他，一有机会就不断向上推荐他。可是朝廷也懂得“杀鸡给猴看”的道理，工部主事王纯因为把王恕比作西汉的汲黯，以致受到了朝廷的杖责，还被降为思南府推官。其他大臣见此状，只好暂时作罢，不再提及王恕之事。直到朱祐樘即位以后，才采纳了朝廷重臣的举荐，再次召王恕入朝为官，并任吏部尚书一职。不久后又加职太子太保。

弘治元年（1488 年），当时，言官的权力算是比较大的，他们又要为自己找事情做了。他们开始弹劾两广总督宋旻、漕运总督丘鼐等 37 人，说他们应该降职或免职。在这些被弹劾的人里面，有不少都是有名望的官员。担任内阁首辅的刘吉竟然直接领旨予以批准，奏章不下到吏部。王恕因为不能行使其职权，便上疏请求辞官，朱祐樘迟迟不肯批准。

后来，陕西缺一名巡抚，王恕便推荐河南布政使萧祯去陕西任职。可是朱祐樘下诏要求另外推选，王恕坚持上奏说：“陛下您知道我不成大器，于是任命我就职吏部。如果我所举荐的人不合适，这是我的罪过。可是陛下您怎么知道萧祯没有才能，就这样直言回绝了他？想必是左右近臣意有所属吧？我不能指望以顺风倒来保住官位。既然您认为萧祯不值得任用，也就是认为我也不值得任用，所以希望放我回乡，以保全这把老骨头吧。”朱祐樘听完王恕这番话，似乎明白了些什么，立即下诏任用萧祯陕西巡抚一职。

当时的言官们为了让王恕早点离开高位，不止一次在朱祐樘面前说：“这几年来，王恕过于操劳，并且年事已老，不再适合担任繁重的职务，应该把他安置在内阁，参与一些大政要事。”朱祐樘一直犹豫不决。后来，南京御史吴泰等人再次提及了这件事。朱祐樘说：“我采用蹇义、王直先例，任王恕在吏部为官，王恕有建议，未曾不听，何必进入内阁呢?”此后，大臣们便不再提及让王恕进入内阁的事儿了。

有一次，朱祐樘开御前讲席，王恕在身旁侍奉。他看见朱祐樘在暑热的天气中大汗淋漓，很是不舒服的样子。之后，他就写了一封奏疏，“依照旧例，在寒冬酷暑期间，可以暂停御前讲席”。进士董杰、御史汤鼐、给事中韩重二人也先后上奏章驳斥，王恕以自己有罪请求辞官，朱祐樘好言相劝。王恕上言道：“我承蒙国家的厚恩，日日夜夜都想报恩。他们看见您委任我的职位太重，希望我尽取朝政重新安排，像宋代司马光那样。且不说我的才能比不上司马光。况且六卿分职，各有所辖，我怎么敢越权行事。但是董杰等人都责备我，我实在无法逃罪，只好请求您允许我返乡。”朱祐樘再一次好言慰留，王恕感激朱祐樘对他如此器重，于是更加全身心地投入处理国事，为国家分忧。

王恕在朝廷内外为官有四十多年，他不仅敢于担当、急公好义，而且刚正清廉、始终如一。他所引荐的耿裕、彭韶、何乔新、周经、李敏、张悦、倪岳、刘大夏、戴珊、章懋等人都是当时的名臣。一直以来，他都很尊重那些在野未仕的有才人，生怕对他们的提拔慢了些。弘治二十年，朝廷已经拥有许多正派的官员，他们各司其职，做事也很有条理，号称为“极盛时期”，这都是王恕曾经立下的功劳。

正德三年（1508 年）四月，王恕去世，享年 93 岁。他讣告的消息传到宫中，明武宗朱厚照立即停止视朝一天，并追赠特进、左柱国、太师，赐谥号端毅。王恕有五个儿子、十三个孙子，都受了其父辈们的影响，大多都是德才兼备、官位显赫，为朝廷做了不少贡献。

践行“一夫一妻制”

世人都知道，古代的皇帝除了是“国家领导人”这个特点外，还有一个就是老婆众多。古代曾用“佳丽三千”来形容皇帝的后宫，其实一点儿都不过分。因为即便是最惨的晚清皇帝光绪帝，还曾有一位皇后、两位妃子。或许人们都认为，践行“一夫一妻制”似乎跟皇帝不沾边儿，也没他什么事儿。其实不然，古代的几百位皇帝中，就有这样一位专情的皇帝，一生中真的只娶了一位皇后，那就是明孝宗朱祐樘，他也是我国历史上唯一一个践行“一夫一妻制”的皇帝。

朱祐樘的皇后张氏，是兴济（今河北沧州市北）人。她出身在一个读书人家，家教自然很不错。按照明朝的选后制度，皇后一般都出身于平民之家。人们常说，婚姻讲究“门当户对”，可是在明朝怎么会有这样的制度？原来此举是为了保证皇室血脉始终贯之的民间性。这位张氏，不仅美丽聪慧，而且生性活泼，深得朱祐樘的喜爱。张氏的父亲张峦，原来只是一个小小的秀才，后来一次偶然的机会，他从地方学校被保送，进入了国立最高学府读书，才成为国子监生。她的母亲金氏，只是一个普通女人。

成化二十三年（1487 年）二月，张氏与还是皇太子的朱祐樘成婚。同年九月，张氏就被朱祐樘正式册封为皇后。弘治四年（1491 年）九月，张皇后生下了朱祐樘的第一个儿子朱厚照。第二个儿子叫朱厚炜，幼年时就夭折了。所以朱厚照成为朱祐樘唯一的儿子，即后来的明武宗。朱厚照刚生下来时，面貌清秀，俨然一副有福之相。因此，朱祐樘非常疼爱这个儿子，对张皇后自然也更是宠爱有加。他们每天一同起居，像民间的夫妇一样，可谓是一对患难之交的恩爱夫妻。

从朱祐樘的童年说起，当年他的父皇朱见深一直宠幸万贵妃，朱祐樘就是在万贵妃专宠的环境中长大的。后宫的波谲云诡，以及母族低微，自小便长于冷宫，这些不好的后宫气氛让他始终过着东躲西藏、胆战心惊的日子。六岁之前的朱祐樘一直未能有一个正常的童年，当他被立为太子后，生活并无太大的转机，小小年纪的他就已承受着其他人这辈子都不会遭遇到的磨难。

后来，朱祐樘看到父皇的后宫乱成一团，都替父皇捏了一把冷汗。那些妃子们整天为了争宠，不是争风吃醋，就是相互陷害，一个个都不省心，把当时的后宫搞得乌烟瘴气。朱祐樘忍辱负重这么多年，看到嫔妃之间争宠就是后宫斗争的来源。一想到自己的母亲和养母吴废后，都是因此冤死的。就暗自告诉自己，绝对不能再走父皇的老路，他不想自己以后跟父皇一样，被一群女人牵着鼻子走，成天纠结在那些妃嫔的争风吃醋中，浪费精力不说，还会耽误朝政。

朱祐樘年少时，曾受儒家思想的不断熏陶，再加上他性格温和，又有着良好的个人修养，对于那些男女之事，他没有特别强烈的兴趣。所以，他的一生只娶了一个张皇后，他不纳宫女，也不封贵妃、美人。每天只是与皇后同起同居，过着平常百姓一样的夫妻生活，实在不易。等他登基后，朝中大臣频频上奏，劝谏他再次纳妃，以充后宫。但是朱祐樘心中只有张皇后一人，一直不肯同意大臣的建议。多次劝谏，大臣们发现朱祐樘实在没有想要纳妃的意思，此后也再未提及让皇帝纳妃之事，朱祐樘的耳根终于可以清净了。

朱祐樘一生只娶一个女人，只爱张皇后一人，这不仅跟朱祐樘的童年有关，也跟张皇后的品行有关。提及张皇后，她可是个极讨人喜欢的人。她在朱祐樘还是太子时就被指婚于他，可以说，是张皇后陪着朱祐樘走过了那段艰苦的太子岁月，走过了那段不堪回首的时光。每当朱祐樘政务繁忙、身心疲劳之时，张皇后便会陪朱祐樘作诗作画、听琴观舞、谈论古今、朝夕与共，这让朱祐樘更加欣赏眼前这位女子，对他更是喜爱非常。

张皇后能得到圣贤之君的“专宠”，的确是一件无比荣幸的事情。不得不说，张皇后算得上是历史上最幸福的皇后，她的丈夫身为一国之君，却仍然对自己一心一意、宠爱不断，终生没有再纳妃子。朱祐樘也不愧为一代圣君，开创了皇帝只娶一妻的先河。在明王朝即将衰败之际，他力挽狂澜，创造了一派中兴盛世。

《问刑条例》的颁行

《问刑条例》，是除《大明律》之外最重要的单行法规之一，又被简称为“例”。同样是“例”，但时期不同，概念也会不相同。比如宋元时期的“例”，一般指重要的“断例”，由司法部门编订发布。但是明朝时期的“例”，一般由司法机关根据案例拟订条文，由皇帝亲自批准并颁布。就其实质而言，它与宋代的“敕”相近。其实，在朱元璋统治时期，就已经颁行了不少条例，比如《充军条例》《抄劄条例》等等。

关于“律”与“条例”的关系，朱元璋曾经指出，“律”作为正式法典，具有普遍的、永久的效力；而“条例”则是权宜之法，只在一定时期、一定地域有效。根据这一原则，明朝前期一百多年里，每年皇帝发布的条例只是该朝临时性的单行法规。而等到新君即位之后，就要下诏废除前朝条例，规定司法审判只能援引《大明律》。

《大明律》编成以后，朱元璋在《祖训》中做过规定，后世子孙对《大明律》只需遵守、不可更改。然而随着时代的变化、社会的发展，在实行的过程中，难免会出现法律与现实严重脱节的情况，僵化的《大明律》已经远远不能满足统治的需要。为了满足社会的需要，矫正《大明律》不可更改的弊端，在明朝中期以后，“条例”成为一种被广泛运用的法律形式。也是在这个时候，《问刑条例》才逐步被系统化和正规化，被广泛地运用于司法实践之中，以补《大明律》的不足之处。针对这些问题，朝廷要求认真整理、修删条例的呼声越来越强烈。

弘治五年（1492 年），《问刑条例》因前朝条例纷繁复杂，法司问刑存在着轻重失宜等诸多的问题。当时的刑部尚书彭韶等应鸿胪寺少卿李请，删订了《问刑条例》。明武宗正德年间，又新增《问刑条例》44 条。后来，随着条例地位作用的日渐重要，条例的数量也随之越来越多，又出现了前后混杂矛盾之弊，这就更加需要对条例进行整理和修订。

弘治十一年（1498 年），朝廷下诏修订《问刑条例》。弘治十三年（1500 年），朝廷才正式颁布《问刑条例》297 条，并规定通行全国，永为常法，其法律效力不断提高，从“以例辅律”演变为“例律并行”，甚至出现了“以例破律”的现象。

《问刑条例》在正德、嘉靖、万历年间曾多次修订，到万历年间，已达到 382 条，在司法实践中变得日益重要。于是，一些司法部门将律与条例混编一书，以便检索。比如，弘治、嘉靖年间编撰的《皇明条法事类纂》，将律、令、条例、案例接五刑、名例、六部次序编排。其时更流行的做法是，将《大明律》与《问刑条例》混编，条例附于有关律条之后，称为《大明律附例》《大明律集解附例》等，逐渐形成律例合编的体例。这种编撰方法和体例对清朝法典的编撰产生了极其重要的影响。

嘉靖二十八年（1549 年），又重修《问刑条例》249 条。嘉靖三十四年（1555 年）又新增 89 条。《问刑条例》颁行后，“律例并举”开始盛行，尤其是万历十三年（1585 年），刑部尚书舒化又重修《问刑条例》，计有 382 条，并以“律为正文，例为附注”的体例，与明律合编刻印，名为《大明律附例》。之后，又加续修，为 385 条，其原文现存于《万历重修大明会典》中，开创了律例合编的新体例。后来，这种体例被清律所继承。

明朝在修订《问刑条例》的过程中，始终把握“立例以辅律，贵依律以定例”的原则，以《大明律》作为编纂条例的基础和出发点，根据社会形势的发展变化，再去补充、修正《大明律》的有关条款。比如，明中叶官僚贵族为获取暴利，倒卖盐引、盗掘矿藏。为此，《问刑条例》加强了对“兴贩官私盐引”、武装贩卖私盐和盗采金属矿藏行为的打击力度。针对当时农民起义和民变次数增加的现实，《问刑条例》新增了有关加强防守城池、要地的条款，加重对强盗打劫、官吏捕获不力等犯罪的处罚。明朝的条例，就是刑事方面的单行法规，往往来自于司法审判的真实案例。对某一具体案例的判决，经皇帝批准后，便可作为以后同类案件的审判依据，上升为可以普遍适用的法律形式。因此，条例的制定过程，与律典的修订过程有所不同。

明朝中叶，由于条例日渐繁杂，“一事三四例者有之”，以例代律，以例破律者亦有之。《问刑条例》作为明中后期重要的立法活动，它的历史价值不仅在于突破了祖宗成法不可更改的束缚，而且使刑事条例规范、划一，例与律的关系协调、统一，这对明律的统一使用和司法审判的准确与效率，起到了积极的促进作用。

中兴令主留史册

朱祐樘是明代历史上比较有作为的一位皇帝。自即位以来，他就励精图治、为政清明。在位的18年里，他不仅斥逐奸邪、重用贤臣、严管宦官、勤政廉政、力求节俭、减轻刑罚，让老百姓休养生息，还采取固本培元、保泰持盈的政策，即将衰败的明王朝重新有了繁荣的景象。也正是在他的精心治理下，才出现了“弘治中兴”的局面，后世史学家赞誉他为“中兴之令主”。所以，朱祐樘是明朝继“仁宣之治”以后的又一位明君。

斥逐奸邪

朱祐樘即位之后，立即开始整顿吏制，将成化时期那些溜须拍马升职的官员一律撤换。首先从内阁开始，朱祐樘罢免了以外戚万安为首的“纸糊三阁老”。当时的万安除了大喊“万岁，万岁，万万岁”，没有任何辩解之词。万安被罢免不久后，曾经和他一起的尹直也黯然离职回乡，只剩下刘吉一人。紧接着，朱祐樘罢免了大批的“传奉官”，那些朱见深时期受宠的诸多僧徒们，罪过小的统统被赶走，罪大恶极的依法严惩。

比如，成化年间的和尚继晓，总是依仗着朱见深的宠信，肆意妄为、作恶多端，恶有恶报，终于在弘治元年（1488年）被斩首示众。朱祐樘斥逐奸邪的一系列行为，给成化后期混乱的朝廷打了一针“兴奋剂”，使明朝有了中兴的希望。后来，他又借机除掉了佞臣李广。对于那些文臣，朱祐樘总是以礼相待，特别是对待王恕、刘大夏等老臣，以及谢迁、刘健、李东阳几位阁臣，更是关心不已、体贴备至。

重用贤臣

朱祐樘真可谓是一代英主。他知人善任、勤谨一生，处处以人为本。为了掌握朝中官员的动向，为了不受世俗的蒙蔽，他将朝中四品以上官员名单贴在宫内的壁墙上，一有时间就会特意看看这些人名儿，做到心中有数。他每天上朝听政，除早朝外，还恢复了早已废弃的晚朝制度。这还不算，他常常披阅奏章到半夜，亲力亲为，从不允许太监掺和批奏章之事。

有一天，因为仁寿宫无故起了大火，宫中太监宫女乱成一团，帮忙救火，折腾了一整夜。那晚，朱祐樘听了一夜的呼喊声，整宿都没合眼，第二天没能去上朝。为了不让朝堂的人等他，他特地派人到朝堂向众大臣说明原因，并向众臣“请假”。向来只有大臣向皇帝“告假”的，却从未听说皇帝向大臣“请假”的，可是这样的事情却在朱祐樘身上发生了。

在用人准则上，朱祐樘从不马马虎虎、敷衍了事。他遵从唯贤唯德，凡是贤才之士他必定重用。反之，凡是贪官污吏，他必定惩处。当时的朝廷，在王恕和马文升的强力行动下，一大批慵懒的官员被彻底清除，诸多的才俊良臣也因此得以提拔。就这样，形成“弘治朝中多君子”的盛世局面。

严管宦官

鉴于宪宗时期宦官专权乱政的这一血的教训，朱祐樘对他们进行严加管束，彻底打消他们心中那点“心思”。那些东厂、锦衣卫的人员，不再像以前那样风光。在朱祐樘的极力打压下，他们的确收敛了不少。他们不敢再任意行事，只能奉守本职，这是明中后期其他朝堂所罕见的一种现象。

当时，有许多宦官借着皇帝的名义，向地方官勒索贡品。明朝有许多负责织造的宦官，借着监督织染的机会，对百姓进行勒索榨取，增加百姓负担。朱祐樘认为此事严重扰害了百姓，立即下令革除了一系列弊端。在弘治中兴时期，朝廷还留下了一部分忠臣，比如，李东阳、谢迁等人，对于明武宗时期刘瑾乱政在前期起到了遏制作用。

勤政廉政

朱祐樘自上任以来，一直勤于政事、未曾怠劳。与此同时，他还重开了经筵侍讲，向群臣咨询治国之道。弘治元年（1488 年），他广泛采纳大臣们的建议，开设大小经筵，向群臣咨询治国之道，这一制度是在正统初年制定的。提及“大小经筵”制度，曾在宪宗朝时期一度废置，后来又被朱祐樘再次启用。自那以后，朱祐樘每天都坚持讲课。不仅早朝每天做到必到，在早朝之外另设午朝。每天两次视朝，接受百官当面陈述国事，也使得一些大臣有更多的机会协助皇帝办理一切政务。后来，朱祐樘还开辟了文华殿议政，目的就是为了在早朝与午朝之余的时间，与内阁共同切磋治国之道，商议政事。

力求节俭

朱祐樘在治国的过程中，一直力求节俭，减少皇宫的开支与供奉，仅皇宫的太监、宫女等各色人员，比朱见深时期减少了一大半。宫廷的日常开支最俭约的时候，只有成化年间的六成。为此，他还停止了各类奢靡活动，不大兴土木，主张节约费用，各色的民间采办也都叫停，很大程度上缓解了百姓的负担。他屡次下诏，禁止宗室、勋戚霸占民田，鱼肉百姓。此外，他还多次下诏减免一些地方的夏税、秋税，这些都有利于缓和社会矛盾和社会危机。正统、成化年间，农民起义连绵不断，而且声势浩大。但是在弘治一朝，却几乎没有大规模的农民起义。

减轻刑罚

在明代皇帝中，朱祐樘是较为仁慈的一位皇帝。洪武、永乐年间，那些皇帝们并不严格按照《大明律》来执法，而总是以个人喜怒好恶来决定生杀和刑赏。而朱祐樘却不一样，他使用刑律颇为慎重，很少因为自己心情不好而故意去杀戮朝臣。如此和谐的局面，在有明一代是极为罕见的。

朱祐樘实行的一系列改革措施，大大扭转了成化时期朝廷政坛上的颓败之风，使得处于危局的明朝一度得到挽回。他的一生，除了励志革除积弊，就是推行新政。可惜的是，朱祐樘因为身体先天不足，加之后天的劳累，死时仅仅36岁，正是血气方刚的年龄。他临死前曾感叹太子太爱玩耍，要是老天能让他多活几年，他就能将太子改造成熟。天不遂人愿，这个太子就是日后荒唐透顶的一代“顽主”明武宗朱厚照。

第七章 一代『顽主』，想做将军的皇帝

明武宗朱厚照是历史上颇有争议的皇帝。在他少年时，粹质比冰玉，神采焕发，性情仁和宽厚，颇有帝王范儿。成年后，他成为一个极具个性色彩的皇帝，是历史上唯一一个只愿意做大将军的皇帝。在人生态度上，他超越了那个时代，有嬉笑怒骂人间的意思。他一生不以国事为重，一味沉溺于淫乐嬉戏，导致正德一朝奸佞横行，朝政混乱，社会动荡，使大明朝自此走上衰败的道路。

荒诞无稽，权落“八虎”

明武宗朱厚照，是朱祐樘的长子，生母是张皇后。在朱厚照两岁时，就被立为了皇太子。由于朱祐樘的一生只宠爱了一个女人——张皇后。因此，朱厚照自幼就被他们视为掌上明珠，毕竟他是独生子，疼爱他都来不及，哪里敢怠慢？再加上少年的朱厚照，跟后来的他完全是判若两人，那时候的他天资聪明，老师教他的东西总是很快就能学会。按理说，他应该可以成为一个很好的皇帝，但就是因为受了周围太监的不断蛊惑，硬生生地毁了这位年轻人的大好前途。

其实，当朱厚照还是太子时，在他的东宫随侍太监中就有八个太监，被人们称为“八虎”，他们分别是刘瑾、张永、谷大用、马永成、丘聚、罗祥、魏彬、高凤。为了讨好日后这个板上钉钉的新皇帝，“八虎”每天都想方设法弄一些奇特的玩具，只是为了哄朱厚照开心一笑，博得太子的一些宠爱。在刘瑾的“引导”下，朱厚照玩得越来越离谱，离谱得没有了尊严，当时的东宫被人们戏称为“百戏场”。

刚开始，“八虎”只是在宫中陪朱厚照玩一些幼稚的小游戏，比如模仿街市的样子，修建许多不同行业的店铺，不惜耗费人力、财力，只为了供朱厚照自由玩乐。为了让朱厚照能够更快“入戏”，“八虎”让宫中的太监们有的扮成老板，有的扮成百姓，让朱厚照扮成一位富商，在其中取乐子。这让年幼的朱厚照如何能经得起诱惑，毕竟他还年少无知。

于是没过多久，他就沉溺于其中，无法自拔。后来，因为同类游戏玩的次数太多了，“八虎”觉得让朱厚照扮富商的角色还不够过瘾，于是他们又模仿妓院，让宫中的许多侍女扮成粉头，朱厚照便扮成富家公子，挨家挨户进去串门，一边听曲，一边淫乐。就这样，朱厚照不惜荒废政务，全身心地投入到了玩乐之中。

弘治十八年（1505年），15岁的太子顺利继承了皇位，这就是明武宗朱厚照。后来改为正德元年，并正式开始了他的帝王生涯，成为明朝的第十位皇帝。等到朱厚照即位以后，他还是没能有所收敛，而且更加沉迷于玩乐。这下可急坏了当朝的大臣们，他们想把朱厚照从玩乐中拉出来。因为在弘治时期，在他的父亲朱祐樘还在世时，政治还算比较清明，也算是给朱厚照留下了一班刚正廉洁的大臣。于是，这些臣子们不顾身家性命，联名上书，请求严惩“八虎”。因为当时的朱厚照刚刚即位，年少的他还不知道如何才能驾驭群臣。见到大臣们声势浩大的进谏，自然有些支持不住，就想与群臣妥协，除掉“八虎”，尽快了结此事。

但是，就在那千钧一发之际，老谋深算的刘瑾主动找皇帝谈自己的心声。刚见到朱厚照，他就声泪俱下，扑倒在地，哭诉自己的忠诚之心。此举让原本就没有主见的朱厚照有点感动了，于是改变了主意。第二天，朱厚照就下旨惩治了那些首先进谏的大臣，这让那些臣子们伤透了心。内阁成员谢迁、刘健二人以“告老还乡”相威胁，都被朱厚照欣然批准了。如此一来，那些群臣失去了领头人，瞬间成了一盘无用的散沙，只好就此做罢。就这样，一场反对“八虎”的运动以“八虎”胜利而告终。

毫无疑问，在“八虎”战胜了群臣之后，气焰变得更加嚣张起来。“八虎”的头目刘瑾依然擅权跋扈，还提议修建了奢华的豹房。在豹房里，“八虎”还专门为朱厚照准备了许多乐户和绝色女子，供他日夜作乐，他玩得更加肆无忌惮。“八虎”的头儿刘瑾也因此讨得了朱厚照的百般宠爱，一时间权倾朝野。但是，刘瑾却忽略了“利益面前各自飞”

的道理，他的权势惹得其他内部太监的妒忌，开始在暗地里排挤他，就为争那杯皇帝赐予的“羹”，最终他死在了另一个太监张永的手里。

刘瑾死后，后宫并没有从此安定下来。因为奸臣无处不在，总是一波接着一波。这一波又出现了钱宁、江彬他们二位佞臣。很快，他们二人接替了刘瑾的位置。当时人们盼望因刘瑾之死，希望政局有所转变。可是事情总是让人难以预料，荒唐的朱厚照在他们二人的引导下，到江南巡游，做起了奸淫烧杀的掉价行为，简直比强盗还要凶暴。朱厚照为何如此信任钱宁呢？大概是因为钱宁经常在朱厚照身边伺候，照顾也十分周全，一直形影不离。

朱厚照在豹房时，常常玩乐到半夜，乏困至极就直接枕着钱宁的胳膊入睡了。在古代的传统印象中，在皇帝身边伺候的人大多都是太监。再加上钱宁最初又出身于宦官家庭，所以当时的人们都误认为钱宁也是宦官，其实他不是。就这样，朱厚照在那些奸臣的不断蛊惑下，做着一件又一件荒诞无稽的事情。

正德九年（1514 年）正月，朱厚照正要去豹房，路过乾清宫时，看见那里火势凶猛，他并没有着急救火，而是在一旁看热闹，看着眼前火光冲天的局势，朱厚照竟然戏笑着说：“好一棚大焰火。”后来，朱厚照不再满足于只在京城内吃喝玩乐，他有更大的梦想，希望有一片更加广阔的天空供他玩乐。于是，他开始彻底置国政于不顾，带着江彬等人到处寻花问柳。白天在外面注意到美丽的女子，到了半夜就带着身边人闯入女子家里，逼迫女子作陪，简直就是地痞流氓的作为。遇到特别中意的，朱厚照就命人强行带回宫去，这使得当地的百姓怨声载道。

当时，永平知府有个叫毛思义的小官儿，不知道谁赐予他那么大的勇气，贴出安民告示说：“从今以后，凡是没有官府文书，谁敢妄称皇上驾到，借故扰害百姓的，一律严惩不贷。”这下，可触怒了朱厚照，当天夜里就下令将毛思义逮捕下狱，不久后就被处决了。自此，那些地方小官都不敢再去管这些事儿，即使局势再混乱，也只能装作瞎子。

有一次，朱厚照心血来潮，给自己起了个化名“朱寿”，并封自己为总督军务威武大将军总兵官，率领军队到宣府、大同、延绥等地去巡查西北部边境的情况。当时正遇骚扰大明边境多年的蒙古小王子率领五六万人来侵。朱厚照的兵力明显不足，但他居然能够随机应变，利用小时候那点聪明，先用小部分兵力牵制住蒙古小王子，不断拖延时间。然后，再不断从其他地方调来兵力，最后才展开了激烈的大战。这一战虽然体现出了朱厚照很高的军事水平，但是在史书上却还是把这一仗抹黑了，原因何在？只能用八个字来概括：功小于过，过大于功。

“立皇帝”刘瑾

刘瑾，陕西兴平人，生于景泰元年（1450 年）。他本来姓谈，小时候也是一个苦命的孩子。六岁时，因为家乡闹饥荒，他随父母逃荒到京城，父母饿死后，只有他一个人流落街头。后来，幸亏被太监刘顺好心搭救，并收他为义子，刘顺成为了他的救命恩人。十岁时，年迈的刘顺将刘瑾带进皇宫净身，当了太监，从此他就改姓刘，顶替了刘顺的位置，顺利地成为“监二代”。刘瑾入宫以后，一直小心翼翼，生怕一个不小心就丢了小命。入宫时间久了，他也渐渐变得大胆起来。他从老宦官那里打听到很多宫内的传闻。当他听到朱祁镇时期的大太监王振的事迹，知晓王振当时的权势之大，便开始在心中幻想着：“有朝一日，我一定也能出人头地吧？”

很快 30 年过去了，经过多年的奋斗，在刘瑾 40 岁时，终于混到了内廷太监一职，为自己争取到了侍奉明孝宗朱祐樘的大好机会。可是急于求成的刘瑾，在侍奉朱祐樘的时候居然出了疏忽，做事毛躁的他不小心摔坏了皇宫御器，那可是犯了朝中死罪，免不了会被打入死牢。这一次，又是他的义父刘顺搭救了他。他出事之后，刘顺很是担心，于是找各种关系和人脉，想要再救义子一次。终于，刘瑾在被关了两年之后就得到了朝廷的赦免。

刘瑾被赦免之后，又很幸运地被安排去侍候当时年仅两岁的太子朱厚照。这一次，他吸取了两年前的教训，做事不那么毛躁了，处处依着太子，逗太子开心。他开始千方百计博得太子的喜欢，并用打猎、打野鸡、遛鹰等把戏，牢牢地拴住了朱厚照的心。当时，尽力奉承并迎合朱厚照的还有马永成、谷大用、张永等八个人。他们都是朱厚照当太子时身边的宦官，备受朱厚照的宠信。“不是一家人，不进一家门”，果不其然，这些宦官凑成一个团伙，一起欺上瞒下、恣意横行，刘瑾成为了“八虎”之中的“虎中之王”。

弘治十八年（1505 年），朱厚照继承皇位，便立即擢升刘瑾为内监官、总督团营司、礼监等职位，掌握了内庭重权。刘瑾看出当时的朱厚照骄奢淫逸、不理朝政，于是投其所好，广选鹰犬歌伎，专供朱厚照一人淫乐。此后，刘瑾便权柄在手、专擅朝政，开始贪污受贿、作威作福。不仅如此，他唆使“爪牙”在京城附近大肆掠夺民田，并扩建府邸多达三百余所。他连自己周围的人都不肯放过，还吩咐各地镇守太监每人献银万两，贪污受贿不计其数。因此，时人称他为“立皇帝”，意思是站着的皇帝。那坐着的皇帝是谁呢？就是朱厚照了。

说起朱厚照，看得出他丝毫没有做皇帝的兴趣，更不在乎权力旁落他人，他最关心的还是享乐，再享乐。当时，他身边有一个叫钱宁的人，使尽各种招数讨好朱厚照，终于得到了宠信。在钱宁的建议下，朱厚照同意修建了“豹房”。最初的时候，豹房只是朱厚照的一个“戏院”而已，他随时可以把宫内那些教坊乐工召集到这里，陪他消遣时间。刘瑾见这一招居然有效，于是又变本加厉，开始强抢民女，整个皇宫被搞得乌烟瘴气，朝中也没有一个大臣再敢谏言。

后来，豹房这个所谓的“戏院”，居然成了朱厚照的朝廷，外臣是不允许走进来的。有权利进入豹房的，只有刘瑾这一班宦官。而此时的刘瑾，每次看到朱厚照玩得起兴的时候，就趁机向他请示国家政事。向来不关心国事的朱厚照心里自然很不耐烦，于是叨叨说：“我悉心培养你们是干什么的？难道只是吃闲饭的？这点小事情，你难道不能做主吗？”刘瑾听完朱厚照这番话，装得灰溜溜的样子，唯唯诺诺地退下了。这样的事情发生了好多次，后来，批阅奏章的重任就落在了刘瑾身上。

从那以后，无论是在奏章里，还是在平时的谈话中，朝廷官员都必须要尊称刘瑾为“刘公公”，不可直呼其名，违反者后果可想而知。更有甚者，朝廷中的那些大小官员，只要是奉命出外或差事办完回京城的，在朝见了朱厚照之后，还必须要亲自去拜见刘瑾。久而久之，拜见刘瑾就成了一条宫规。自此，刘瑾就完完全全掌握了朝廷的军政大权，成为了名副其实的“立皇帝”。

设立“豹房”，只为取乐

其实，在朱厚照还是太子的时候，他的父皇朱祐樘就已经为他挑选了忠良的贤臣，以辅佐他继续完成祖宗大业。可是，他却不理解父亲的良苦用心，一个也不信任，一个也不肯任用，而只一味地宠信所谓的“八虎”。居心叵测的“八虎”，整天指导朱厚照如何玩耍、如何骑射，企图祸乱朝政。这八个人中，刘瑾最为阴险狡猾，口才也不错，被分到宫禁掌管具体的事务。刘瑾这个人很会来事儿，一有机会就主动陪伴在朱厚照左右，今天陪着骑马射箭，明天又陪着耍枪弄棒。朱厚照本来就生性好动，每天都有人陪着玩儿，当然最好不过了，于是他再也不愿意读书、不愿意管理朝政了。

在朱厚照即位没多久，他就下令废除了尚寝官和文书房侍从皇帝的内官。他之所以废除这些官儿，当然只是为了自己日后方便，减少对自己行动的限制。那时候，朝廷还专门为皇帝设了经筵日讲，不爱学习的他更是找各种借口不去参加，要么身体有恙，要么政务繁忙。数月下来，他就参加过几次。再到后来，他连早朝都不愿意去了。朝中大臣们见皇帝年幼就如此荒唐，不想让他堕落下去，于是轮番上奏，有的大臣甚至以辞职相威胁，小皇帝口头上很爽快地答应：“知道了，下次不会了。”但是在实际中，他依然我行我素，大臣们也对他无可奈何。因为他再荒唐也是一国之君，是万人之上的“大人物”。臣子们有管束之心，没有管束之权。

正德二年（1507 年），朝廷开始大肆修建豹房新宅，到正德七年（1512 年）的时候，豹房新宅一共添造房屋达到 200 余间，耗银 24 万余两，数目有点惊人。到了第二年，也就是正德三年（1508 年），朱厚照在宫中没意思了，觉得腻了，就搬进了皇城西北的豹房新宅。其实，当时的豹房新宅，并非是朱厚照提议修建的，也并非是贵族豢养虎豹等猛兽玩乐的地方，在元朝时期就已经有此风气。另外还有虎房、象房、鹰房等处，房又称为坊，如羊坊、象坊、虎坊等。而豹房原来的地址是在皇城的西苑，临近西华门的地方，即今天的北海公园西面。有人说它是当时的“政治中心”和“军事总部”。

到了正德年间，豹房便成为皇帝居住和处理朝政的地方。当时的朱厚照从未对什么事情上过心，一提及要修建娱乐场所，他就来了兴趣，声称要自己设计一个娱乐场所，他不仅设立了许多密室，还修建了校场、佛寺等等。朱厚照除了在豹房中藏纳乐妓之外，还不断地收养义子。短短十几年时间，他竟然收养了 120 多个义子，而且这些人大都是一些奸佞小人，不是什么重臣贤良，其中最为得宠的就是江彬。

江彬，是北直隶宣府（今河北宣化）人。他生性狡黠，又善于射箭。他原来是一名镇守边关的将领，敌兵在他身上射了三箭，他非但没有倒下，反而毫无畏惧，用手拔掉箭后，身体里一直在流血，可他依然坚持战斗。当朱厚照听说了他的勇敢事迹后，于是专门召见了他，想看看江彬到底是个什么样的人？到底能不能为他所用？江彬一见到朱厚照，就开始大谈兵法，说的头头是道，很快就得到了朱厚照的赏识，并把他留在身边做自己的护卫。

有一次，朱厚照跟往常一样，在豹房内戏耍老虎。正玩得高兴之际，没想到平日里温顺的老虎，突然间性情大发，直扑朱厚照。这下可把朱厚照吓坏了，毫无心理准备的他被老虎突然这么一扑，自然是受不了，他开始拼命呼喊："快来人啊，快来救我啊。"众人看到勇猛的老虎，都惊恐不敢向前，只有江彬一人及时跳出来，三下五除二就将老虎制服了，朱厚照这才脱离了危险。朱厚照心有余悸，嘴上仍然逞能说："区区一只老虎，何惧之有?"但是他内心里却是十分感激江彬。日后，等朱厚照扩建豹房的时候，江彬也是出力最多的，不久就成为了朱厚照的亲信。当时的朝廷大臣们，只要看到江彬走过来，就会禁不住说："皇帝也马上就要出来了。"

当时，不是所有人都有资格进入豹房，只有深得朱厚照宠信的人，比如宦官和义子，才可以随意进入豹房。但是豹房中的宠儿，不仅仅是宦官和义子，甚至还有边将、乐户、伶官、道士、番僧等人，无论三教九流，无论什么行当，只要能够投朱厚照所好，成为朱厚照信任的人，就都有资格进入豹房。

朱厚照还有一个爱好，就是极其信佛，或许是受了明朝其他各位皇帝崇佛思想的影响吧。他不仅在宫内建造佛寺，并召集诸多僧人诵经演法。他甚至还邀请僧人一起到豹房中，与他寻欢作乐。他还做了一件自恋的事情，封自己为"大庆法王西天觉道圆明自在大定慧佛"，与圣旨并称，并经常在豹房中的淫秽之所作佛事，真是荒唐至极。可以说，在明朝历史上，明武宗朱厚照无疑是一位最荒政纵乐的皇帝。

弹指间诛刘瑾

当时，京师十分流行“两皇帝”的说法，当时的人们称朱厚照为“坐皇帝”，称刘瑾为“立皇帝”。久而久之，人们慢慢意识到，政事的真正决策者，其实不是一国之君朱厚照，而是大太监刘瑾。因为每逢有奏章，都要先用红贴送到刘瑾那里，然后传递给刘瑾本人，以及其亲信礼部司务孙聪、心腹张文冕、大学士焦芳等人批阅后，再用白贴送往布政司。碍于当时的刘瑾是朱厚照眼前的“红人儿”，不仅手握大权，势力也惊人。因此，大臣们奏章上每每提到此人，都必须要写上“刘公公”三个字，否则，就要有罪受了。

有一次，都察院左都御史屠庸因为对刘瑾专权而心怀不满，可是迟迟找不到能置刘瑾于死地的罪证，为了能够稍稍平复下心中的愤懑，他只能在文字上跟刘瑾作对，他在奏疏中故意写了“刘瑾传奉”四个字，果不其然，刘瑾看到后恼羞成怒，并立即命令十三道御史跪在膝下挨骂，直到经过他的允许方可离去。还有一次，无锡邵二泉风尘仆仆来到京城，向刘瑾汇报公事，可是因为情况紧急，他不小心说错了一句话，就惹得刘瑾手拍桌案，扯着嗓门大喊：“大胆。”邵二泉被他那一声尖叫，吓得当时就尿了裤子。

按常理，手握重权的刘瑾还有什么可愁的呢？反正他连朱厚照的主都做得了，其他人的主更是做的了。可是，贪婪的他依然不肯安分，居然四处网罗党羽，在朝廷的各个机要部门都安插上了自己的亲信，恨不得身边所有的人都是他的心腹。此外，他还安排焦芳、刘宇、曹元等人入阁，彻底控制了内阁。又委派他的心腹张彩为吏部尚书、刘巩任户部尚书、王敞任兵部尚书、刘璟任刑部尚书、毕享任工部尚书、杨纶任都察院副御史、张纶掌管大理寺，将中央机构的各个部门都牢牢掌握在了自己的亲信手中。在短短的时间内，刘瑾把所有可以替换的职位都进行了一次“大换血”。

不仅如此，刘瑾还特意挑选自己最信任的一个太监去地方镇守。在他的精心安排下，举国上下都成为了刘家的“爪牙”。这还不算，他还疯狂地聚敛钱财，一时间行贿之风遍及朝野上下。当时有一个御史叫刘宇，因为看穿了刘瑾的所有心思，一向小气的他居然慷慨解囊，向刘瑾馈赠了万两黄金。果然钱是好东西，第二天刘瑾便擢升刘宇为兵部尚书。相反，那些没有钱财贿赂刘瑾的人，比如南京右都御史张泰，向来为官清廉，也没有多余的钱财，他想：“送礼，不在于礼多贵重，而在于是否用心。”他曾给刘瑾送上了自己家乡的土产，谁知道刘瑾非但不领情，反而摘去了张泰的乌纱帽。

正德三年（1508 年）六月，有一天早晨，早朝刚刚散去，朱厚照在回大殿的路上，捡到了一封弹劾刘瑾劣迹的书信。当时，朱厚照倒并没太在意，随便瞅了下就当废纸一样扔了。可是，当刘瑾得知这件事后却大发雷霆，认为肯定是朝中某些官员故意在跟他作对，想要杀鸡给猴看。一气之下，他将朝中文武百官都罚跪在奉天门外的灼灼烈日下，一直至正午时分，正午的太阳太毒辣了，那些年岁稍稍大些的大臣们看起来实在有些支撑不住了。这时候有一个叫李荣的宦官，见百官们实在冤枉，实在辛苦，就趁着刘瑾不在，偷偷给朝臣们分了些冰镇西瓜，给他们降降暑。

等到刘瑾一回来，他看群臣们居然个个精神气爽，觉得对他们的惩罚实在轻了些，就让他们一直跪着，直到他允许离开为止。到了傍晚十分，刘瑾又将五品以下的官员全部逮捕入狱。等到第二天这批官员被放出来的时候，顺天推官周臣、进士陆申等三人已经被活活晒死、累死了。刘瑾见他们已经断气了，立即命人将他们拖走，也没做任何表示，比如安抚家人之类的。看得出来，刘瑾的专权使朝政变得混乱，同时也预示着政变会随之频繁起来。

正德五年（1510年）四月，安化王朱寘鐇在安化（今甘肃庆阳县）发动了叛乱，这次叛乱被称为“安化王叛乱”，又被称为“朱寘鐇叛乱”。这时候，朱厚照立即委派都御史杨一清和“八虎”之一太监张永二人率军去平定这次叛乱。很快，杨一清就顺利平定了叛乱，准备前来和监军张永商讨除刘瑾的大计谋。张永虽然也是“八虎”之一，但也因与刘瑾争权而深深记恨刘瑾，总想把他拉下台，自己上去。

在回军的途中，杨一清跟张永同坐一桌吃饭。他们边吃边聊，在聊到国患的时候，顺手用手中的筷子轻轻蘸了一下杯中的酒，然后在桌上工工整整写了个“瑾”字。张永却立刻反驳道：“刘瑾现在在朝中的势力一天天扩大，又有当今皇上给他撑腰，我们拿他能有什么办法呢?”杨一清听出张永话中有意除之。这才不慌不忙从袖子里取出了安化王的檄文，递给了张永，然后对他说：“张公公，您在皇上面前也算是红人儿，再加上此番平叛又是大功一件，更有底气说话了。等您回朝之后，您只要将此文交给皇上亲自过目。然后您再痛诉刘瑾的所有罪行，到时候皇上一定会相信您。等到刘瑾一死，您在皇上面前可就是说一不二了。但是有一个前提条件，这件事情的前后都不能让刘瑾知道，要不就会功亏一篑了。”张永听完杨一清的这番话，似乎有点将信将疑。

等到杨一清、张永二人安全回京后，朱厚照还亲自为他们设了庆功宴。在宴会上，张永挑了一个合适的机会，才亮出了檄文。朱厚照看完缴文之后，反问道：“你觉得刘瑾想要干什么?”张永不紧不慢地说：“他想要夺您的天下。”谁知道，朱厚照竟然毫不在意地说：“我要是现在就把天下给他，又能怎么样呢?”张永这下可急了，扯着朱厚照的袍袖，哭着说道：“如果您把天下都送给了他，那您还能拥有些什么呢?您难道不怕自己会一无所有?”也许是张永的这句狠话，彻底点醒了朱厚照。

庆功宴还没结束，朱厚照就马上传令要逮捕刘瑾。待刘瑾入狱后，还对刘瑾的府邸进行了一次彻底的搜查。让人不可思议的是，居然从刘瑾家中搜出了黄金24万锭又57800两、元宝500万锭又1583600两、宝石2斗、金勾3千、玉带4162条，其他珍宝真的是不计其数，京城瞬间舆论哗然。

此外，还在他府中查出私制御玺1方、衮袍8件、盔甲3000副、弓弩500件及扇中利刃两把。当侍从呈上了从刘瑾府中搜查来的这些违禁之物，朱厚照大声呵斥："看来刘瑾真的是胆大妄为，居然敢有谋反之心！"这一次，朱厚照真的伤透了心，认为自己平时待刘瑾不薄，为什么会发生这样的事情。想到这里，朱厚照更是胸口犯痛，立即下令将刘瑾交予三法司和锦衣卫进行严审。

在进行严审的那天，刘瑾看到堂上的会审官员，非但不屑一顾，还趾高气扬地喊道："满朝公卿都是我一人所任用的，我借他几个胆儿，看谁敢来审我?"台上的几位官员果被他的气势吓着了，一个个面面相觑、无人发言。这时候，在一旁的驸马蔡震拍案而起，怒道："我是皇亲国戚，今天就让我来审你，快点从实招来。"话刚说完，就上前打了刘瑾一顿耳光，刘瑾这才意识到自己真的完蛋了。最后，这个天不怕地不怕的权臣刘瑾，终于乖乖地画了押，承认了所有的罪证。

正德五年（1515年）八月，恶贯满盈的大太监刘瑾，一大清早就被押到刑场凌迟处死，结束了其罪恶的一生。根据刘瑾这些年来犯下的滔天罪行，他被判凌迟3357刀，并分三天割完：可怕的刽子手先从刘瑾的胸脯下手，割了10刀。他们怕他晕过去，然后对他大喊大叫。等到刘瑾微微苏醒过来，然后再割10刀，如此反反复复，第一天的割肉任务终于完成了。到了第二天，刘瑾再也经不起刽子手如此残忍的折磨，终于气绝身亡。第三天，刽子手继续割尸，直到割足3357刀。

在刘瑾被行刑的三天时间里，京城的老百姓争相来看这个恶棍的下场。那些曾经受过刘瑾欺负的百姓，甚至不惜用钱买下他的一片肉生食，以泄心中的之愤。三天后，刘瑾就只剩下一副骨架。可是执着的刽子手依旧不肯作罢，还砍掉了他的脑袋。后来，就连刘瑾的那些亲信或心腹，都统统被砍了脑袋，或者丢了官帽，没有一个人得到好下场。

“第一神人”王守仁

王守仁，是浙江绍兴府余姚县（今宁波余姚）人。五岁的时候才改名为王守仁。因为他曾经在贵州龙冈山阳明洞悟道讲学，一时间名闻天下，被世人称为“阳明先生”。他出身在书香世家，天生有一种特殊的气质，幼时就已经熟读了诸子百家。28 岁的他，翩翩风度、才华横溢，那一年他顺利考中了进士，担任了刑部、兵部主事一职。

朱厚照时期，因为宦官刘瑾一度专权乱政，当时的王守仁不忍心 20 多位言官就这样被处死，于是挺身而出，想要疏救他们出狱。此举惹怒了刘瑾，立即下令廷杖王守仁，并将他贬为贵州龙场驿丞。等到刘瑾被诛杀后，王守仁才从低落时期开始转好，他的政治地位也迅速上升，并先后担任庐陵知县、南京刑部主事、右副都御史、南京兵部尚书等职。

王守仁历经明宪宗、明孝宗、明武宗和明世宗四位皇帝。可以说，他是生活在明太祖朱元璋建明后一个半世纪左右的社会。在这一时期，明代政治与社会在守成中出现了纲纪废弛、政治腐败、人心涣散等负面现象。到了朱厚照时期，更是各类矛盾的多发期。面对民众的武装反抗和王室的叛乱，让朝中诸多大臣的内心此起彼伏，很是不安。

正德十四年（1519 年），南昌的宁王朱宸濠突然发起了叛乱，试图想要取代朱厚照。其实，对于朱宸濠的不轨之心，聪明的王守仁早就心中有数，并提前做好了应对的准备。在朱宸濠举兵叛乱的那一天，王守仁便立刻出兵，一举消灭了朱宸濠的有生力量，并活捉了朱宸濠。可以说，王守仁不费吹灰之力，就顺利平定了这次乱局。

嘉靖六年（1527 年），广西思田土司可能因为生活过得太安逸了，于是也想效仿其他军队，主动挑起了祸端。这一次，依然是王守仁临危受命，前去平定这些土司。王守仁向来冷静沉着，他当然不会一见到敌兵就立马开战。按照他的性格，他会先了解敌兵叛乱的前因后果。这次叛乱，王守仁真的是没有浪费一卒一兵，就招抚了反叛者。第二年，他又平定了八寨和断藤峡土著居民的叛乱。在明代这个多事之秋，王守仁以其卓越的才能，为明朝的政治稳定作出了巨大贡献。

从正德十一年（1516 年）开始，王守仁就没有闲暇的时候，为官一天，就得干一天的官活儿。他不断地替朝廷平定内乱，真可谓是战功赫赫。这些年里，他巡抚江西、福建、湖南、广东等地，不仅剿平了四省边境多年扰民的那些顽寇，还平定了江西的宁王叛乱。让朝中其他大臣妒忌的是，他还征服了广西土酋、开拓南疆、绥靖边陲，算得上明朝的一位大功臣。

正德十二年（1517 年），王守仁依然没有闲着，他又到达江西一带，开始履行作为一个巡抚的职责。当时，他所管辖的那个区域出现了土匪，而且不是一般的土匪，人多势众不说，还作战勇猛，最让官兵懊恼的是，他们的消息总是那么灵通，好像是有能掐会算的技能。每次官兵出击时，都是小心谨慎，生怕走漏一点儿消息，可最终的结果不是扑了空，就是中了他们的埋伏，几乎都是没等开战就先被算计了。土匪到底是如何知道官兵的一举一动的呢？难道真有所谓的有千里眼、顺风耳？答案再简单不过了，那就是土匪为了能够十分准确地探听到官府消息，在官府中安插了卧底。

王守仁调查完这一切后，做了一个让兵将们忐忑的决定，真有点不像他的做事风格。那一天，他突然急匆匆地发布了一个命令："从明天开始，要集中兵力开始剿灭那帮土匪，请大家提前做好准备工作。"然而，第一天、第二天、第三天都过去了，人们每天都忐忑不安、精神抖擞地等待他的命令，但却迟迟没等到。也正是在这个时候，军队中突然有一些人神奇失踪了，没过几天又被神奇地回来了。他们回来的那几天里，一个个神色慌张，好像真有什么心事，可是无论怎么问，他们也不肯说出到底发生了什么事情。后来人们才知道，这就是王守仁的作战诡计。他首先当着所有人面儿放出剿匪的消息，然后又派人紧紧盯住衙门里的各级官吏。凡是发现有通风报信嫌疑的，就让一一记下，等他们回来后，全部进行秘密逮捕。

王守仁还有一个最高明的做法，他虽然秘密逮捕了这些人，但他一个也不会杀，而是先给他们喝一顿“心灵鸡汤”，给他们彻底洗洗脑，然后再打听他们的家庭住址以及家庭成员，顺便再问候一番家人，比如，“希望你的母亲身体安康”“希望你的子女保重身体，我们会经常去探望他们”之类的感人肺腑的话语。这些土匪当然经不起王守仁的软硬兼施，哭丧着说：“就算不为自己，为了家人，我们也要改过自新。”之后，这些人就会主动提出当官府的卧底，成为“双面”间谍。这让那些土匪防不胜防，很多土匪头目也因此被一网打尽，根本没有翻身的机会。

此时的王守仁，依然不肯满足于现状，他决心把这场“江西剿匪记”演到最后。为此，他还晒出了自己的又一个绝招——十家牌法。何为“十家牌法”？简单来说就是，保甲连坐，十家为一个“部门”，每天进行轮流巡逻，一旦发生什么事，大家就一起跟着完蛋。王守仁的这一招数实在是太狠了，这让本地的土匪都不敢轻易回家过年，只能偷偷地躲在深山老林里，一边啃着树皮，一边在心里痛骂王守仁。

时间久了，土匪们自然忍受不了了，只听土匪头目大喊：“我们不能再这样窝囊下去了，老这样躲着也不是办法，既然软的不行，咱们就来一次硬的。与其这样干等着被王大人弄死，还不如拼一回，或许还有希望。”土匪们都点头表示赞成。殊不知，王守仁软不吃，硬更加不吃。土匪们一个个都是大老粗，他们哪里知道，王守仁能文能武，不仅会读书，还是一个军事天才呢。

王守仁跟其他官员比起来，的确与众不同，是一个有个性的人才。凡是他带头打仗，从来都不和敌人进行正面交锋，从来都只会声东击西。明知道敌人往南走了，可是他偏偏下令部下往北走，经常搞得手下人模棱两可，让敌人晕头转向，不知所措。反正只要有王守仁带头，他就不会按照常理出牌。有意思的是，他还有个非常不合情理的习惯，在手下人看来他还是有点小冲动。每每遇到敌兵众多，他非但不避战，反而带着手中仅有的小部分兵将，迎接敌人的挑战。在敌军看来，他就是自不量力，自己作死。可是他就一个思想，士兵不够，他可以陪敌人玩阴的，比如提前挖好坑设埋伏，比如假意投降之类的，这对王守仁来说就是家常便饭。

公正地说，在平日里，王守仁的确是一个正直又忠厚的老实人。可是，到了战场上，他就像彻底变了一个人似的，脑子里尽是一些“坏”主意，常常打得敌人屁滚尿流。这次更加激起了土匪的斗志，为了血洗耻辱，土匪们很快结成了同盟，集合所有兵力，准备和王守仁决一死战。王守仁的手下看土匪来势汹汹，似乎有必胜的势头，都为王守仁捏了一把冷汗，劝王守仁早早做好准备。可是王守仁却一副满不在乎的样子：“这样也好，他们一起来，咱就一起收拾，也省得我专门跑一趟了，这还有啥可准备的?”当土匪们听到这句话后，顿时觉得自己的尊严被践踏了，但他们也还是一致认为，王守仁这是在嘴硬，暂时肯定不会出战的。于是，土匪们准备先躲在山林养精蓄锐一两日，因为这一路奔波来是够累的，他们想休息好了再找王守仁拼命。可是王守仁，突然在半夜的时候，调集军队主力大举进攻，打了土匪们一个措手不及，把他们死死堵在了赣南山区，他们瞬间就被包成了饺子。

就这样，一耗就是好几天，土匪们没得吃也没得喝，逼得他们准备同归于尽。可是，土匪们刚刚向包围圈发起冲锋，在他们后面又突然出现一大批人马，短短几分钟之内，他们的退路就彻底被切断，他们又一次掉进了王守仁早已设好的陷阱，很快被打得溃不成军。无奈之下，那些贪生怕死的土匪，有的想要活命就主动提出投降，有的死也不肯屈服，开始乱逃乱窜乱撞。只有一些还算聪明的在一起合计：“这个大人物我们是惹不了，不如先服个软，找到合适的机会再闹也不晚，现在保命要紧。”于是，土匪头子们搭伙儿来到巡抚衙门，表示愿意改当良民。

其实在准备剿杀这帮土匪之前，这些人的老底被王守仁早已经翻了个底朝天，所以他们是真降是假降，王守仁心里有数。没过两天，王守仁突然大开杀戒，以小小的借口就杀掉了其中几个人。很明显，王守仁这是在杀鸡给猴看。在加上他杀的这几个人都是曾经受过朝廷招安的，这种“老痞子”，王守仁是十分憎恨的，杀了也算一了百了，图个清静。果然这一招用出来，那些来假投降的土匪，就不敢有什么非分之想了，只得乖乖听话。就这样，土匪们的假投降就变成了真投降。

就这样，骚扰了朝廷十几年，屡招不安、屡打不平的一伙江西土匪们，终于被王守仁用尽计谋，彻底扫平了。王守仁在短短几个月的时间里，解决了朝廷最大的问题，他真不愧是“第一神人”。

打败蒙古铁骑，绝非偶然

在古代，皇帝死后被封的谥号，是有一定讲究的。那些通常被谥号为“庄、武、文、宣、襄、明、睿”等的，基本上都是好的。而那些被谥号为“厉、灵、炀”等的，基本上都是不好的。值得强调的是，被谥号为“武”的，就更为难得了。因为只有开疆拓土、武功非凡、立有赫赫战功的一代雄主，才有资格被谥号为“武”。比如，人们熟悉的汉武帝刘彻，魏武帝曹操，宋武帝刘裕等人。而在明朝，也有一位皇帝被谥号为“武”，那就是明武宗朱厚照。

朱厚照在大众的心目中，是个荒淫无道、不理政务、只知贪图享乐的昏君。不仅如此，他手下还有以大太监刘瑾为首的，祸国殃民的“八虎”太监集团。所以无论怎么看，也和武功非凡的“武功”扯不上关系啊？其实这一点人们想错了，虽然一表人才、天资聪慧的朱厚照，的确干了不少荒诞无稽的事情，但用“武功非凡”四个字来形容他，真的没一点儿错。甚至可以说，他是唯一一个在平原上打败蒙古铁骑的一代猛士。

自“土木之变”发生后，明朝就已经开始慢慢走向衰落。面对北边的蒙古铁骑，他们真的没什么更好的办法去彻底歼灭。就这样，他们一直扮演着被欺压的对象。回想那场惨败的“土木之变”，当年明朝几十万大军败了也就算了，就连皇帝都被人家抓去，做了俘虏，对明朝的打击确实不小。蒙古铁骑成为了明朝北部边境最不安定的存在。

朱厚照脑瓜子够聪明。特别是他居然还能打仗。每当跟心腹谈起自己小时候的梦想时，他就会特别认真地说：“那时候，我的梦想就是成为一名征战四方的猛将，如今也是同一个梦想。”可是，在当时来说，皇帝怎么能轻易上战场呢？所以，这位骨子里就流着猛将血液的“顽主”，一直都没有亲征上阵的机会。

正德十二年（1517 年）十月，朱厚照终于得到了一次大显身手、表现自己的机会。当他得知蒙古小王子部寇关来袭时，非但不恐慌，反倒十分高兴，并声称：“这一次，我要亲自布置，亲自上战场，与蒙古小王子大战一场。”“应州之战”这场战斗打得十分激烈，明军再度被蒙古军分割包围。朱厚照见状况很不妙，于是亲自率领一军进行援救，才使得明军突破了重围。此次跟蒙古铁骑交战，大小算起来进行了百余战。作战期间，朱厚照与士兵们同吃同住，让士兵们很是意外。一向只会作乐的他，甚至还亲自冲上战场，极大地鼓舞了明军的士气。最后，蒙古小王子自度难以取胜，仓皇引兵西去。就这样，明军取得了一场难得的胜利，史称“应州大捷”。

“应州之战”朱厚照到底是如何取得胜利的？刚开始时，朱厚照命令王勋所部先出战，向达延汗主动发起进攻。达延汗果然中计了，集中所有兵力来围攻王勋所部。而王勋呢？只记着王守仁的一句话：“死守，死守，还是死守。”面对步兵阵列的时候，蒙古骑兵似乎没有什么优势。由于步兵的长弓射程远，又有盾牌保护着，设立拒马可以让骑兵望而却步。因此，达延汗只能在周边盘旋，也无法在短时间内彻底端掉王勋所部。这就叫做即使是“嘴边肉”，也没那么容易吃到。

朱厚照看时机差不多了，于是又命令游击时春、辽东左参将萧滓飞驰而来，以援助王勋，游击周政、副总兵朱銮、大同右卫参将麻循、平虏城参将高时在后面追随，并调遣宣府总兵朱振、参将左钦、都勲、庞阴、游击靳英勒兵与诸军在阳和汇合，参将江桓、张晨作为他们的后应。为了让蒙古铁骑陷得更深，朱厚照还故意分散大部分兵马，每次都只派出一小部分兵马去迎战，给达延汗一个错觉，让他们觉得明军其实并没有那么多。之后，朱厚照又故意放出消息，说明朝的皇帝也在军营中，很快达延汗就知道了这个“好消息”，更加刺激了达延汗的狼子野心。

在最后的关键时刻，朱厚照才肯现身，亲自率兵出征。明军在朱厚照的率领下，一鼓作气打败了达延汗。此时的达延汗，看眼前局势很是不妙，急忙仓皇而逃。虽然明军没有完全消灭达延汗的主力，可是这一战明军打得还算漂亮，创下了明朝开国以来少有的大捷。也因为这次胜仗，让明朝北境安静了几十年，实在是不容易。

更不容易的是，蒙古铁骑曾经横扫亚欧大陆，在平原交战基本上都是无敌的，从未失过手。就连当年的开国名臣徐达、朱棣都拿蒙古铁骑没任何办法。而朱厚照虽是一个懂得寻欢作乐的君王，却能够在平原上英勇作战，打败了蒙古铁骑，实在是太难得了。

战争结束后，朱厚照还不忘记奖赏自己，给自己加官进爵，由原来的“镇国公”“威武大将军”，加封为“太师”。或许，他是明朝历史上唯一一个想当将军的皇帝。

南巡，只为做乐

当时，由于朝政的荒废，造成百姓流离失所、家破人亡。这时候，有一波人正在酝酿一场大动乱，而这场动乱的发起人，不是贫民百姓，不是蒙古铁骑，而是来自明朝的后裔，这个人到底是谁呢？他就是宁王朱宸濠。野心勃勃的他妄图效仿朱棣，想趁着朱厚照荒于政事，秘密策划了一场叛乱，达到自己的目的。

正德十四年（1519年）六月，久怀异志、阴谋作乱的江西宁王朱宸濠终于等不急了。一不做，二不休，急于求成的朱宸濠立即率领大军开始作乱，路途中还杀死了朝廷命官。

当朱厚照知晓此事后，并未因此而着急，这正好也给他找到了合适的借口，想要再次御驾亲征。可是朝中大臣轮番苦苦相劝说：“您是一国之君，怎么能够亲赴战场呢？您去作战，朝中政事由谁来管呢？”为了图个耳根子清净，朱厚照立即下旨：“今日起，谁敢再阻拦我，就要施以极刑。”大臣们真是领教了朱厚照的执拗和倔强，觉得精疲力竭，只好随了朱厚照的意，不再过问此事。

同年八月，朱厚照又打起了威武大将军“朱寿”的旗号，亲自率兵从京城出发。按惯例，不管是谁出师，都是不可以带着内眷的。可是朱厚照却是个例外，他带着平时最宠爱的刘娘娘，并相约在潞河会面。会面之前，朱厚照还提前给刘娘娘准备了一支既精致又漂亮的簪子，当做他们之间的定情物。如此看来，这位皇帝还有点儿浪漫情怀。没想到心急的朱厚照骑马奔向卢沟桥时，不小心把簪子颠掉了。当他发现簪子不见之后，就立即下令停兵，就地搜索簪子，找了三日还是没能找到，朱厚照为此十分忧伤。

过了四天后，明朝大军才走到涿州一带。就传来一个让皇帝无法言说的消息：南赣巡抚王守仁居然没等朝廷下旨，就自作主张，率军去讨伐意图造反的宁王朱宸濠，并神不知鬼不觉地平定了这次叛乱。朱厚照听完这个消息后，并没有将捷报告诉随行的各位大臣们，而是假装什么也不知道，继续命令军队南行。本来是打算御驾亲征，没想到半路杀出个王守仁，为了满足虚荣的心理，他没事找事，自己一手导演了一场闹剧。决定将朱宸濠暂时释放，想要亲自将他抓获，然后再大摆庆宫宴，庆祝自己平叛的胜利。

军队很快就到了临清，他依照约定准时派中使去接刘娘娘。但是这位刘美人也很执着，不见信簪就是不肯走，还辞谢说：“看不到那支簪子，我就不相信，也不敢前去赴约。”朱厚照焦急地等了半天，还是不见美人的踪影。于是他决定亲自去迎接这位刘美人。

这个时候的王守仁已经把宁王朱宸濠押到了南京，一次次请求皇上接受战俘，可是朱厚照一直不肯允准。王守仁苦思冥想，终于在一天晚上他突然脑洞大开，明白了朱厚照的用意，于是他重新报捷说：“这次战乱之所以这么快被平定，全是大将军朱寿的功劳，依靠他的威德和方略，再加上他身边还有一些出色的功臣，才能一举取得胜利。”而他自己亲冒矢石、大战鄱阳的事迹一个字也没提及。如他所料，这一本奏章重新递上去，第二天就得到了朱厚照的批准。

受俘之后，朱厚照才同意返回京城。明军都行走了好长一段路程，朱厚照突然又向大臣们提议：“你们说，我要不要再给宁王一次机会，先暂时把他放回去，我再亲手活捉他一回，到时候就可以大摆宴会，你们觉得怎么样?”大臣们听了朱厚照这番话，他们都不知道该说什么好了。朱厚照看大臣们困惑的眼神，只好作罢。

同年十二月，朱厚照率领军队来到了扬州府。第二天，朱厚照便率领数人在府城西附近打猎。从那以后，他就天天出去打猎，而且一出去就是一整天，很晚才回来。朝中大臣进谏多次，朱厚照都没有任何回应。后来，大臣们请刘美人出面相劝。在刘美人的劝阻下，这位好玩成性的皇帝终于稍微有所收敛了。传说，朱厚照还亲自前往妓院，检阅各位妓女。一时间，各位“花粉”价格暴涨，妓女身价也翻了好几番。

在回京城的途中，朱厚照总是走走停停，不是游镇江，就是登金山，还自瓜洲过长江，当明军经过清江浦时，朱厚照看见那里风景格外优美，鹰击长空、鱼翔浅底，顿时间让他起了渔夫之兴。他便自驾小船，准备捕鱼玩耍一番，还下令不让任何人作陪。结果，他在提网时看见网了不少鱼，他高兴得控制不了自己。贪心的他，想要一次把这些鱼都打捞上来，于是使劲全身力气拖拉。这下可好，他把重心放到了后面，使得船体彻底失去了平衡。鱼没捞着，他自己也不慎落入水中。

朱厚照自小就在京城长大，很少玩水，所以他自然不懂水性。落入水后，他就手忙脚乱、大声呼喊，一阵乱扑腾。不远处的亲侍们急忙跳下水将他救起。但是，因为他不会水性，水呛入肺，秋日水凉，再加上惊吓过度，他的身体便每况愈下了，后来便引发了肺炎。在当时，肺炎、肺积水可是一种严重的病症，跟绝症差不多了。

正德十六年（1521 年）正月，朱厚照才率领兵将们安全回到了京城，回来之后他的病依旧没见好。正月十四日，每年的这个时候，皇帝都要在南郊主持大祀礼，朱厚照强撑着虚弱的身子也去参加了。在行初献礼时，朱厚照下拜天地，可能是因为起身太快了，他忽然口吐鲜血，一下子瘫倒在地，再也爬不起来了。因此，没等举行大礼，仪式就提前终止了。

同年三月的时候，朱厚照已经处于昏迷状态，他拖着断断续续的口气，对司礼监太监说：“从我目前的病情来看，我活不了多久了。我死后，就把我的旨意传达给皇太后，国家大事才是最重要的，可以暂时交予阁臣审处之。在此之前，我耽误了国家大事都是我的错，但那也不是我所预料到的。”说完，朱厚照就崩驾于豹房，时年 31 岁。

一代名臣李东阳

李东阳，湖南茶陵人，是当时“茶陵诗派”的领袖人，也是明朝一位颇有影响的名臣。他官居首辅大学士，位列三公。他的一生为官清廉，真可谓是“两袖清风”到了家。特别是他在身处逆境的时候，居然能够以巧于周旋的智慧和敢于担当的勇气，与当朝大太监刘瑾进行了一番明争暗斗，敢于诤言直谏的他，做到了惩恶扬善、匡正风气，被世人们所称赞。

在李东阳还是孩童的时候，他就能写出直径足有一尺的大字，当地的人们都称他为神童。因为他身处天子脚下，所以没过多久就已经名声大噪。在他四岁、六岁、八岁的时候，他曾经三次被召入宫中，多多少少也是占了地域的便利。长大后的他，因为才华横溢，不久就成为了文坛的领袖，后来又成为了首辅大学士，这便是他独特的人生之路。

李东阳小时候有不少有趣的事儿。在他四岁的时候，就能写一手漂亮的大楷字。景泰年间，他被当成神童，推荐给了明代宗朱祁钰。当时的他因为年幼，身材十分矮小，每次经过殿阁时，他都需要内侍搀扶。朱祁钰见此即出上联：“神童脚短。”李东阳立马接道：“天子门高。”

有一次，明代宗招他入宫，见面之后，明代宗就命令他写“龙”“凤”“龟”“麟”这几个字。他花了一会儿功夫，就在纸上工工整整地写完了这几个字，然后呈给明代宗过目。明代宗看完之后很是满意，抱起年幼的李东阳，让他坐在自己的膝盖上，并赏赐他上林的珍果和宫内的钱币。当时，跟着他去的还有他的父亲。他的父亲站在台阶下，一句话也没说，只等候明代宗的命令。明代宗又出上联：“子坐父立，礼乎？”李东阳立即对出下联：“嫂溺叔援，权也。”这句话惹得明代宗身边的人当即哄堂大笑。

之后，明代宗就十分喜欢这个有趣的孩子，三天两头叫他入宫作伴。有一次，明代宗还专门设宴招待了李东阳。他长这么大从没见过这么多好吃的，于是头也不抬地开始大吃起来。正吃得津津有味时，明代宗突然拿起一只螃蟹，出了一个上联：“螃蟹浑身甲胄。”李东阳听到明代宗的上联，知道是在有意考他。他一边嚼着鸡肉，一边回答道：“蜘蛛满腹经纶”。“蜘蛛”对“螃蟹”，“满”对“浑”，“腹”对“身”，“经纶”对“甲胄”。明代宗听完他对的下联，立即拍手叫好，并称李东阳不愧是一个神童。

李东阳的运气向来不错，在他成年的时候，他又碰到了那时候称得上好皇帝的朱祐樘。朱祐樘的父亲明宪宗曾经专宠当时的万贵妃。明宪宗在位期间，把朝政搞得一塌糊涂，给自己的儿子留下了一个“烂摊子”。等到朱祐樘即位后，便开始拼命工作，代替父亲收拾这个“烂摊子”。并让刘健、李东阳、谢迁他们三人入阁，组成当时的“三驾马车”。这三个人中，刘健处事果断，李东阳擅长谋略，谢迁口才了得。在这三位君臣的同心协力下，弘治年间可谓是国力强盛、天下太平。

可惜的是，好景不长。朱祐樘一生励精图治、过于操劳，朝夕工作了十八年后，就积劳成疾去世了，接替他皇位的便是他的独生子朱厚照。朱厚照生性顽劣，对刘健、李东阳、谢迁等人的规劝，他总是当耳旁风，根本不放在心上，却偏偏十分信任他儿时的玩伴——大太监刘瑾。提及刘瑾，他可是明朝三大恶太监之一，不仅生性凶残，而且阴险狡猾。当时以刘健为首的朝臣与他斗争了好几个回合，都没能斗得过他。因为他仗着朱厚照在背后撑腰，肆意妄为，无人敢言。

之后，刘健、李东阳、谢迁他们纷纷提出辞职。可是，不知道刘瑾安的什么心，卖的什么药，居然假传皇上圣旨，打发刘、谢他们二人回家了，单单留下了李东阳一人。李东阳辞官不被批准，只好利用自己首辅大学士的身份，为朝廷做一些力所能及的事情。

从那以后，刘瑾更加嚣张，甚至在朱厚照的眼皮子底下为所欲为。朝中只要有哪位大臣敢弹劾他，他的处理办法不是革职查办，就是关进大狱等待发落。当时，还真有一个不怕死的南京监察御史蒋钦，曾经冒死上书给朱厚照，请求皇上诛杀刘瑾，以谢天下。结果，状没告成，被刘瑾用廷杖活活打死。那时的朱厚照在内宫整天寻欢作乐，让刘瑾钻了空子，一时间权倾天下，天下人都十分讨厌他。只有李东阳与刘瑾周旋，这便引起了朝野上下对他的极其不满和憎恶。

有一次，李东阳准备去上朝，在门口遇到了他的学生罗玘。李东阳主动上前去打招呼，可是罗玘却视而不见，扭头就走了。当天晚上，李东阳就收到了罗玘写给他的一封书信，信中这样写道：“从今以后，我再也不是你的学生。满朝正直忠厚的大臣都离开了，只有你还在一个太监身边转悠，实在是太丢人了。怎么也没想到你居然是这样的人，以后我也不想再搭理你。”李东阳看完这封信后，气得差点吐血。他想不到的是，连自己的学生都不懂自己，这是李东阳最伤心欲绝的原因。

其实，从表面看来，李东阳好像真的是在依附着刘瑾。但是，只有他们二人心里明白，他们只是面和心不和，刘瑾也从来没想过就这样放了李东阳。当他听说李东阳编写了一本叫《通鉴纂要》的书籍，于是，便派身边的人去挑这本书的毛病，其实他就是想玩“文字狱”。李东阳的这本书语言十分严密，根本无可挑剔。但是，只要别人想挑刺儿，鸡蛋里也能挑出骨头来。果然如此，刘瑾的手下真的挑出了几个字，准备要给李东阳定罪。这时候，刘瑾的亲信焦芳急急忙忙赶来，替李东阳求情。原来，料事如神的李东阳早已经在暗中行贿了焦芳，这事才不了了之。

直到刘瑾死后，李东阳的好朋友杨一清才担任吏部尚书一职。他们要做的第一件事情，就是将刘瑾的那些“爪牙”统统赶出内阁。多年来忍气吞声的李东阳，终于可以大缓一口气了。也正因为他比怒而奋起的刘健、谢迁付出了更多，所以他得到了更多。那些曾经指着鼻子痛骂他的人，也开始理解这么多年他内心积聚的痛苦。后来，杨一清在李东阳等人的极力

举荐下，成为铲除刘瑾集团的关键人物，为朝廷立了第一功。杨一清曾说：“如果李东阳不留在朝廷，就没有我杨一清的今天，也就不能彻底诛杀刘瑾他们一伙奸贼。”所以，历史有称“东阳不去，大有功于国”。

正德七年（1512年），李东阳因为年事已高，主动提出了退休申请，并由杨廷和接替他的首辅之位。正德十一年（1516年）七月二十日，李东阳因病而终于正寝，享年70岁。明武宗追赠李东阳太师，谥文正。回顾他在世之前的样子，有时忍辱负重，有时苟且偷生。这还不够，他还要去忍受周围朋友们的白眼与恶言。他所经过的磨难、受过的委屈，不是一般文人可以忍受的，但李东阳却做到了。可以说，明朝的历史之所以能够延续下去，李东阳是有一定功劳的。因此，一些学者还评价李东阳是“扶持善类，培滋元气”。

明代的“四大奇书”

明朝的正统文学，除了杨慎、王世贞、徐渭等人的诗词文赋以外，更值得人们引以为傲的是，在这个时期前后，伟大的明代“四大奇书”也已经陆续问世，一时间风靡全国，影响颇深。它们分别是《水浒传》《三国演义》《西游记》以及《金瓶梅》。这四部小说基本上代表了中国古代小说的四种类型，即历史演义小说、英雄传奇小说、神魔小说和世情小说。

《三国演义》讲述的是东汉末年的故事。汉朝，是武将们的“黄金时代”。这部小说用生动的文字，描写了中华民族武功最盛时期的英雄故事。东汉末年，正逢天下大乱，群雄并起。俗话说“乱世出英雄”，在如此混乱的局面下，出现了袁绍这样的贵族，曹操这样的权臣，刘备这样的枭雄，诸葛亮这样的谋士，关羽这样的儒将，张飞这样的猛人，在加上他们的各种谋略、厮杀、英勇、忠诚、情义、悲壮……扣人心弦。同时，小说在文字上还保存着古朴的风格，让人忍不住就会想起那个遥远的时代。

这部小说通过对惊心动魄的军事、政治斗争进行描述，在描述的过程中，还大量运用夸张、对比、烘托、渲染等艺术手法，成功地塑造了一批鲜明、生动的人物形象。这部小说的问世，标志着历史演义小说的辉煌成就。在传播政治、军事斗争经验、推动历史演义创作的繁荣等方面起到了积极的作用。

《西游记》讲述的是唐朝的故事。那是一个对外交流的“黄金时代”。中国不仅强大，而且周边的许多文明也发展了起来，出现了万国来朝的局面。在这个时候，中华民族是积极乐观、包容进取的，对全世界敞开胸怀，也对外面的新世界充满了好奇。《西游记》成为四大名著中唯一的一部喜剧，不仅充满了传奇色彩，也展示了中国文化中蕴含的汪洋大海一般的想象力、乐观无畏的冒险精神和不拘一格的幽默感。

《西游记》的出现，开辟了神魔长篇章回小说的新门类。它将善意的嘲笑、辛辣的讽刺和严肃的批判巧妙地结合，直接影响着讽刺小说的发展。它是古代长篇浪漫主义小说的“高峰”。在世界文学发展史上，也算是浪漫主义的杰作。

《水浒传》讲述的是宋代的故事。在“政治黑暗、官逼民反”的北宋末年，官员打死平民，打死恶霸平民，是绝对要承担法律责任的。当时的政府官员十分腐败，逼得人们起来反抗。而这些被“逼上梁山”的“好汉”，也用极其残暴的行为来报复社会，血腥可怖。为什么民间会把梁山上的那些土匪称之为“好汉”。实际上，他们也是杀人不眨眼，一旦抓住跟自己有仇的官员，就会施以极刑，恨不得把对方的肉割下来吃掉。而且还滥杀无辜，动不动就杀人全家。

除了《水浒传》，反映宋朝特点的著名文学作品还有《说岳全传》，讲述的是文官集团如何残酷迫害民族英雄岳飞的精彩故事，这也是宋朝留给人民的一大记忆。

《金瓶梅》讲的也是宋朝的故事。这部小说借《水浒传》中“武松杀嫂”一段故事为引子，并通过对兼有官僚、恶霸、富商三种身份的封建时代市侩势力的代表人物，比如西门庆及其家庭罪恶生活的描述，生动暴露了北宋末年社会的黑暗和腐败。

《金瓶梅》是中国文学史上第一部由文人独立创作的长篇小说。也正是在那时候，文人创作成为小说创作的一种主流。因为《金瓶梅》之前的长篇小说都是取材于历史故事，或者神话、传说等等。而这部小说终于摆脱了这一传统，以现实社会中的人物和家庭日常生活为主要题材，使中国小说现实主义创作方法日臻成熟。

第八章 嘉靖修道，明末衰亡从此开始

嘉靖王朝，是一个看似风轻云淡，实则暗流涌动的时代。明世宗朱厚熜在位早期，他采取了历代新君例行的大赦、蠲免、减贡、赈灾等措施，还扭转了自正统以来形成的宦官擅权、败坏朝政的局面，并下令清理庄田，废除勋戚世袭等，所有这些举措都巩固了明朝的统治。此后的朱厚熜开始不思进取，一意崇拜神仙，使得严嵩父子趁机为祸朝野，内外忧患纷至沓来，致使明王朝彻底陷入深渊，不可自拔。

“大礼议之争”到“左顺门事件”

由于明武宗朱厚照沉溺酒色，荒唐且荒淫，过早地丢掉了性命，没有留下任何子嗣。而孝宗朱祐樘单脉相传，只有朱厚照一个儿子。因此，朱祐樘一脉到了朱厚照去世，就彻底断了香火。后来，经过张太后（武宗母亲）和内阁首辅杨廷和的商议决定，皇位继承人要从最近支的皇族中选出。当时朱祐樘同父异母的弟弟，即朱见深的第四个儿子兴献王朱祐杬，被确定为最近支的皇室。但是，兴献王当时已经病逝，顺理成章，由他唯一的儿子朱厚熜来继承这个皇位。朱厚熜就是在这样的机缘巧合下登上了明朝的政治舞台。

正德十六年（1521 年）四月二十二日，一个由司礼监、皇室和朝廷代表组成的使团前往安陆（今湖北钟祥），朱厚熜以兴献王的身份接见了使团并接受了太后的诏书，在王府接受诸臣行礼，随后同使团前往北京。在朱厚熜及使团到达北京城外的良乡时，双方发生了第一轮冲突。根据杨廷和的安排，要礼部用太子的礼仪迎接朱厚熜，即由东华门入，居文华殿。但朱厚熜并不接受这种方案，他对其右长史袁宗皋说：“遗诏以我嗣皇帝位，非皇子也。”双方互不妥协，最后由皇太后令群臣上笺劝进，朱厚熜在郊外受笺，从大明门入，随即在奉天殿即位。

朱厚熜即位，是为明世宗，年号嘉靖，又称嘉靖帝，为明代第十一位皇帝，时年十五岁。即位不久后，朱厚熜与杨廷和、毛澄为首的武宗旧臣们之间关于以谁为朱厚熜皇考（即宗法意义上的父亲），以及朱厚熜生父尊号的皇统问题发生了长达三年半的大礼议之争。

封建帝王的家世脉络是需要非常清楚的，跟前皇帝必须形成直系的关系，这样才表示一脉相承。明世宗朱厚熜与明武宗朱厚照同辈份，如果他要有继承皇位的资格，就必须先过继给明孝宗朱祐樘为子。此时朱厚熜的亲生父亲已死，过继给伯父明孝宗朱祐樘为儿子，这也没有什么为难的，何况还可以做皇帝，实在再划算不过了。然而，这位十五岁的少年偏偏是一位认死理的人，他认为自己是兴献王朱祐杬的儿子，不是明孝宗朱祐樘的儿子，无论如何也不肯让步。他强烈要求追封自己的亲生父亲为皇帝，并入太庙。毫无疑问，他的这个要求遭到了大臣们的极力反对。

就在朱厚熜根基不稳又无人支持的时候，有一个叫张璁的人勇敢地站了出来，为朱厚熜解决了这个难题。张璁是一个博学多才的文人，同时又是新科进士。他上疏支持朱厚熜，认为世宗即位是继承皇统，而非继承皇嗣，即所谓“继统不继嗣”，皇统不一定非得父子相继不可，而且汉定陶王、宋濮王都是预先立为太子，养在宫中，实际上已经是过继给汉成帝和宋仁宗，“其为人后之义甚明”。张璁建议朱厚熜仍以生父为考，在北京另立兴献王庙。朱厚熜见此奏章后大喜，称“我父子得以保全了”。

但张璁人单势孤，难以动众，朱厚熜又刚刚即位，根基不稳，只能先行妥协。张璁也被外放，任南京刑部主事。但是这件事并没有就此放弃，朱厚熜为了父亲一生的荣耀，正式与大臣们展开了时间久远的大礼仪之争。

三年之后，嘉靖帝朱厚熜的地位已稳固，试图为父母封号加“皇”字。这时已被贬至南京刑部主事，与桂萼、胡铎等相互考证经史的张璁，与同僚等揣测帝意，纷纷上书重提旧事。嘉靖三年（1524 年），张璁得以奉召赴京，获嘉靖帝重用，委为翰林学士，专负责礼仪事项，并迫使杨廷和辞职，而其他反对者都被下狱、贬官夺俸。张璁和桂萼等在朝廷中形成了“议礼派”，支持、奉迎皇帝，将议礼当作起家的政治资本，因此酝酿了一段时间后，又重新挑起了议礼之争。

张璁上疏列举礼官欺妄十三事，力挺嘉靖帝，曰：“《记》曰：‘礼非从天降也，非从地出也，人情而已失。’故圣人缘人情以制礼，‘所以定亲疏，决嫌疑，别异同，明是非也。’”正德十六年（1521）四月二十七日，朱厚熜下诏，令廷臣议其生父兴献王朱祐杬主祀及封号，大礼之议自此始。朝中大臣分成了两派，护礼派反对加尊号，议礼派支持加尊号。两派互相争论，各自引经据典，煞是热闹，到最后演变成一场声势浩大的政治斗争。

因为议礼派由朱厚熜主持，他贵为一国之君，人脉自然也广，议礼派的队伍也一直在不断扩大，其中还有一部分见利忘义的小人也参与其中。而护礼派仅仅只有一些朝中旧臣在支持，势必有点人力单薄。但是双方的斗争却没有因此减弱，反而日趋激烈。经过几个回合的你来我往，两派之间互相争论，各自引经据典，煞是热闹，到最后终于爆发了“血溅左顺门”的事件。

一直以来，都是议礼派在占据上风。有一天，护礼派群臣不想再耗下去了，决定集体向皇帝进谏。嘉靖三年（1524 年）七月，包括九卿 23 人、翰林 20 人、给事中 21 人、御使 30 人等共两百余人的庞大队伍，集体跪在左顺门外，大呼明孝宗，一时间哭声喊声震天响。

朱厚熜此时正在靠近朝堂的文华殿斋戒，他听说左顺门外有骚动，立即派几个太监去让群臣散去。但是群臣推说他们没有得到书面的诏令便拒绝离开。但当诏书随要随有时，群臣仍然拒绝走开。于是朱厚熜立即下令逮捕了为首的八位大臣。这时，群臣情绪更加激愤。左顺门前出现混乱，声震阙廷。朱厚熜杀心顿起，派人将员外郎马理等 134 人逮捕，86 人待罪。一时间锦衣卫从四面八方围来，左顺门前血迹斑斑。这些血迹清楚地表明了 18 岁的朱厚熜的意志，他的旨意是不能被逆转的。

“左顺门”事件发生后的第五天，那些被逮捕入狱的大臣们也受到了处罚。四品以上者夺去俸禄，五品以下者受杖，受杖者一百八十多人，其中 17 人被受杖死亡，剩下的人编伍充军。这次事件以议礼派取得了最后的胜利，护礼派的诸臣失败而告终。此后没过多久，朱厚熜就如愿以偿地将自己的父亲朱祐杬追尊为明睿宗，并将神主入太庙，跻在明武宗朱厚照之上。通过这件事，朱厚熜不仅顺利实现了追封自己父亲为皇帝的愿望，也树立了自己新皇的威信，开始了他的专制统治。

在朱厚熜即位之初，面对“正德危权”，他励志要效仿明太祖朱元璋、明成祖朱棣二人推行的“新政”，希望自己也做一位被后世称颂的明主圣君。第一，他决定大赦天下，清除宦官，总揽朝纲，并下诏废除了武宗时期的弊政，诛杀了钱宁、江彬等奸臣，使朝政气象为之一新；第二，他减轻租银，着手整顿赋役制度，并捐助赈济灾荒；第三，他勘查皇庄和勋戚庄园，还地于民，并鼓励他们从耕织中求功名；第四，他体恤民情，不仅集异纳谏，还苦勤于政务；第五，他奋力征剿倭寇，平定内乱，清除外患，为整顿边防做准备工作。在他即位期间，“中国资本主义”开始萌芽，文化科技达到空前的繁荣，还涌现出一大批优秀作品和杰出人才。一时间，使得“天下翕然称治”，后史誉之为“中兴时期”。

可以看出来，朱厚熜是个聪明的狠角色，还是一个颇具争议的皇帝。有人说，他英明神武，和明太祖朱元璋有一比；也有人说，他昏庸无能，一生痴迷于炼丹，人云亦云。

内阁首辅张璁

张璁，是浙江温州府永嘉（今温州市龙湾区）三都人，明朝嘉靖年间重臣，“大礼议”事件中重要人物。因为他的“璁”字和朱厚熜朱厚熜的“熜”字同音，朱厚熜便亲自为他改名为孚敬，并赐字茂恭。他官至内阁首辅，世称“张阁老”，是明朝大改革的开启人。

张璁少时好学、博学多才。13 岁作《题族兄便面》诗云：“有个卧龙人，平生尚高洁。手持白羽扇，濯濯光如雪。动时生清风，静时悬明月。清风明月只在动静间，肯使天下苍生苦炎热。”不仅如此，他还对“三礼”（《周礼》《仪礼》《礼记》）造诣颇深。但是，世事难料，张璁连续七次进京参加科考，每次都名落孙山。可是，他始终不肯放弃，继续进修学习。

正德十五年（1520 年）二月，张璁八次参加应礼部试，会试终于得中。正德十六年（1521 年）五月，张璁在奉天殿补行殿试，中二甲进士，观政礼部。从此，他便进入了仕途，那年的他已经 47 岁了。

嘉靖六年（1527）八月，张璁在掌管都察院一职时，曾经向朱厚熜奏上《宪纲》，一共有 95 条。为了避免朱厚熜被这么多条例吓着，他首先选择了其中最急切的 7 条，呈递给皇帝过目。依照《宪纲》实行，不仅可以严肃风纪，整顿官员作风，最主要的是可以提高工作效率。因为在他走入仕途那年，正逢官吏贪赃枉法严重，政治极其腐败，并引起了社会动乱，成为君主专制社会的一大祸患。这一次，张璁上疏奏给朱厚熜，就是要依律惩治那些贪官污吏，朱厚熜也允准他这么做了。毕竟曾经张璁帮过他一个大忙，让他的亲生父亲成为了名正言顺的明睿宗，因此他一直铭记于心。

嘉靖九年（1530 年），对于官吏的任用，张璁有自己的主张，他推举那些“廉能爱民者”，不受资历的任何限制。他说：“一个人只要懂得廉洁爱民，其他问题都算不得什么问题。无论他在何时何地，无论他什么官职、什么学历，都是有资格任用的。”因为在当时，那些地方官总是不干好事儿，不是贿赂京官，就是搜刮民财，以至于百姓贫困，无法正常生活。

他认为，治国之道，就是要先爱民；愿治之君，就必须要严禁赃款。贪墨成风，其根源就在于内阁。因为内阁是最高统治机构的核心，如果连内阁都贪赃，那些下面的部院当然会更加肆无忌惮、无所不贪了。对此，张璁对吏治进行了一次大整顿，效果还算不错。比如，张璁曾主持调整内阁翰林，还一度加强了科道官员对官吏的监督。同时，在他掌都察院时，不仅严监察制度，还重法司之权。最厉害的是，他先后两次罢黜、更替了不称职的御史和巡按御史一共 25 人，也算是尽了自己最大的努力，对得起手中那份差事。

不仅如此，张璁还清理勋戚庄田，罢撤镇守太监，严革贪赃枉法，改革科举之弊，以及整顿军队团营等等，这些都是其改革措施的荦荦大者。但是，政治改革从来都不是一帆风顺的，改革者不免会招来那些来自既得利益集团的阻力和非议。随着改革的不断深入，张璁的权威在朝中也一天天变大。而朱厚熜在经过“大礼仪斗争”的洗礼之后，皇权意识也有了一些提高。他甚至对忠心耿耿的张璁也产生了猜疑。前朝之鉴，历历在目，朱厚熜也怕张璁有朝一日独揽朝纲。因此，张璁的所作所为，一直被既得利益集团视为政敌。

有一次，南京御史冯恩上疏给朱厚熜，请求斩杀张璁、汪鋐、方献夫三人。巧的是那天刚好出现彗星，冯恩上疏说：“张孚敬是根本之彗，汪宏是腹心之彗，方献夫是门庭之彗。三彗不去，百官不和，庶政不平，虽欲弥灾，不可得已。”嘉靖皇帝见疏大怒说：“冯恩非专指张璁三臣也，徒以大礼故，仇君无上，死有余罪。”在当时，想方设法诋毁张璁的人，不止冯恩一个人，还有更多嫉妒他的人。久而久之，致使张璁宦海浮沉、命途多舛。在他入阁辅政的七年里，他经历了四起四落，或多或少影响了张璁改革的积极性。

在明代，总是会出现一些镇守太监，他们专权乱政，成为明代的一大祸患。比如，明英宗时期的宦官王振擅权，国几倾覆。明武宗时期的宦官刘瑾专权，势焰天下。在那时候，各地就已经有定额“进奉”的银数。这些朱厚熜都是知道的，而且也深知其中的弊端，但惜其“进奉”而不决。张璁为此着急上火，一再向朱厚熜陈述镇守的流毒，极力主张革除镇守太监之制，可是朱厚熜还是一副不紧不慢的样子。为了确保革除事宜能够顺利推进，张璁还与朱厚熜单独面议，或用密疏进言。但是，朱厚熜在单独召见张璁之后，依然犹豫不决，迟迟做不出决定。耐心可佳的张璁再一次密疏，催促朱厚熜立即采取措施，将其革除。朱厚熜被张璁的一再催促逼急了，只好勉强同意了。

嘉靖十年（1531 年）六月，张璁采取不声张和渐进的革除方式，开始大规模的革除活动，比如对浙江、两广、福建、独石、永宁、万全等处的镇守中官因“贪纵害事”，都被一一裁革。这与当时大规模裁革冗官是同步进行的。不久之后，陕西、四川镇守太监以“贪肆”又被裁革。其实，这次集中裁革的主要是分布于内地的镇守内官，而边镇镇守中官则放在了最后革除。史称在明朝，只有嘉靖期间，没有出现过太监弄权、把持朝政的局面，这也算是历史的一个小进步吧。

壬寅宫变

“壬寅宫变”，发生在明朝嘉靖年间，是由宫女们意图杀死朱厚熜的一次失败事件。由于此事发生在壬寅年，所以被称之为“壬寅宫变”，是中国历史上发生的一起罕见的宫女起义的事件。

嘉靖二十一年（1542 年）十月二十一日，朱厚熜召幸曹端妃，凌晨，以宫婢杨金英为首的 10 多个宫女，决定趁朱厚熜熟睡时，用已经准备好的麻绳勒他脖子，直到毙命。可是，在手忙脚乱之下，宫女们竟然不小心将麻绳打成了死结。所以，她们密谋的结果只是吓昏了朱厚熜，而没能让朱厚熜毙命。事发之后，一个胆小的宫女因为害怕受牵连，就把事情的前因后果告诉了方皇后。之后，方皇后就将杨金英等 16 名宫女制服，并下令斩首，就连当时服侍在朱厚熜左右的曹端妃都没能逃过一劫，一并被下令斩首了。

在古代，无论是什么地位的人，只要有弑君的念头，都要被砍脑袋。何况她们已经有弑君的具体行动，更免不了要被砍脑袋。所以，在当时那些人认为，不到万不得已，没有人会以身试法，做如此有风险的事情。可是，究竟是什么原因，会让那些手无缚鸡之力的弱女子大打出手？是什么力量让那十多个宫女要如此狠心地勒死当今皇上？

原来，宫女们并没有做错任何事情，而是朱厚熜自己做错了。当时的朱厚熜为了求得长生不老药，命方士炼丹。而按照当时迷信的说法，凡是没有经历过人事的宫女的月信，就可以保长生不老。所以，朱厚熜就开始大量征召十三四岁的少女入宫，以便方士利用她们的处女月信来制成丹药。如此一来，朱厚熜便开始贪恋女色，纵欲无度，以至于他的身体状况越来越差，但越是这样，他就越是执迷不悟，深深地迷恋道教仙术，并声称要以“吸风饮露之道”助自己成仙。此后，他就要求宫内所有宫女要保持洁净，不得随便进食，只允许她们吃桑饮露，宫女们每天就靠着那点桑叶、露水过活，真的是苦不堪言。

嘉靖二十六年（1547 年）至嘉靖四十三年（1564 年）间，朱厚熜只顾着选美女了。在这十七年里，他进行了四次“大选”，一共选进 108 个八岁至十四岁的幼女入宫。他之所以选这么多的女孩入宫，一来是用她们的月信来炼制“元性纯红丹”，让自己长生不老；二来是供朱厚熜整天淫乐纵欲。在这些进宫的女子中，只有少数人获得了正式的封号，也算在宫中有名有分。那些运气不好的女子不是被朱厚熜淫乐，就是被宫中那些妃子当成奴役使唤，真的是受尽了折磨和委屈。因此，朱厚熜被宫女谋害这件事，显然与他荒淫无耻的行为脱不开关系。

嘉靖后期，朱厚熜开始崇奉道教，一心一意修道，二十年都不理朝政，把自己绝大多数的时间和精力都用来炼制丹药。为了炼制长生不老丹药，他肆意虐待宫女，引起了宫女们的反抗。司礼监在审问一位宫女时，曾经有一段口供记录，比如“咱们还是早点下手吧，也比死在他手里强”之类的话。因此，宫女们一想到自己处于危险境地，迟早是个死，横竖还是死，不如先下手为强，拼死一搏。因此，这次事变是由朱厚熜炼制长生不老丹药所导致的，这是原因之一。

自朱厚熜大婚后，他的身体一直很虚弱，经常在半夜的时候气喘、咳嗽，一直到嘉靖九年（1530 年），他还是没有子嗣。对此，他焦急万分。嘉靖十年（1531 年），朱厚熜求子心切，于是在宫中钦安殿建坛求嗣，希望能求得一子。刚开始的时候，以礼部尚书为监礼使，朝中文武大臣轮流值班进香，但一直都没有效果。到嘉靖十五年（1536 年），又请道士邵元节等主持祈坛。不知道是不是祈坛有了效果，那一年，后宫妃嫔连续有人生子，宁嫔王氏也在这一年为朱厚熜生了一个儿子。按照宫中惯例，嫔妃生了皇子，就应该由嫔晋升为妃。可是不知道什么原因，朱厚熜竟然没有晋封她。这让宁嫔王氏一直心存不满。为了发泄心中的不满，她便指使杨金英等宫女将皇帝勒死，然后把责任推到曹氏身上。这次事变是由朱厚熜没有公平晋封妃子，妃子们为了争宠所导致的，这是原因之二。

朱厚熜向来性格残暴，总是喜怒无常。无论对臣下，还是皇后宫女，他都似乎没有感情，冷血至极。当时的孝洁皇后陈氏因为对朱厚熜好色，心中有所不满，埋怨朱厚熜。朱厚熜便雷霆大发，下了狠心，害死了陈氏与腹中的孩子。陈氏死后，朱厚熜没有一点伤心，立顺妃张氏为后，对她宠爱有加。然而没过多久，朱厚熜又因为一件小事，下令废了张氏，然后改立德妃方氏为后。方氏在壬寅宫变中对朱厚熜有救命之恩。但是，由于她处死了朱厚熜的宠妃曹氏，使得朱厚熜心有怨恨。在后来的一次意外中，朱厚熜眼睁睁看着大火活活烧死了方氏，也不管不顾。朱厚熜向来喜怒无常，任意残害宫女而导致了这次宫变，这是原因之三。

明武宗朱厚照没有留下子嗣，只是在断气之前告诉身边的太监，由太后与朝臣商议酌定立嗣之事。商议之后，立兴献王之子朱厚熜为帝。其实，论辈分，朱厚熜与朱厚照为堂兄弟。如果按照继承皇位的要求，他应该尊重皇家传统，称自己的生父兴献王为叔父，而尊朱厚照之父朱祐樘为父。但是，朱厚熜有私心，希望尊自己的生父为皇考，甚至想追封兴献王为皇帝，终引发了一场史称“大礼议”的激烈争论。此次宫变可能是一场政治斗争，这是原因之四。

因此，这次“壬寅宫变”无论是什么原因而引起，都摆脱不了权力的争夺、利益的争抢、压迫的反抗等作用。甚至可以说，也有可能是多种因素交替相互作用的结果。

“青词宰相”严嵩

在明朝嘉靖帝时，由于嘉靖帝朱厚熜信奉道教，爱好青词（青词又称绿章，是道教举行斋醮时献给上天的奏章祝文。一般为骈俪体，用红色颜料写在青藤纸上，要求形式工整和文字华丽）。使善写青词者能够得到重用。那些文人便开始做一些不雅之事，为了博得朱厚熜一笑，也为了自己以后能够飞黄腾达，他们开始给朱厚熜撰写青词。《明史·宰辅年表》统计显示，嘉靖十七年后，内阁 14 位辅臣中，有 9 人是通过撰写青词起家的（著名的有夏言，严嵩的儿子严世蕃，徐阶等人）。

靠“青词”起家的人物中，严嵩是代表，他因为善写青词（实为他人代笔），而受到朱厚熜重用，并官居宰相。严嵩，江西新余市分宜县人，是明朝著名的权臣。他不仅善于写青词，还善于揣测皇帝的心思，算得上是历史上最牛的马屁精，朱厚熜也十分欣赏他。因此，当朱厚熜得知严嵩有贪赃枉法的重大嫌疑时，都不舍得处理他，任由严嵩胡作非为。不仅如此，朱厚熜还把主持朝政的权力都交给他一个人。他自己则深居皇宫，把成仙修道当成自己的主业。朱厚熜虽然在位四十五年，但真正管理朝政的时间太少了。据说，他有二十多年不上朝理事，由严嵩主持朝政的时间有十七年之久。

弘治十八年（1505 年）严嵩顺利考中进士，之后就被选为庶吉士，并授予编修。正当严嵩得意之时，他得了一场大病，无法继续在朝中为官。无奈之下，他只好退官回籍。而在严嵩歇息的这十年里，也正是大太监刘瑾把持朝政的时候。后来，等刘瑾与他的党羽被明武宗朱厚照彻底赶下台时，严嵩便北上顺天，再次回到朝中为官。时间过得飞快，在严嵩复官的十多年里，他先在北京任职，后来又在南京的翰林院任职，事业也还算顺利。

到朱厚熜掌管天下时，一开始他的心气儿还很高，也为朝廷做了不少打算，比如清除宦官、勘查皇庄、征剿倭寇等等。可是后来，不知道因为什么，朱厚熜突然就沉迷于道教，好长生不老之术，对国家政事总是漠不关心。刚开始，他只是偶尔不去上朝，后来他彻底不去上朝。为了给自己留更多的时间去学习道教，他把朝中所有事务都交由朝臣去处理。当时的礼部尚书是夏言，很受朱厚熜的宠信。巧的是，夏言和严嵩是同乡。于是，严嵩就攀亲带故，想方设法去讨好夏言，只为了有更多的机会接触朱厚熜。而夏言这个人自视清高，其他方面都顺着朱厚熜，唯有对朱厚熜沉迷道教一直持反对态度。渐渐地，夏言就不被朱厚熜所喜欢了。

有一天，朱厚熜命令身边的侍从，将沉香水叶冠赐予夏言、严嵩等几位大臣，夏言虽然不太喜欢这类物品，但也不好直接拒绝，只好默默揣起来，一直不肯佩戴。但是，严嵩却跟夏言不一样，为了讨得朱厚熜喜欢，他每次出朝都会戴此冠，还特意用轻纱笼住，以表示自己很看重皇帝的赏赐。朱厚熜看到严嵩如此懂事，就开始喜欢严嵩，而嫌弃夏言。没过多久，严嵩就被晋升为太子太傅，羽翼已丰。这时候，严嵩便开始不断怂恿朱厚熜罢黜夏言，夏言被罢免了，严嵩更加肆意妄为。

嘉靖二十四年（1545 年），许赞因为年事已高辞去职务，张璧也随之去世。朱厚熜发现严嵩的贪婪和放纵日益加重，于是他又再度起用夏言，恢复了他的少师等全部官职。为了不让严嵩察觉到自己是在故意疏远他，朱厚熜同时也加封他为少师，看起来像是与夏言并重的样子。吃一堑，长一智，夏言既然已经彻底了解严嵩的为人，只好处处提防着他，以防他再玩阴的。严嵩也配合极好，表面上依然对夏言谦恭，但心底里指不定怎么想呢。后来，严嵩又凭借青词，夺回朱厚熜对他的信任。夏言知道斗不过严嵩，只好夹着尾巴做人，不敢再跟严嵩明争了。

嘉靖二十七年（1548 年），严嵩突然提及收复河套的事情，并把夏言扯了进来。不知道严嵩到底跟朱厚熜说了什么，好像只用了三言两语，就把夏言再一次送进了监狱。后来，狡猾的严嵩还利用传言，故意让朱厚熜得知自己曾受过夏言的毁谤。同年十月，夏言就被下令斩首，连他的亲信也没能逃过一劫，或被贬，或被罚。这下，严嵩的目的彻底达到了，赶走了夏言，他终于重新出任内阁首辅，从此擅专朝政，无人与他争权了。

即便如此，严嵩还不肯罢休。这一次，严嵩想彻底俘获朱厚熜的心，不管花多大的人力、财力和物力，他都在所不惜，都要全力以赴地去做。其中，单是营建斋宫秘殿，工场二三十处，役匠数万人，岁费二三百。如果经费不够，就命令臣民献助；如果献助还不够，就复行开纳，继续劳民伤财。当时，明王朝的太仓岁入只有二百万两。而斋宫秘殿等的营建，岁费竟然达到二三百万，这是一个多么惊人的数字。

为了满足朱厚熜崇道斋醮、追求长生的愿望，严嵩不仅每天都替朱厚熜斋醮祷祀，还撰写青词。付出就会有所回报，即使他的付出并不出于本意。后来，他终于因善写青词而再次得到朱厚熜的恩宠。当时在严嵩的心目中，青词的地位比自己的家庭，还有黎民百姓都重要。因此，当时的人们都嘲讽他是“青词宰相”。

在严嵩的精心算计下，他连续除去了政敌夏言、仇鸾二人。此后，朝中再也没有人可以与他明着为敌。但是他深知，朱厚熜对大臣的猜忌心理始终未曾消除。为了保住他的权位，他对所有弹劾过他的官僚都施以暴行，轻者被免职，严重的被立斩。比如沈鍊、杨继盛他们二人的死，实在是太过冤枉。当时的沈鍊，看不下去严嵩如此作恶多端，于是上疏给朱厚熜，并罗列了严嵩十条罪状。紧接着，杨继盛也罗列了严嵩的十罪、五奸，呈交给了朱厚熜。可是当朱厚熜看完奏章后却大发雷霆，立即命令将杨继盛逮捕入狱。

原来，杨继盛在奏章的结尾说错了话，惹怒了朱厚熜。他的结尾这样写道：“希望陛下听我一句劝，明察严嵩的奸恶之事，您可以召问裕、景二王，也可以询问其他阁臣。重则置宪，轻则勒令致仕。”朱厚熜向来重视道家所说的，不愿见“二王”，再加之藩王也没有权利过问政事，又何谈询问“二王”的意见呢？正是这句话犯了朱厚熜的大忌。后来，在严嵩的再三谗陷下，朱厚熜又下令斩杀了杨继盛。而沈鍊也没能逃过严嵩的手掌心，被严嵩用“以除后患”四个字说服了朱厚熜，也随之被斩杀。这下，严嵩真的可以高枕无忧了。

严嵩成为内阁首辅以后，虽然在朝中大臣面前无所顾忌，但是在朱厚熜面前，依然小心翼翼侍奉着。为此，朱厚熜还赐他一枚“忠勤敏达”的银印。就这样好多年过去了，严嵩也一天天变老，也该为自己的儿子做打算了。于是，他开始提拔自己的儿子严世蕃协助他掌权，不久后成为工部侍郎。严世蕃果然跟他的父亲的手段一样，刚一上任，就开始不断收买朱厚熜的左右宦官，并让他们把朱厚熜的日常生活、起居饮食、一举一动都汇报给自己。后来，大臣们干脆叫他们父子俩为“大丞相”和“小丞相”。有的大臣还讥讽说：“皇上不能没有严嵩，严嵩不能没有儿子。”

就这样，严嵩父子权倾天下足足二十年，朝野上下对他们二人的怨恨一天比一天深。更可气的是，严世蕃还经常待在家中宝库，看着白花花的银子大喊：“如今朝廷没有一个人比我富有。”此举狂妄至极。后来，众多大臣也听说了此事，觉得严嵩父子简直胆大妄为、目中无人，于是决定集体弹劾他们。可是朱厚熜还是一再包庇，不肯治他们父子的罪。如此以来，严嵩他们一伙人更加嚣张起来，还提出“政以贿成，官以赂授”的腐败之举。其实，说白了就是鼓励人们拿钱买高官来做。

比如，七品州判，售银三百两，六品通判，售银五百两；刑部主事项治元，用银一万三千就可以转任吏部稽勋主事，贡士潘鸿业用银二千二百两，就当上了临清知州。武官中则指挥售银三百两，都指挥七百两，夺职总兵官李凤鸣出银两千两，起补蓟州总兵，老废总兵官郭琮出银三千两，使督漕运。一时间，大大助长了严重的腐败风气。

嘉靖四十年（1561 年），吏部尚书吴鹏因对朝廷无望，随即提出辞职。严嵩钻了空隙，立即推荐他的亲戚欧阳必进填充礼部尚书一职。不知因为什么，朱厚熜十分厌恶这个人，当他看见名单上有欧阳必进这个人，勃然大怒，把名单掷之于地。严嵩还不肯放弃，又立即上密启，“谓必进实臣至亲，欲见其柄国，以慰老境”。朱厚熜碍于情面，只好表面是答应了他，但内心已经对他产生了极大的抵触。几个月后，朱厚熜命令欧阳必进辞职，也算是对严嵩的一次警告。

嘉靖四十一年（1562 年），朱厚熜不想再任人摆布了，于是决定彻底铲除严嵩，当时他不信任朝中任何大臣，只信任道士所言，于是向蓝道行求助。蓝道行是何许人也？他来自于山东，因为擅长预卜祸福而深受朱厚熜的信赖。有一天，朱厚熜又请蓝道行入宫，为他主持“扶乩”(问卜的一种方式)。

朱厚熜问：“为什么天下未能大治呢?”蓝道行回答：“奸臣当道，贤臣不用。”朱厚熜再问：“奸臣何人？贤者何人?”蓝道行回答：“奸臣如严嵩，贤者如徐阶。”朱厚熜又问：“既然如此，为何奸人不遭天谴?”蓝道行又回答：“留待皇帝自裁。”这下，朱厚熜可找到了斩杀严嵩父子的合理借口了。

对严嵩父子他早已生厌，再加之蓝道行的这几句话，他终于舍得给严嵩父子定罪了。严世蕃被判立即斩首，行刑前他大哭一场。严嵩因为年事已高，没有被判斩首，但死罪可免，活罪难逃，朱厚熜让他变得一无所有，不仅没收了家产，还削官还乡，无家可归。两年后，严嵩病逝，终年 87 岁。他死的时候，住在一间简陋的破小屋，没有棺木下葬，更没有人去吊唁他。他威风了一辈子，到头来却还是孤孤单单地走了。

“青天”海瑞

严嵩掌管大权的日子，不光是严家父子，就连他们手下的同党，也仗着跟严嵩有点交情，一个个狗仗人势、作威作福、嚣张至极，这让当地的百姓对他们恨之入骨。说得夸张一点儿，百姓恨不得扒光他们的皮，吃光他们的肉。上至朝廷大臣，下至地方官吏，凡是遇到姓严的人，他们都得忍让几分。可是，在浙江淳安县里，却有一个小小的知县，既不讨好他们，也不躲着他们，他的名字叫海瑞。

海瑞，海南琼山（今海口市）人，是明朝嘉靖时期的一名难得的清官。海瑞的一生，经历了明武宗、明世宗、明穆宗、明神宗四朝。由于他敢于直言进谏，向来惩恶扬善，一心为民谋利，被当时的人们称为“海青天”“南包公”，其伟名流传至今。

海瑞虽然出生在一个官僚家庭，按理说他应该可以过着丰衣足食的生活。可是，他的家境偏偏没有那么好。在他四岁的时候，父亲不幸病逝，他就和母亲相依为命，生活过得着实清苦。多亏他的母亲刚强能干，一个人勤俭持家，教子有方。在她的亲自督导下，海瑞自幼便诵读《大学》《中庸》等书，加上他的良师指导，海瑞得到了很好的家庭与文化教育，使得海瑞很早就有了报国爱民的念头。

嘉靖二十八年（1549 年），二十多岁的海瑞参加了乡试中举，中了举人后，他有了人生的第一份工作，初任福建南平教谕。后来，他又擢升为浙江淳安和江西兴国知县。在他任职期间，一直推行清丈、平赋税，并多次平反冤假错案，惩治那些贪官污吏，深得当地百姓的爱戴。没过多久，他又历任州判官、户部主事、兵部主事、尚宝丞、两京左右通政、右佥都御史等职。无论在什么职位上，他都竭尽所能，做好本职工作。他不仅想方设法疏浚河道，修筑水利工程，还力主严惩贪官污吏，禁止循私受贿，并推行了“一条鞭法”，强令贪官污吏退田还民。因此，当地的百姓都称他为“海青天”。

说来也巧，当时海瑞的顶头上司居然是浙江总督胡宗宪，也是严嵩的同党。胡宗宪有一个不争气的儿子，仗着自己的父亲和严嵩是至交，年纪轻轻不肯学好，学会了地痞那一套路，到处敲诈勒索，谁要是不肯听他的话，不肯乖乖拿出钱来，他就会暴打一顿。有一次，胡公子又带了一大批随从出去干坏事儿。天黑的时候刚好经过淳安，于是住在县内官驿里。因为驿馆本来就十分简陋，胡公子认为是这里的老板故意怠慢了他。没等驿馆老板张口解释，他就大喊着要砸了驿馆，驿馆的老板赶紧差人给海瑞报了信儿。海瑞早就听闻这位胡公子蛮横无理、招摇过境，十分厌烦他。

更过分的是，这位胡公子居然在驿馆闹翻了天，把所有驿吏吊起来暴打。他的所作所为让海瑞忍无可忍，当他听完差役的报告后，沉默了一会儿，然后镇静地说："胡总督向来是个清廉的大臣。他曾经来驿馆就吩咐过，以后凡是官吏在此歇脚，跟普通人一样对待就行，不用特殊招待，千万不可铺张浪费。而据你们所说，现在来的那位公子，排场阔绰，态度十分骄横，怎么可能是胡大人的公子，你们肯定是认错人了吧？他最多也就是一个无所事事的富家公子，到本县来招摇撞骗的。"说完，海瑞就带了一大批差役赶到驿馆，好像真的要一探究竟。

他们来到驿馆后，海瑞假装不认识这位胡公子，没等这位公子开口飙脏话，就命令手下人把他和他的随从绑了起来，并带回县衙审讯。一开始，那个胡公子还仗着父亲的官势，暴跳如雷，破口大骂。但是，海瑞对他的无礼行为不管不顾，一口咬定他是假冒公子，还说给他点颜色看看，看他以后敢不敢在装疯卖傻。胡公子看出海瑞要动真格的了，就不敢再狡辩什么，暂时听从海瑞的安排，心里依然不服气："你等着瞧，等我回去了，看我怎么收拾你。"海瑞又命人搜他们的身，果然从他们的行装里搜出了几千两银子，统统没收充公，还把他们各打了二十大板，然后撵出了县境。胡公子气冲冲地回到杭州，立即向他的父亲胡宗宪告海瑞的状。胡宗宪知道儿子吃了大亏，巡抚衙门早已经向他报了信，说有人冒充公子，还非法吊打驿馆驿吏。胡宗宪当然知道事情的前因后果，但不想纠缠下去。因为一旦纠缠下去，到时候丢脸的还是他自己。这一次，他只好打掉门牙往肚子里咽了，在心里偷偷记了一笔账。

胡宗宪儿子的事情平息没多久，京城又派出一名叫鄢懋卿的御史，到浙江视察。这个鄢懋卿是严嵩的干儿子，看来他的后台更硬实。都说后台硬，说话才有底气。而鄢懋卿的底气是过分足了，他敲诈勒索的手段比其他人更狠。他每走到一个地方，就要求地方官吏上供。如果地方官吏假装不理，不“孝敬”他一笔大钱，他是肯定不会善罢甘休的。因此，当那些各地官吏听到鄢懋卿要来视察的消息，一个个都紧张兮兮的，好像有什么大事要发生。但是，鄢懋卿却总是装出一副奉公守法的样子。还没到地方，就提前命人通知各地县官，说他向来喜欢简单朴素，不爱奉迎，其用意他知，大家也知。

当海瑞听到鄢懋卿要到淳安的消息，非但没有发愁，反倒一副很镇定的样子。他一直派人打听鄢懋卿的路况，等他快到淳安时，他便派人给鄢懋卿送了一封信，信中这样写：“您还没到地方，我们就已经接到通知。您要求我们不必铺张浪费，招待一切从简，我们都按照您说的做了，给您准备了简单的小吃小菜。可是后来听路人说，您每到一个地方，都要大摆筵席，饮酒取乐一番才肯走。我们好为难，都不知道该怎么办了。如果按照您的通知办事，恐怕会怠慢了您；如果像其他地方一样设酒宴，为您接风，又怕违背了您的真实意思。您能告诉我们具体应该怎么办呢?”鄢懋卿看完这封信，知道海瑞是故意揭他的老底，但也不能说什么，毕竟海瑞说的是实情，只能自己生闷气。他早就听说海瑞是个铁面无私的硬汉子，连胡宗宪都曾吃过他的哑巴亏。他惹不起海瑞，但躲得起。

于是，鄢懋卿临时改变了主意，特意绕开了淳安，到别处潇洒去了。从那以后，鄢懋卿就一直对海瑞憋着坏，总想找机会教训一下海瑞。后来，鄢懋卿终于逮着一次合适的机会，指使他的同党在朱厚熜面前说海瑞的坏话，说海瑞在执行公务时总是颠倒黑白、不明是非。朱厚熜顾得上思考，当即就撤销了海瑞淳安知县的职务。直到严嵩、鄢懋卿他们二人都倒台了，海瑞才被恢复官职，后来又被调到了京城任职。

当海瑞回到京城后，发现朱厚熜已经彻底放弃了朝政，每天除了和那些道士们厮混在一起，好像没别的事情可做了。那时候，朱厚熜已经有二十多年没有上朝了。朝中大臣不止一次进谏，请求皇帝以国事为重，可朱厚熜始终听不进去。海瑞眼见着朝廷一天比一天腐败，有一天他终于忍不住了，于是大胆地写了一道奏章，准备向朱厚熜直谏，他在奏章中写道："如今朝中贪官污吏横行，百姓民不聊生，皇上您自顾自己娱乐，不管其他人的死活，天下的老百姓早就对您不满了。"

其实，当海瑞把这道奏章送上去以后，就已经知道自己会触犯龙颜，甚至可能因此而获罪。在回家途中，他还顺道为自己挑了一口棺材。回到家中，海瑞交代好了后事，把家里的仆人也都统统打发走了，将自己的家人托付给了一个朋友，做好了被处死的准备，他不想拖累更多的人。果然，第二天清晨，海瑞的这道奏章就传遍了宫内，引起了一场大轰动，朝中一些忠臣都在心里佩服海瑞的勇气。

嘉靖帝朱厚熜读了海瑞的《治安疏》，十分愤怒，把《治安疏》扔在地上，对左右侍从说："快把他逮起来，不要让他跑掉。"宦官黄锦在旁边说："这个人向来有傻名。听说他上疏之前，自己知道冒犯该死，买了一个棺材，和妻子诀别，奴仆们也四处奔散没有留下来的，他自己是不会逃跑的。"朱厚熜听了默默无言。过了一会又读海瑞的上疏，一天里反复读了多次，感到叹息，只得把《治安疏》留在宫中数月。曾说："这个人可和比干相比，但朕不是商纣王。"

海瑞因为这封《治安疏》被关进了监狱，但是朱厚熜一直没有处死海瑞。等到朱厚熜驾崩，裕王朱载垕（明穆宗）继位，奉先帝世宗遗诏，赦免了以海瑞为代表的所有谏言诸臣。海瑞被释放出狱，官复原职。

庚戌之变，做个生意又何妨

自明朝中叶以来，昔日"北京保卫战"的锐气已经全无。嘉靖十二年（1533年），蒙古达延汗去世后，他的子孙们起了内讧，开始相互争斗，蒙古再次陷入割据状态。当时，达延汗的第三个儿子阿勒坦汗势力渐旺，很快成为蒙古族中最有影响力的人物，在中原称其为俺答汗。按照以前各朝蒙古霸主的规定，他们会主动要求明廷允许互市贸易。但是到了达延汗后期，物是人非，一切都被改变了。毕竟那些是前朝立下的规矩，后朝不一定会遵守。蒙古各部已经受够了拘束的生活，如今换了首领，他们便试图南下，抢掠财物，俘虏人口，让百姓过上了提心吊胆的生活。明廷哪能坐视不管，于是决定中止与蒙古的和平贸易关系。

俺答汗接到消息后，心中顿时有了一些顾忌，多次表示愿意臣服明廷，并提出了几个无礼的要求，他们要求明廷给他赐予封爵，允许每年向明廷进贡，并请求在长城关口恢复互市。朱厚熜当然不肯答应，他担心“土木之变”的惨剧再次重演，毕竟他们是一群喂不饱的猫。他严词拒绝了俺答汗的通贡互市的要求，甚至下了死命令，如果他们敢反抗，立即悬赏砍下俺答汗的首级。俺答汗见明廷不肯吃硬，只好暂时作罢。

嘉靖二十一年（1542 年），俺答汗再次派出使者，想与明廷进行一次长判。大同巡抚龙大有在朝廷的允准下，立即将俺答汗的使臣逮捕，第二天便斩首示众。两国交战，向来不斩使者。这次明廷的态度和做法，彻底激怒了俺答汗。嘉靖二十九年（1550 年），俺答汗率蒙古军入古北口，再次兵临北京城下。当时还是严嵩执政，他下令不准诸将出兵还击，等待蒙古军掳掠后自行撤退。因这一年正好是庚戌年，便被成为“庚戌之变”。“庚戌之变”成为空虚无力的边防建设的一次“大曝光”，也是继“土木之变”以后明朝的第二次奇耻大辱。

因为自“土木之变”以后，京师就多年没有遇到骚扰。如今俺答兵突然兵临城下，朝中大臣们变得极为震恐，手足无措。在加上当时京师兵籍都是虚报，禁军只有四五万，一半是老弱病残，根本没有体力再行军打仗；另一半则是内外提督大臣家里的役使，毫无作战经验。当时京师还缺少作战的器具，可谓是人力、物力样样不具备，又谈何作战？跟纸上谈兵有什么两样？面对这样的境况，朱厚熜心急如焚，立即召集兵民及四方应举武生守城，并飞檄召诸镇兵勤王。没过几日，大同、保定、延绥、河间、宣府、山西、辽阳七镇兵陆续赶到京城。明援军虽然来了五万余人，再加上京师原有的五万人马，差不多有十万人马了。可是，兵多嘴多，粮草又开始供应不足，明军依旧没有勇气出战。

正值用人之际，朱厚熜立即封仇鸾为平虏大将军，总领诸军。当时的仇鸾是首辅严嵩的干儿子，既无文韬，又无武略。面对俺答汗的大举进犯，吓得慌了手脚。他恐怕敌军闯入，立即下令紧闭城门，未经他的允许，不许打开城门，看得出他真的是怕极了蒙古军。就这样，他们眼睁睁看着俺答汗纵兵劫掠百姓，百姓受的苦简直比俘虏还多，但铁石心肠的他们依旧无动于衷，不肯出兵。严嵩也要求诸将坚守城内，不许开战，任凭俺答兵在城外掳掠。此时，俺答兵已经抢红了眼，跟强盗没什么两样。短短几日，德胜门、安定门等地的百姓被杀的杀，抓的抓，奸的奸，一片狼藉不堪。俺答汗见明军躲在城内不敢出战，心中更是得意忘形，便亲自写了一封书信传给明廷，信中这样写：“给我钱，开贸易，就可以解围，否则的话，我们就平均一年来骚扰一回。”

兵部尚书丁汝夔实在看不下去了，于是主动请问严嵩：“光守不战，也非长久之计，请问我们应该如何战守？”严嵩不以为然地说：“去塞外打仗，如果失败了可以藏起来，养精蓄锐后再战，而在京郊打仗，失败了就无处可逃、无处可藏。俺答汗不过是一群掠食贼，饱了自然会主动离去。”这时，礼部尚书徐阶不想再忍下去了，也在旁边斥责说：“今日他们在城下杀人放火，怎么可以说他们只是抢食？现在我们需要想出一个万全之策，不能让他们再肆意妄为了。”朱厚熜也赞同徐阶的这番话，并询问众臣应该如何答复俺答汗的书信，徐阶说：“今日他们在京郊驻兵，而我军战守之备一无所有，如果答应跟他们通贡，恐怕到将来他们的要求会越来越过分。”朱厚熜说：“为了江山社稷，皮币珠玉也就没那么重要了。”徐阶看朱厚熜心意已决，只好勉强同意朱厚熜的想法。后来，徐阶突然想到就这样无条件地答应他们，有失明军体面。最后决定先规劝俺答汗撤退，再由大同方面就通贡问题进行周旋，朱厚熜采纳了徐阶的主张。也就是说，在明朝允诺了通贡后，俺答汗才决定撤兵了。

又过了几日，俺答汗答应率军撤退。在北撤白羊口时，仇鸾带兵紧追在蒙古军后面，企图袭击落伍的骑兵，向朝廷邀功请赏。没想到的是，阴险狡诈的俺答汗突然中途折返。明军不战而败，死伤千余人，仇鸾自己也差点被俘，实在是自讨苦吃、得不偿失。之后，俺答汗长驱至天寿山，循潮河而上，仍由古北口出塞，京师解严。一个礼拜以后，蒙古兵就已经全部撤退了，朱厚熜这才把心放到肚里了。

在俺答汗退回河套地区的第二年，他们再次请求与明通贡互市。朱厚熜很快就批准了俺答汗的请求，深怕他们突然反悔，再来骚扰京城。但是一个月没到，俺答汗又向朝廷提出要求，说蒙古族的富人能以马易帛，而穷人没有马，希望明朝廷能以牛羊交换粮食，朱厚熜听后立即拒绝了。果然，这一切被礼部尚书徐阶说中，他们已经开始没完没了纠缠明廷。由于迟迟没有得到明廷的同意，俺答汗又兴兵骚扰诸边。这下惹恼了朱厚熜，他立即下旨停止马市贸易。

就这样，俺答汗与明朝再一次闹僵了，陷入长期的武装对峙之中。在此后的二十多年里，俺答汗没有一天能够安分，他们连年南下，大肆掳掠百姓财物不说，还肆意毁坏百姓的住宅，使边境地区的百姓深受其苦，明王朝也因此完全处于被动挨打的境地。

戚继光抗倭保国

“天皇皇，地皇皇，莫惊我家小儿郎，倭寇来，不要慌，我有戚爷会抵挡。”这是一首在我国东南沿海一带广为流传的民谣。而歌谣中的“戚爷”，指的是明代著名抗倭名将、民族英雄戚继光。他的一言一行，成为明朝后期衰败局面中的一个亮点。

戚继光，山东蓬莱人，出身于将门世家。他的父亲是戚景通，不仅武艺精熟、为人正直，对朝廷也是忠心耿耿，为自己的子孙树立了榜样。因从小受父亲的熏陶，戚继光不仅学到了行军打仗的真才实学，还养成了良好的品质，为以后建功立业打下了坚实基础。

少年时的他，就为自己树立了高远的志向，希望有一天驰骋疆场，保家卫国。还曾挥笔写下“封侯非我意，但愿海波平”的著名诗句。17岁时，戚继光接替了父祖历任的登州卫指挥佥事之职。25岁时，他又被提升为署都指挥佥事，担负起山东沿海防守海疆、抵抗倭寇的重任。看得出来，他不仅有一腔爱国热情和战场指挥才干，还是一位锐意进取、对军事制度进行改革的创新者。

当时的倭寇到底从何而来？这要从元朝末年说起，日本的北条时宗曾两次发布异国征伐令，想要借着战乱入侵朝鲜，进而觊觎中国。也就是从那时起，日本武士开始连绵不断地骚扰中国东北沿海，倭寇之患便逐渐形成了。由于古代称日本为“倭国”，后来那些劫掠中国沿海的日本武士和浪人就被人们称为“倭寇”。到明朝初期，国家还算强盛，海防也较为完备。因此，倭寇的入侵并未对明朝酿成大患。正统年间之后，由于朝政开始腐败，军队操练不勤，倭寇便日渐猖獗起来。

正统四年（1439年），一群倭寇袭击了浙江台州的一个叫桃渚村的地方，场面惨不忍睹。他们不仅杀人放火，还劫掠财物。更有甚者，他们连襁褓中的婴儿都不肯放过，把他们一个个拴在竿子上，用开水活活烫死，让人残不忍睹。嘉靖年间，那些倭寇除了攻城掠地，又开始到处奸淫妇女，几乎无恶不作。后来，倭寇头领还同海盗汪直（与太监汪直同名）、徐海等人互相勾结，只是为了各取所需。他们外出劫掠，有时候运气好一次就可以纠集战船上百艘。因此，东南沿海一带的人们对倭寇恨之入骨，但也只能忍着。

直到嘉靖三十四年（1555年），为了彻底剿除倭寇之患，素有威名的戚继光被朝廷升为参将，从山东被调任到浙江，命他镇守宁波、绍兴、台州三府，并让他亲自主持抵御倭寇。当戚继光马不停蹄地来到浙江后，还没来得及歇脚，就立即检阅当地军队。可是他发现军队中风气实在太差，顿时产生一种失落感，心想："如果我带领这样一支军队去打仗，肯定会大败给倭寇，这样的话实在是给明军丢面子。"于是他决定出榜招兵，另外组建一支新军。没过多久，在戚继光的大力号召下，一支由义乌的农民和矿工组成的军队就组建起来了。

组建一支军队容易，调教好一支军队可不是件容易的事情。其实，在戚继光提议创建新军时，就已做好了心理准备。此后，他便每天严格训练这支三千人的军队，中间也有忍受不了训练陆续退出的士兵，但戚继光只认一个理儿，"凡是留下来接受训练的，就是大明朝的勇士，他就会好好去栽培他们"。短短几个月的时间，戚继光真的带出了一支与众不同的军队。为了打起仗来更顺手，戚继光还更新了战舰、火器等装备。很快，这支新军队就成为日后让倭寇闻风丧胆的"戚家军"。

后来，戚继光又根据江南地区地形多沼泽，道路多弯曲，兵力不易攻以及倭寇善于设伏、短兵相接等特点，创造了中国古代军事史上著名的"鸳鸯阵"。什么是"鸳鸯阵"，简单点说，它是由十一名士兵组成的，在这十一个人中，有一个人是队长，他站在队伍的前列中央，其余十个人分成两列纵队，站在队长的背后。这个阵型乍一看似乎没什么新奇，但却毫无弱点，这十一个人互相配合，互相掩护，就构成了一个完美的杀阵，或许真的可以对付那群倭寇。

嘉靖四十年（1561 年）五月，倭寇聚集了一万余人，气势汹汹地入侵浙东沿海的台州府属的圻头、桃渚以及温州沿海地区。看得出，他们是做足了准备来的，眼见着马上到了作战地点，他们立即兵分两路，意图一次侵占台州、宁海这两个地区，胃口着实不小。当手下人把消息报告给戚继光后，他不慌不忙，思考了半分钟后，也决定兵分两路进行。他先让第一支兵力死守台州，自己则带领第二支兵力前往宁海迎敌。果然，经过严格培训的“戚家军”就是不一样，他们以迅雷不及掩耳之势到达宁海，很快切断了正在桃渚烧杀抢掠的倭寇的去路，把他们围困在龙山地区进行决战。

看时机差不多了，戚继光又下令猛烈攻击，士兵们意气风发、同仇敌忾，怀着满腔怒火冲向敌阵。曾经不可一世的倭寇在戚家军攻势下一触即溃，败退到了雁门岭。雁门岭这个地方位于温州西面，地势十分险要，这里是倭寇五年前击败明军的地方。这一次，苟延残喘的倭寇仍然想要凭借险要的地形跟明军顽抗到底，重温五年前的美梦。而在此时看来，他们简直是在白日做梦，戚家军才不给他们任何机会，而是乘胜进攻。经过一番激烈的战斗，雁门岭上的倭寇终于全军覆没。

在戚继光进攻雁门岭时，狡猾的倭寇利用另一支兵力进攻台州。幸亏戚继光在台州安排了一些兵力死守，但是毕竟兵力不多，再加之城墙不坚固，战况看起来有点危急。这时戚继光也正好成功围剿完雁门岭，准备赶回来助台州之战一臂之力。戚继光一到台州城下，先用火器进攻，接着以大队人马进击的战术攻入敌人阵营。士卒们看到戚继光如此英勇奋战，也义无反顾地杀入敌阵，再次和敌人厮杀在一起。狡诈的倭寇招架不住戚继光军队的猛烈追击，瞬间起了“诱降”之心，假意将抢夺的金银财宝扔到地上，引诱戚家军拣拾，分散他们的注意力，然后回师反扑明军。然而，倭寇的如意算盘打错了，戚家军一向纪律严明，人人都对倭寇犯下的罪行有着刻骨的仇恨，这点财物怎么能够动摇他们的抗敌决心呢。戚军愈战愈勇，奋勇杀敌，很快就歼灭了这股倭寇。这一战，斩首308个倭寇，生擒巨魁两人，其余的倭寇都被淹死在江中，这一仗真是大快人心。

戚继光消灭这股倭寇后不久，又有一股倭寇向台州袭来。戚继光立即集合军队，向倭寇的驻地圻头进发。倭寇一听是戚家军来了，便龟缩在营垒里，不肯出来作战。天公不作美，戚家军在外面叫阵之际，却又遭遇大雨天气，戚继光只好在倭垒附近驻扎下来。就这样，双方相持了三天也没开战。原来，倭寇中有人已经打探到台州有备，不想硬碰硬，于是放弃了原定计划，将进攻目标转向处州。戚继光向来眼观八方，当他洞察到敌军的不轨意图后，立即派出一支军队埋伏在倭寇的必经之地，另派一支军队偷偷跟在敌军身后。

倭寇来到上峰岭，看见四处全是茂密的苍松翠柏，便认为这是一个安全的地方。殊不知，这些松枝其实是戚家军用来遮蔽身体的，没想到敌人如此愚蠢、眼拙，愣是没发现这是个陷阱，还大摇大摆地进入上峰岭。正当倭寇路程过半时，一声如惊雷般的炮响划破山谷的寂静，数千戚家军将士犹如神兵天降，向倭寇猛扑过来，打了倭寇一个措手不及。一时间，戚家军的喊杀声和倭寇的哀嚎声交织在一起，在山谷中久久回荡。在戚家军的猛烈进攻下，将这些倭寇一举消灭，不留下任何活口。

此后没多久，戚继光又带兵剿杀了许多倭寇，连续取得了胜利。至此，倭寇在浙江一带的势力就已经基本上清除了，浙江又恢复了曾经的稳定和安宁，百姓又可以放心地生活了，再也不怕倭寇的突然入侵。在浙江抗倭的战争中，戚继光曾取得了九战九捷，歼敌六千的辉煌战绩。

当戚家军凯旋归来时，台州人民简直无法控制内心的喜悦，都在狂欢蹦跳，纷纷出城欢迎他们，人群组成一条二十多里的长龙，欢呼声震天，只为了庆贺这支优秀的戚家军归来，还有戚继光这位大英雄的胜利归来。

嘉靖四十二年（1563 年）十月，戚继光被升任总兵，担任闽浙粤三省军务。此时，不甘心失败的倭寇又集结二万七千人，战船 68 艘，气势汹汹地向福建沿海杀来。戚继光带兵出击，取得水战六捷、陆战六捷歼敌三千的胜利，使倭寇遭到了沉重的打击。一个月后，打不死的倭寇又从东沙登陆，大举进攻仙游县城，建立东南西三座倭垒，将仙游团团围住了。戚继光终于发狠招了，他立即兵分五路，一鼓作气，只给了自己一天时间，就攻克了三座倭垒，擒斩倭寇千余人，成功解除了仙游之围。敌军惨败之后，万余残寇狼狈不堪，各自流窜到惠安、晋江、同安等地逃生去了。

嘉靖四十三年（1564 年）二月，戚继光召集戚家军进行训话："我们一定要以最快的速度，彻底消灭这些倭寇，不能让他们再祸害百姓了。"戚家军异口同声说："好！"就这样，戚继光先后在王仓坪、蔡丕屹两次战斗中，给倭寇的残部以毁灭性的打击，彻底肃清了倭寇在福建的势力。紧接着，戚继光又挥军南下，来到了广东一带，将与倭寇勾结的山寇吴平的势力进行全部铲除，结束了广东倭患。

万历十一年（1583 年），戚继光被调任广东总兵官。两年后，也就是万历十三年（1585 年），戚继光因为年老多病，退休回到了家乡。万历十五年（1585 年），戚继光病逝。他生前撰写的《纪效新书》和《练兵实纪》两部军事名著都被列入中国古代十大兵书，备受兵家们的重视。

“功不可没”杨廷和

杨廷和，四川成都府新都人，是明代著名的政治改革家。他历仕明宪宗、明孝宗、明武宗、明世宗四朝。因为天资聪慧，少年时的他就已经有一番事业。在他 12 岁时，又顺利考中举人，一时名扬天下。

成化十四年（1478 年），杨廷和中进士，当时他年仅 19 岁，已经成为成化年间最年轻的进士。初任职时，他就被选任为翰林院庶吉士。当时，正好到成家的年龄，于是他先告假回乡娶妻，回朝以后担任翰林一职。杨廷和向来风度翩翩，再加之性格沉稳、慎重，因此很受朝廷重视。不仅如此，他还写得一手好文章，不仅明白畅达，还很有法度。他还喜欢考究史事、民间疾苦、边防战事等所有正统作品，真可谓是才具优裕，有至首辅的声望。

弘治二年（1489 年），杨廷和进入翰林院修撰，因为他曾参与纂修《宪宗实录》，之后就被擢升为侍读，侍奉当时的太子朱厚照讲解、读书。弘治十五年（1502 年），他又参与编撰《会典》，破格被提拔为左春坊大学士，充任日讲官，引得他人羡慕嫉妒恨。

正德二年（1507 年），杨廷和由詹事府入阁为东阁大学士，专掌诰命起草。当时，不怕事的他在讲筵上严厉指责宠臣权宦刘瑾，也因此和刘瑾结下了梁子。后来，刘瑾借机报复，传令让他任南京吏部左侍郎。五月，他又升为南京户部尚书，这让刘瑾心里很不舒服。八月，他被召回京城，再升为文渊阁大学士，参与朝廷的机密大事。

正德三年（1508 年），杨廷和加官少保兼太子太保。此时，刘瑾再也忍不了了，他怕真有一天杨廷和会成为他的顶头上司。为了找出杨廷和所撰写的《大明会典》中出现的小差错，刘瑾真是操碎了心，终于如他所愿，成功扣下了杨廷和与大学士李东阳的二级俸禄。不久，他又因为撰写《孝宗实录》的成功，被归还原来的俸禄，刘瑾又开始不开心了。

正德四年（1509 年），杨廷和又加官光禄大夫、柱国，升任吏部尚书、武英殿大学士。当时的刘瑾愈加蛮横无理，整天找茬儿，而焦芳、张彩二位小人也依附他作恶，招人唾弃。杨廷和与首辅李东阳两人只能从中委曲求全，稍作补救。同年，河北爆发了刘六、刘七起义，杨廷和因镇压农民起义有功，特加少师、太子太师、华盖殿大学士。不久后，他就正式被升为内阁首辅。杨廷和执政期间，朱厚照几乎很少上朝，经常在大同、宣府、延绥等地游玩，把国家政事完全抛在了脑后。杨廷和屡次进谏劝说，朱厚照根本不放心上。杨廷和无能为力，眼见着朝廷败落，不想再继续看下去。于是他申请退休，但是朱厚照说什么也不肯批准。

正德十六年（1521 年），荒淫的朱厚照因病去世。由于他生前没有子嗣，也没有嫡生兄弟。顿时让身边那些宦官们蠢蠢欲动，想趁机弄权。当谷大用、张永到内阁宣布皇帝驾崩的消息时，同时也宣布了皇太后的命令，要求内阁学士们选定继承人。这时候，杨廷和拿出《皇明祖训》，告诉他们说："兄终弟及，谁敢有不恭敬。兴献王的长子，明宪宗的孙子，明孝宗的从子，大行皇帝之从弟，按顺序当立。"他的话得到了诸多大臣们的支持。当宦官把大臣们的意见报告给皇太后时，皇太后也表示同意。于是，皇位继承人的事情就这样定了下来，使得政权平安过渡，没有发生任何动荡。可以说，朱厚熜的顺利即位，杨廷和是有很大功劳的。

朱厚熜即位后，一直抱有私心，想要追封自己的生父兴献王朱祐杬为皇帝，进入祖庙，此举遭到大臣们的极力反对。杨廷和等人提出建议："继统的同时要继嗣，您应尊明孝宗朱祐樘为父亲，生父只能为叔叔。"对此，朱厚熜很是不满，数次让大臣们再做讨论，但杨廷和等人始终不肯做出让步，朱厚熜气急败坏。后来，中下级官吏张璁、桂萼、方献夫等人为了个人利益，迎合朱厚熜的心意，上疏说："当继统，不继嗣，应该尊兴献王为帝。"

因为有一些人极力支持朱厚熜，朱厚熜心中明显有了底气。第二天，他就立即派司礼太监把他们的意见拿给杨廷和看，并说："大臣们的意见没有违背祖训，十分合于古礼，所以应该按他们说的办。"随后，朱厚熜在文华殿召见了杨廷和等人，令尊父母为帝、后。杨廷和仍然一根筋，说什么也不肯同意，群臣也一直站在杨廷和这边。然而，心意已决的朱厚熜对群臣的反对再也无所顾忌，宣称要加称兴献帝、后为"皇"。此时的杨廷和彻底心灰意冷，再次请求辞职，朝廷大臣反对者百余人。朱厚熜不得已，只好在嘉靖元年下诏称朱祐樘为"皇考"，慈寿皇太后为"圣母"，兴献帝、后为本生父母，不称"皇"。虽然如此，但是朱厚熜对杨廷和等人一直怀恨在心。就这样，他们的君臣关系因此不断恶化，已经没有办法继续合作下去了。看得出来，朱厚熜已经彻底忘记了他是如何登上皇位的。于是，杨廷和多次请求退休，都未能得到允许。

直到嘉靖三年（1525 年），朱厚熜才允许杨廷和退休，但却在他离开前一天批评他说："你是因为意见和我达不成一致，所以才选择辞职，这可不是做大臣的所为。"朝中许多大臣上书请求朱厚熜挽留杨廷和，但他根本不加理会。杨廷和离开内阁没多久，朱厚熜就让大臣们商议称朱祐樘为"皇伯考"。杨廷和的儿子杨慎率群臣伏阙哭争，结果 180 人遭到杖责，杨慎被发配云南，并强调永不再起用。接着，王邦奇诬陷杨廷和及其次子兵部主事杨惇、婿金承勋、乡人侍读叶桂章等互为朋党，把他们都逮捕入狱。后来，由于没有搜集到可用的罪证，只好都释放了。

嘉靖七年（1529 年），《明伦大典》正式编成，这是一本由政府官方刊布的政书性质的史书，属于内府刻本，记录的是关于"大礼仪"事件的所有过程。朱厚熜下诏宣布在大礼议中那些反对他的大臣为罪臣，共逮捕了134人。就连退休在家的杨廷和也没能逃过，也被削职为民。

杨廷和执掌朝政期间，在朱厚熜的不断压制下，他依然为朝廷做了不少贡献，比如革除弊政，减轻漕粮和赋税，取消团练，重整边兵，遣返宫女乐人，释放无辜囚徒，裁减冗兵冗员，诛杀奸宦头子，使朝野上下为之一新。不仅如此，他还捐资为家乡筑堰开渠、维修城墙、重培宝光寺等，真的是做了许多好事、善事，为后来人所称赞。

嘉靖八年（1530年）六月，杨廷和去世，时年71岁。他死后不久，有一次，朱厚熜问大学士李时："你去清查太仓，里面到底储存了多少粮食?"李时回答说："还能够用几十年呢，都是当初您下诏裁革冗员以后积攒下的粮食。"朱厚熜听了以后，感慨地说："这都是杨廷和的功劳啊!"说完长叹了一口气，似乎很怀念杨廷和。

隆庆年初，明穆宗朱载垕还亲自为杨廷和平反昭雪，不仅追复其旧官，还赠太保，谥文忠，也算弥补了他临终前唯一的遗憾。

李时珍与《本草纲目》

李时珍，是湖北蕲州（今湖北省黄冈市蕲春县蕲州镇）人，他生于明武宗正德十三年（1518年）。李家世代业医，祖父是"铃医"。父亲李言闻，号月池，是当地名医。那时，民间医生地位很低，李家常受官绅的欺侮。因此，父亲决定让二儿子李时珍读书应考，以便一朝功成，出人头地。李时珍自小体弱多病，然而性格刚直纯真，对空洞乏味的八股文不屑于学。

李时珍14岁中了秀才，在以后的九年中，他三次到武昌考举人均名落孙山。于是，他放弃了科举做官的打算，专心学医，于是向父亲求说并表明决心："身如逆流船，心比铁石坚。望父全儿志，至死不怕难。"李言闻在残酷的事实面前终于醒悟了，同意儿子的要求，并一心一意地教他。没过几年，李时珍果然成了一名很有名望的医生。

李时珍 38 岁时，被武昌的楚王召去任王府"奉祠正"，兼管良医所事务。三年后，又被推荐上京任太医院判。太医院是专为宫廷服务的医疗机构，当时被一些庸医弄得乌烟瘴气。李时珍在此只任职了一年，便辞职回乡。李时珍曾参考历代有关医药及其学术书籍八百余种，结合自身经验和调查研究，花了整整 27 年时间编成《本草纲目》一书，是我国明以前药物学的总结性巨著。

《本草纲目》的故事于行医的十几年中，李时珍阅读了大量古医籍，又经过临床实践发现古代的本草书籍"品数既繁，名称多杂。或一物析为二三，或二物混为一品"（《明外史本传》）。特别是其中的许多毒性药品，竟被认为可以"久服延年"，而遗祸无穷。于是，他决心要重新编撰一部本草书籍。从 31 岁那年，李时珍就开始酝酿此事，为了"穷搜博采"，李时珍读了大量参考书。家藏的书读完了，就利用行医的机会，向本乡豪门大户借。后来，进了武昌楚王府和北京太医院，读的书就更多，简直成了"书迷"。他不但读了八百余种万余卷的医书，还看过不少历史、地理和文学名著及敦煌的经史巨著，连数位前代伟大诗人的全集也都仔细钻研过。

李时珍还从中摘录了大量有关医药学的诗句。而这些诗句也确实给了他许多真实有用的医药学知识，帮助他纠正了前人在医药学上的许多谬误。在编写《本草纲目》的过程中，最使李时珍头痛的就是由于药名的混杂，使药物的形状和生长的情况十分不明。过去的本草书，虽然做了反复的解释，但是由于有些作者没有深入实际进行调查研究，而是在书本上抄来抄去，在"纸上猜度"，所以越解释越糊涂，而且矛盾倍出，使人莫衷一是。例如药物远志，南北朝著名医药学家陶弘景说它是小草，像麻黄，但颜色青，开白花。宋代马志却认为它像大青，并责备陶弘景根本不认识远志。又如狗脊一药，有的说它像萆薢，有的说它像拔葜，有的又说它像贯众，说法极不一致。类似此情况很多，李时珍不得不一次又一次地搁下笔来。这些难题该怎样解决呢?

在他父亲的启示下，李时珍认识到，“读万卷书”固然需要，但“行万里路”更不可少。于是，他既“搜罗百氏”，又“采访四方”，深入实际进行调查。李时珍穿上草鞋，背起药筐，在徒弟庞宪、儿子建元的伴随下，远涉深山旷野，遍访名医宿儒，搜求民间药方，观察和收集药物标本。

李时珍首先在家乡蕲州一带采访。后来，他多次出外采访。除湖广外，还到过江西、江苏、安徽好多地方。均州的太和山也到过。盛产药材的江西庐山和南京的摄山、茅山、牛首山，估计也有他的足迹。李时珍每到一地，就虚心地向各式各样的人物请教。其中有采药的，有种田的，捕鱼的，砍柴的，打猎的，都热情地帮助他了解各种各样的药物。比如芸苔，是治病常用的药。但究竟是什么样的?《神农本草经》说不明白，各家注释也搞不清楚。李时珍问一个种菜的老人，在他指点下，又考察了实物，才知道芸苔实际上就是油菜。这种植物，头一年下种，第二年开花，种子可以榨油，于是，这种药物便在他的《本草纲目》中一清二楚地注解出来了。

不论是在四处采访中，还是在自己的药圃里，李时珍都非常注意观察药物的形态和生长情况。蕲蛇，即蕲州产的白花蛇，有医治风痹、惊搐、癣癞等功用。李时珍早就在研究它。但开始，只从蛇贩子那里观察。内行人提醒他，那是从江南兴国州山里捕来的，不是真的蕲蛇。那么真正的蕲蛇样子又是怎么样的呢?他请教一位捕蛇的人。那人告诉他，蕲蛇牙尖有剧毒。人被咬伤，要立即截肢，否则就中毒死亡。在治疗上述诸病有特效，因之非常贵重。州官逼着群众冒着生命危险去捉，以便向皇帝进贡。蕲州那么大，其实只有城北龙峰山上才有真正的蕲蛇。李时珍追根究底，要亲眼观察蕲蛇，于是请捕蛇人带他上了龙峰山上。李时珍置危险于身外，到处寻找。在捕蛇人的帮助下，终于亲眼看见了蕲蛇，并看到了捕蛇、制蛇的全过程。由于这样深入实际调查过，后来他在《本草纲目》写到白花蛇时，就得心应手，说得简明准确。

当时，太岳太和山（今武当山）五龙宫产的“榔梅”，被道士们说成是“可以长生不老的仙果”。他们每年采摘回来，进贡皇帝。官府严禁其他人采摘。李时珍不信道士们的鬼话，要亲自采来试试，看看它究竟有什么攻效。于是，他不顾道士们的反对，竟冒险采了一个。经研究，发现它的功效跟普通的桃子、杏子一样，只能生津止渴而已，是一种变了形的榆树的果实，并没有什么特殊攻效。

鲮鲤，即今天说的穿山甲，是过去比较常用的中药。陶弘景说它能水陆两栖，白天爬上岩来，张开鳞甲，装出死了的样子，引诱蚂蚁进入甲内，再闭上鳞甲，潜入水中，然后开甲让蚂蚁浮出，再吞食。为了了解陶弘景的说法是否对头，李时珍亲自上山去观察。并在樵夫、猎人的帮助下，捉到了一只穿山甲。从它的胃里剖出了一升左右的蚂蚁，证实穿山甲食蚁这点，陶弘景是说对了。不过，从观察中，他发现穿山甲食蚁时，是搔开蚁穴，进行舐食，而不是诱蚁入甲，下水吞食，李时珍肯定了陶弘景对的一面，纠正了其错误之处。

就这样，李时珍经过长期的实地调查，搞清了药物的许多疑难问题，于万历戊寅年（1578 年）完成了《本草纲目》编写工作。全书约有 200 万字，52 卷，载药 1892 种，新增药物 374 种，载方 10000 多个，附图 1000 多幅，成了我国药物学的空前巨著。其中纠正前人错误甚多，在动植物分类学等许多方面有突出成就，并对其他有关的学科（生物学、化学、矿物学、地质学、天文学等等）也做出贡献。达尔文称赞它是“中国古代的百科全书”。

第九章 隆庆之治，我要做个好皇帝

隆庆年间，实为大改革的始创期。明朝采取了一系列新政，重振国威，整顿吏治，发展经济。故隆庆一朝，政局较为稳定，经济向好发展。明穆宗朱载垕用人不疑，放手让臣子发挥才能，使得隆庆朝和万历朝前十年成了明王朝国运中兴的时期，经济比嘉靖朝后期有了重大改观，史称“隆庆新政”。朱载垕虽然性格文弱、无为而治，但他依然能够在明朝的落日余晖里，留下自己的一抹身影。

隆庆“新政”

朱厚熜在位早期，一直把明太祖朱元璋、明成祖朱棣二人当作榜样，希望自己也能够成为一位后世称颂的明君。于是他英明苛察，严以驭官，宽以治民，整顿朝纲，对外抗击倭寇，重振国政，顺利开创了“嘉靖中兴”的局面。到了后期，朱厚熜没有即位前期那股劲儿了，虽然他整天痴迷于道教，整年不侍朝，然而依然能够牢牢掌控住朝廷官吏，也算得上是位有作为的皇帝。他在位期间，不仅巩固了明代的统治，也为“隆庆新政”与张居正改革奠定了基础。

嘉靖四十五年（1566 年），朱厚熜因病去世，享年 60 岁。他的第三个儿子朱载垕顺利登基，成为明朝的第十二位皇帝，是为明穆宗，次年改元隆庆。少年时的朱载垕，因其母亲杜康妃失宠，他又不是长子，所以很少得到父亲的宠爱。他倚靠高拱、陈以勤、张居正等大臣的尽力辅佐，实行了革弊施新的政策，海内外得到大治，才有了明史上的“隆庆新政”。

朱载垕统治期间，几乎没有发生什么重大的变故，他才得以稳坐皇位六年。当然，这与他的性情是息息相关的。当他还是个小皇子时，母亲就经常教导他凡事要小心谨慎，不要张狂。因此，从小他就养成了镇静、仁义的性情。隆庆一朝虽然时间短暂，但当时朝中人才济济，文有徐阶、张居正、高拱、杨博等人，武有谭纶、戚继光、李成梁等人。在他们的精心辅佐和努力下，朱载垕实行了一系列得到臣民赞誉的英明举措，一改其父亲朱厚熜一朝留下的弊端，使朝廷为之一振。

朱载垕一上台，就立即下令停止朱厚熜时期的守斋祈祷等迷信活动，并将当时所有的方士交由司法部门审理定罪。不仅如此，他还撤消了朱厚熜生前一直进行着的一切迷信殿堂阁亭的营建。很快，朝政呈现出了崭新的局面。与此同时，朱载垕还为前朝四十多年以来先皇手下的冤狱进行了平反。其中，从狱中释放出来的受冤者人员中，最著名的首推清官海瑞，这项措施赢得了广大臣民的极力赞誉。

过了没多久，朱载垕又下令免除了天下一年的赋税，以及嘉靖四十三年（1564 年）以前地方上拖欠的田赋。说是拖欠，其实是当时的官员在后面捣的鬼。他还制定了“安民生、足国用”的财税政策，对一些受灾地区的赋税进行适当的救济，只为了减少百姓受灾后的痛苦。朱载垕还是一个厉行节俭的皇帝，从不挥霍浪费。据当时的人们说，朱载垕每年在吃的上就可以节省下十几万两银子来。朱载垕在清理前朝弊政的同时，还制定了一系列的官吏考核制度。那些以前不在考察之列的王府官员们，后期也要被加入进去进行定时审核。朱载垕即位以来一直没能闲着，除了严惩那些贪官污吏，还提拔那些廉洁奉公的官员，使隆庆初年朝廷的吏治为之一新，大有中兴气象。

隆庆元年（1567 年），福建巡抚涂泽民曾大胆上书说：“请打开对外贸易，变私下贩卖为公开贩卖。”不久后，朱载垕便下令开放福建漳州府月港（今福建海澄），并以月港为治所设立海澄县，设立督饷馆，负责管理私人海外贸易并征税。督饷馆对私人海外贸易管理的内容主要包括：出海贸易的船只，不得携带一些违禁物品；船主要向督饷馆领取船引并交纳引税。此外，对日本的贸易仍在禁止之内，所有出海船只均不得前往日本。如果私自前往，则处以“通倭”之罪。如此以来，不仅减少了十几年来的倭寇之患，还使得明朝的对外贸易得到了很大的发展。

同年，朱载垕还宣布解除海禁，调整海外贸易的相关政策，允许民间私人远贩东西二洋，史称“隆庆开关”。也正是在这时，民间私人的海外贸易获得了合法的地位，东南沿海各地的民间海外贸易进入了一个新时期，明朝也因此出现了一个全面开放的局面。虽然仍存在诸多管理和限制，开放的月港也只是一处小港口。但是，民间私人海外贸易至此已经得到了朝廷的认可。只要遵守政府的管理限制，民间私人海外贸易就会被视为合法经营。因此，“隆庆开关”不仅使民间私人海外贸易摆脱了走私非法境地，而且可以有条件地公开进行较为正常的发展。

隆庆四年（1570 年），朱载垕开始关心北部边境防务，并十分注意加强军队的训练，以巩固边防。蒙古部落首领俺答汗的孙子名叫把汉那吉，当时因为家庭纠纷，一气之下投奔了明朝。后来，俺答汗率领蒙古兵到明朝边界要他们的人，时任宣府大同总督的王崇古坚守不出，因此双方也没有爆发大规模的战斗。随后，在内阁大学士高拱和张居正的策划与安排下，明朝派出一名使者与俺答汗进行谈判。最后终于达成协议，事件才得以和平解决。

除此之外，朱载垕还有一个天大的优点，那就是“用人不疑，疑人不用”。但凡是他信任的大臣，他就会无所顾虑，放手让他们去发挥自己的才能。可以说，朱载垕在使明王朝向最后一个繁荣时期发展的过程中，起了重要的过渡作用。明朝与蒙古两百年来的互相征战，终于在朱载垕的治理下告一段落。从此以后，草原上的硝烟少了很多，两个民族之间几乎再也没有大规模的征伐事件发生了。

隆庆六年（1572 年）五月，宫中突然传出了皇帝病危的消息，36 岁的朱载垕就这样匆匆走完了六年的帝王生涯，把大明江山留给了年仅 10 岁的朱翊钧，他是明穆宗朱载垕的第三个儿子。明神宗朱翊钧即位后，成为明朝的第十三位皇帝，次年改元“万历”。明神宗在位时间长达 48 年，是明朝在位时间最长的一位皇帝。

俺答封贡，边事晏然

在朱载垕还是王爷的时候，他就十分关注国家的边疆。刚一上台，朱载垕就立即任用当时有名的将领戍边，并启用抗倭名将戚继光为都督同知，主要负责京城门户防卫与东北边防，戚继光的“车马阵”也就是在这时候发明的。朱载垕还任用曹帮辅为兵部侍郎，与大将军王陵都督宣府、大同总管西北边防。并把剿匪的重大责任交予总督王崇古、谭纶二人，就此天下大定。

“庚戌之变”发生之后，蒙古各部依然在不断地找机会进犯明朝。多年来，蒙汉之间陆陆续续发生的战争确实不少，使得这两个民族都不能够安心生产、安心生活。蒙族首领俺答汗在扩张势力的同时，也曾试图想要恢复与明朝的经济关系，蒙古族人民也积极要求与汉族发展贸易，但明廷始终也不肯给个准信儿。

“俺答封贡”发生在隆庆四年（1570 年），这是在明朝发生的极少的事件，因为这次事件没有采用任何军事手段，就缓解了与外族的敌对关系。正是在明朝中央内阁大臣高拱、张居正的精心策划下，再加上地方宣大总督王崇古及大同巡抚方逢时的操作下，借着把汉那吉投奔明朝的机会，顺利达成了封贡及互市，结束了近二百年的敌对状态。与此同时，明朝又借此铲除了赵全等汉奸，大大削弱了鞑靼内部的组织力，形成了往后上百年明朝北边绝少爆发大规模战争的格局。

事情是这样的，自把汉那吉的父亲铁背台死后，他就被俺答汗的妻子克哈团悉心照顾。等到把汉那吉成家的年龄，又给他娶了妻子比吉。没过多久，把汉那吉又嚷嚷着要娶亲，原来他又爱上了一个叫三娘子的漂亮女孩，而这位女孩正是他姑母的女儿。更让人无语的是，当时的俺答汗也爱上了他的外孙女三娘子，三娘子也倾心于俺答汗，于是三娘子很快就投入了外祖父的怀抱。这对于把汉那吉而言，真的是心痛至极。

因为俺答汗夺爱，把汉那吉对他极其不满，于是召集阿力哥等十余人，赶到大同万里长城边界，要求大同巡抚接见他们。在宣大总督王崇古的说服下，把汉那吉到明朝受降，并给予他优厚的待遇。后来，俺答汗追到大同，得知把汉那吉未死，非常高兴，开始着手谈判营救计划。

当时的蒙古部战力虽强，但是文化不高，因此在明初一直未成大气候。但在居于板升的汉奸赵全的帮助下，蒙古部有了很强的组织力。他们正如张居正所说："本朝有两患：'东患在属夷，西患在板升。二患不除，我终无安枕之日，然西事稍易，宜先图也。'"蒙古部在张居正眼中还不如赵全等人。因此，明朝的态度是要求俺答汗"自当卑词效款，或斩吾叛逆赵全等之首，盟誓于天"。俺答汗封贡归顺，其实是没有什么把握，毕竟在与明朝的对抗中，俺答汗少有败仗。

俺答汗只因为疼爱孙子把汉那吉，才会直奔大同要人，对于把汉那吉投降明朝，俺答汗总是有一种"日夜恐中国戕其孙"的感觉。而明朝对于"讨汉奸"的要求，在孙子安危面前也变得细小。在俺答汗看来，他们之所以多次入侵明朝北边，其实也只为抢夺，绝无他意。如今可以封贡称臣，虽然会损失赵全等一班军师，大大损伤了战力，但是有互市在后头，还可有大明这个大靠山，对俺答汗来说还是有一定好处的。互市之作用，在于安定外族之民。想到这里，俺答汗实在找不到拒绝的理由了，于是答应了大明的提议。

"俺答封贡"于次年隆庆四年（1570 年）成事，基本上以和平手段达成，以双方各取所需告终。明朝封俺答为顺义王，开放十一处边境贸易口岸，使蒙古人能通过贸易获得中国资源。而对中国的好处，是明朝北边的确上百年不用兵革。虽北边亦有说"俺答既入贡，边防大驰，军饷皆入帅囊。啖寇之外，间以遗京。近边之卒，馁瘠无复有生理。而板升生齿日繁，强硬无赖，议者忧之”。但在大明的历史上，至少已经达到止战之效，因此“俺答封贡”实为一种成功之举。

“俺答封贡”基本上结束了明朝与北方蒙古诸部近两个世纪的武装冲突局面。从此，“东起延、永，西抵嘉峪七镇，数千里军民乐业，不用兵革，岁省费什七”，对万历初年国力的舒缓起了极其重要的作用。同时，蒙汉双方也展开了正常的互市贸易，北方边境安宁，边境的蒙汉人民也从此过上了安定祥和的生活。

传奇女子“三娘子”

在蒙古民族的历史上，除了成吉思汗、忽必烈等顶天立地、威震四方的英雄汉外，还有一位文武兼备、运筹帷幄，被人们称为蒙古草原三十余年的“巾帼女英雄”。她就是明代蒙古土默特部首领“三娘子”，蒙古瓦剌奇喇古特部哲恒阿噶的女儿。

三娘子，名叫钟金，史称“钟金哈屯”，有高贵显赫的意思。三娘子出身在蒙古贵族家庭，天生丽质、聪慧过人。幼时的她就已经饱读诗书，性格豪爽，还擅长歌舞骑射。待三娘子长大后，能文能武、胸襟开阔、通达事务，深受部落民众的喜爱。后来，瓦剌奇喇古特部落与俺答汗联姻。于是，只有20岁芳龄的三娘子就嫁给了俺答汗，成为了王妃。此次婚姻的缔结，将三娘子推上了可以尽情施展才华的广阔舞台。

不巧的是三娘子出嫁之时，正是明朝政府与塞外草原关系极度紧张的时期。此前，由于俺答汗不守信义，一边打着称臣朝贡的名义骗取明朝赏赐，一边又背弃誓言出兵抢掠明朝边境百姓，明朝多次拒绝俺答汗有关“通贡互市”的要求，对蒙古实施贸易制裁，又杀死了在紫禁城朝堂上放肆威胁明朝皇帝的俺答汗使者。俺答汗见“朝贡”不成，便亲率蒙古铁骑直逼北京城下，劫掠昌平等周边州府。在奸臣严嵩一党的把持之下，明朝政府与俺答汗达成在大同等地开辟互市贸易的协议。

然而，时隔不久，俺答汗的老毛病又犯了，他不仅出尔反尔，背弃誓约，还率军进攻大同等地，再次挑起战争事端。经过20多年连绵不断的战争，蒙古的入侵遭到明军顽强抵抗，损兵折将，百姓流离失所，农牧业生产萧条。可以说，明朝之所以衰败，俺答汗也起了很大作用。在战争中，明朝涌现出马芳等著名将领，几次重创俺答汗的军队。同时，由于俺答汗曾经向明朝称臣，出身黄金家族的部落对他的汗位蠢蠢欲动。另外，原本有利可图的南下劫掠又因为明朝的顽强抵抗损失惨重，入不敷出，更威胁了俺答汗的地位，令俺答汗不得不重新审视与明朝的关系。

面对这种剑拔弩张的严峻形势，三娘子以其聪明才智力排众议，积极主张与明朝政府和好。隆庆五年（1571年）三月，经过三娘子的不懈努力，双方终于宣布休兵罢战，化干戈为玉帛，实现了通贡互市。隆庆六年（1572年），为了显示自己今后安居乐业，再也不会四处游牧劫掠大明朝的诚意，三娘子代替俺答汗做出一个惊人的决定，修建一座名叫库库和屯的城池。

与明朝政府实现通贡互市之后，塞外草原上的几千里边境地带很快出现了一派祥和、安定、繁荣的景象。此后，三娘子便积极维护与明朝的友好和贡市关系，使得蒙汉人民可以自由贸易，草原上诸部落对她的一系列作为更是口服心服，也甘愿受其约束。每当互市时，常常出现两族人民“醉饱讴歌，婆娑忘返”的情景。后来，明朝政府便封俺答汗为顺义王，封三娘子为忠顺夫人。

万历六年（1578年），俺答汗在青海向达赖三世许愿回来后，便开始和三娘子共同主持修建弘慈寺，也就是现在的大召寺。两年后竣工，俺答汗又不惜花费巨资，铸成一尊巨大的释迦牟尼佛像，由达赖三世亲自前来开光后供奉在寺内。在修建归化城时，俺答汗已经进入老年，并且疾病缠身。三娘子为了替丈夫分担，于是积极辅佐丈夫处理各种事务。万历九年（1581年），俺答汗和三娘子再次扩建归化城，又修筑了一座规模宏伟的外城。

就在这一年，俺答汗永远地离开了三娘子，“忠顺夫人”三娘子很是悲痛，可是她又不想因为丈夫的去世，放弃部落的生死存亡。于是，她立即将这个消息告知明朝政府，并上贡白马九匹，镀金撒袋各一幅、弓一张，箭十五支，以表示会继续忠顺。明朝政府看出她的诚意，也立即派遣使者携带厚礼前来祭吊俺答汗。三娘子对使者从不敢怠慢，当时以主人的身份答谢了明朝使者。此后，三娘子便彻底执掌兵权，她的一举一动都与北方地区的局势息息相关。明朝政府深知这一利害关系，又赏赐三娘子大红五彩纻丝衣两袭、彩缎六表里、木棉布二十匹。她不断约束蒙古各部，为蒙汉双方的和平和经济文化交流做出了杰出贡献。

此时，俺答汗的长子黄台吉依照旧俗，想娶继母三娘子为妻。其实在之前他就已经对三娘子情有独钟，这样他就可以全盘接收俺答汗的所有妻女和权力。对此，当时已经32岁的三娘子刚开始强烈反对，还为此闹过小脾气，率领俺答汗生前赐给她自卫的1万精骑出走。没过多久，明朝深悉“夷情向背半系三娘子”，便急速派大臣郑洛前去劝说三娘子。三娘子为了顾全大局，也是出于对明朝廷的尊重，最终同意与黄台吉成婚。随后，明朝政府封黄台吉为顺义王，三娘子第二次被封为“忠顺夫人”。

黄台吉继承了父亲的汗位后，经常埋怨其父亲不该与明朝议和，屡屡想要再次挑起事端。三娘子一再相劝说：“天朝所以待我者甚厚，岁通贡市，坐享全利，而无后忧。孰与夫冒矢石，出万死，幸不可知掠获也。”黄台吉听后非常信服，从此打消了与明朝开战的念头。不久后，三娘子因其子的婚姻问题与部落内部发生纠纷，三娘子派遣精锐骑兵迅速包围了板升城，爆发了板升之战。三娘子军斩杀八十余人，生擒二十人，缴获盔甲三十副，驼马一百多匹。战事持续了足足五个多月，最终降服了板升城。

万历十三年（1585年），黄台吉病逝，其长子扯力克自立为王。本来，三娘子想把手中王印和兵符传给自己的爱子卜他失礼，以继承汗位。不过，三娘子权衡利弊之后，又将王印传给了扯力克。此时，已经37岁的三娘子以年岁渐老为由，自练兵万人，筑城别居。明朝政府感觉到三娘子隐退十分不利于安顿边塞，于是派人规劝扯力克说："夫人三世归顺，汝能与之匹则王，不然封别属也。"于是，扯力克便休了所有妻妾，与三娘子合帐成婚。

两年之后，扯力克正式继承顺义王位，而明朝政府深知三娘子才是真正的掌权者，第三次诏封她为"忠顺夫人"，赏赐也十分丰厚。而扯力克呢，自继承王位后，成天无所事事、不思进取。更过分的是，他常年不理政事。后来，三娘子发觉扯力克不能成大事，只好把部族里的大小事务全由自己处理。为此，明朝政府经常给予三娘子丰厚的赏赐。三娘子对此十分感激，曾经多次向明朝政府表示"子孙暨部族世世为天子守边"。

万历十九年（1591年），不知因为何事，宣化镇附近有两名部落首领背叛盟约，率兵进入边境引起骚乱。三娘子闻讯后，立即派兵前去征讨，最终擒获叛乱的两名部落首领，使得边塞又恢复了平静。同年秋季，位于塞外草原西侧的火落赤部落挑起事端，顺义王扯力克居然背着三娘子，私自出兵帮助火落赤部落扰乱明朝所属的洮河等地。明朝边关将领立即派遣使者将军情告知三娘子。三娘子得知这一消息后，迅速派出使者前往火落赤部落，要求扯力克立即率兵东归。扯力克迫于三娘子的压制，非常不情愿地率兵而归，洮河之乱也就此平息。因为此事，明朝政府下令停止通贡互市两年，三娘于对此深表歉意，又将挑起事端者缉拿后送交明朝边关将领。于是，明朝政府又下令恢复中断的通贡互市。

万历二十二年（1594年），扯力克去世，围绕着王位的继承问题，扯力克的孙子卜石兔台吉和三娘子的孙子素囊台吉之间发生了一场夺嫡之争。后来，三娘子不徇私情，遵循俺答汗生前与明朝政府达成的"世代相传为王，以长部落归心"的约定，毅然将顺义王印移交给了卜石兔台吉。为此，素襄台吉多次咒骂其奶奶三娘子，憎恨其不将王印相授。

三娘子的一生，精心辅佐了三代顺义王，始终坚持与明朝友好的政策。在近四十年中，长城内外出现了和平的景象，三娘子在蒙古草原上也享有很高的威望。这不仅顺应了历史的潮流，也符合人民的愿望。万历四十一年（1613 年）四月，64 岁的三娘子因病去世，被安葬在美岱召内，明朝曾经遣使给予赐祭七坛的隆重祭礼。

“言行不一”的“救时宰相”张居正

张居正，是湖广江陵（今属湖北）人，生于嘉靖四年（1525 年）。他本来不叫“张居正”这个名字，而是叫张白圭。这个名字的由来，还得从他的曾祖父张诚的一个梦说起。就在张居正出生的前一天晚上，他的曾祖父梦见月亮落在一个大水翁中，顿时清光四溢，一只白龟逐渐浮现在波光荡漾的水面上。第二天他梦醒后，认为这是个吉兆，于是在张居正出生后，便为其起名白圭，也就是“白龟”的谐音。

少年时的张居正仪表不凡，自幼聪颖绝伦，在家乡还有“神童”的称号。嘉靖十五年（1536 年），12 岁的张居正投考生员，得到荆州知府李士翱的赏识，并为其改名为张居正。13 岁时，他参加科举考试时，又颇受乡试主考官湖广巡抚顾璘的看重，随后二人就成了忘年交，顾璘称其为“小友”。16 岁时，张居正中举，顾璘盛赞其为“国器”，并将中举的犀带赠给他。后来，顾璘担心他过于顺利，会得意忘形而终无为，想要好好磨砺他一番，于是强制他落榜。

嘉靖二十六年（1547 年），张居正考中进士，由庶吉士至翰林院编修，那年他才 23 岁。从此，他成为明代政治家、最伟大的改革家，也是中国历史上优秀的内阁首辅之一。大明朝从明太祖朱元璋称帝开始，经历了两百多年的风吹雨打，到嘉靖年间时，已经是百病丛生、千疮百孔、危机四伏。当时的朱厚熜，整天幻想着如何才能长生不死，每日在京城里设坛修醮，青烟缭绕。更让人难以理解的是，他将朝政大权托付给了奸相严嵩。当时的严嵩父子早已经虎视眈眈，便趁机肆意妄为、为非作歹，做了不少贪赃枉法的事情。正是在这样的时代背景下，平民出身的内阁首辅张居正，才被推上了历史的前台。

张居正辅政初期，一直尽心尽力，用他非凡的魄力和超人的智慧，自上而下地整饬朝纲，励精图治，奋力抵抗倭寇。万历五年（1577 年），张居正的父亲因病去世。按照古代的官制，做儿子的理应为父亲守孝三年。但是，明神宗朱翊钧以政务繁忙、不必离职守孝为理由，下诏挽留张居正，让他继续负责督责改制。朱翊钧的“夺情”从当时的形势来看，的确有利于改革。然而，其他人却纷纷指责张居正大逆不道，贪恋权位，认为他不回乡守制就是违背了祖制和封疆纲常。过了许久事态才平息，但张居正始终处于与多数官员为敌的境地，落得个贪权不孝的骂名。

万历六年（1578 年），张居正把改革的重点集中在整顿赋役制度、扭转财政危机两方面。他认为赋税的不均和欠额，就是土地隐没不实的结果。要想解决财政困难的问题，前提是要勘核各类土地。说干就干，张居正于万历八年（1580 年），下令清查大地主隐瞒的庄田。在清查土地的基础上，张居正还推行了“一条鞭法”，改善了国家的财政状况，推动了明朝商品经济的发展，使得奄奄一息的明王朝重新获得勃勃生机。

从这些方面来看，张居正的改革确实取得了重大的成就，后世誉他为“宰相之杰”，一点儿都不过分。据说当时张居正还有一个弟弟，名叫张居敬。有一年不幸得了重病，需要回乡休养一段时日。保定巡抚张卤碍于张居正的面子，例外发给他“勘合”（使用驿站的证明书）。后来，张居正得知了这件事，立马把“勘合”交还给张卤，并附信说：“要为朝廷执法，就不能以身作则。”因此，对于明王朝来说，当时的张居正的确是一个清正廉洁的治国之才。

但是，张居正并不是像海瑞一样的人物，他在政治方面，可以做到清正廉洁，这毫不令人质疑。但是在生活方面，他对生活要求很高，追求奢侈享乐。

张居正在担任首辅期间，每次提拔官员，在与他们谈话时，他都直言不讳地说："千里来当官，只为吃和穿；想保吃和穿，当好这个官。"虽然话说出来不好听，但是道理却极其深刻。对于辛苦操劳了大半辈子的张居正来说，那些所谓的山珍海味、生猛海鲜、名茶好酒，他早已没了兴趣，没了胃口。好日子过得越久，嘴巴也越刁，舌头也越灵，胃口越大，品位也就越高。于是，张居正吃的境界也蹭蹭提升。当时，在他府中当差的厨师，每天除了做好当天的菜肴，还要想好第二天的菜肴。为了每天做到吃不重样，厨师们可谓是费劲了心思，想破了脑袋。也正是张居正的逼迫，那些厨师的手艺也愈加精益求精，简直登峰造极。

不仅如此，张居正还独创了一道在中华食谱上都查不出来的名菜，叫做"鸡舌羹"，这道菜曾经是他的最爱。虽然鸡舌在当时并不难求，但是要做出一碗好吃又完美的"鸡舌羹"，那得需要真本事。要不即使有再多的鸡舌头，也烧制不出一道完美的"鸡舌羹"。可见，张居正的好吃和腐败体现得淋漓尽致。

朝廷上下，无人不知张居正清正廉洁，也无人不知他贪图享乐、好吃好色。张居正在辽王被废之后，将其府第占为己有。先后任湖广巡抚的汪道昆、赵贤等用公款为之营建私第，张居正也欣然接受。《明史》说张居正"自夺情后，益偏恣。其所黜陟，多由爱憎。左右用事之人多通贿赂"。张居正被籍没时，折价约金银 19.58 万两，另有良田八万余顷。其家产虽不及大贪官严嵩，但也相当可观，其贪贿之状由此可见。

张居正娶了七房正式的姨太太，还不包括他的那些妾，以及那些长期、短期的伴侣，要是都算进去，那数量有点惊人，比皇帝逊色不了多少。年近六旬，张居正每天除了忙政务，还要忙家里。他的身体一天天虚弱下去。可是张居正仍然沉溺声色，身边常有美人作陪，过着天上人间的生活。

戚继光在镇守登州时，听说附近的渔民经常到黄海捕获一种名为“腽肭兽”的小动物，这个动物又俗称“海狗”，煲汤喝，对身体有一定好处。于是送给张居正煲汤喝。殊不知，张居正自己也在大量使用“春药”。不知道是不是两种药物混着喝的效果，张居正喝了这种汤以后，即使是数九寒天，他依然头顶冒汗，后来他的头发开始脱落，热火烧身上升至头，即使冰雪天气，他也不戴帽子。自此，一到冬天，其他官员们也不戴帽子，一律光头，这成为了万历年间京城的一道“靓丽”的风景线。

万历十年（1582 年），张居正仅仅 58 岁便一命呜呼了。王世贞在《嘉靖以来首辅传》提及，张居正其实死于春药过度。张居正死后，赠上柱国，谥文忠。在他过世前十天，皇帝还加封他为“太师”，成为有明一代唯一一位在生前受封此职之人。

同年十二月，朝政格局发生了出人意料之外、却又在情理之中的事情。朝中的反对派们开始活跃起来了，率先弹劾张居正的是陕西道御史杨四知，他上疏例举了张居正的十四条罪状。万历帝朱翊钧看完此疏后，依然有些犹豫不决。后朝臣们弹劾的奏章如同雪片一样不断飞来……一时间，闹得朝野上下乱哄哄，最后终于说服了朱翊钧，下令要对尸骨未寒的张居正痛下杀手。

万历十二年（1584 年）四月，朱翊钧颁发了查抄荆州张家的诏书，并由司礼监太监张诚和刑部右侍郎丘木舜等人主持这次的抄家行。

此番查抄张居正家所获的财物，据刑部当时所列的清单，共计为：黄金 2400 两、白银 17700 两、金器 3710 两、金首饰 900 两、银器 5200 两、银首饰 10000 两，另有玉带 16 条等等。其实，这与朱翊钧原先的估计相差甚远。或许少的那些财物都已被张居正享受用了吧？

科学的“先驱”徐光启

回顾万历朝的前十年，在小皇帝朱翊钧的大力支持下，张居正在政治上、经济上进行了大刀阔斧的改革，朝廷面貌焕然一新，对于改善明王朝的经济状况也算是卓有一番成效。十年过去了，除了国家财富的增长之外，朱翊钧也逐渐成为一个20岁的青年。万历十年（1582年），当初的小皇帝朱翊钧开始亲政。

朱翊钧虽然贪图享乐，懒于处理朝政，但眼界还算开阔。他鼓励西方传教士传播西学，并提倡明朝的官员研习西方数理知识以及新的科技用于本国建设，比如西式的火器与水利办法。徐光启就是当时最早一批学习西方科技的明朝官员，也是中国第一个把欧洲先进的科学知识，特别是天文学知识介绍到中国的人。他不仅是我国近代科学的“先驱”，也是中西方文化交流的先驱者之一。

徐光启，是明朝南直隶松江府上海县人，中国明末的科学家、农学家、政治家、军事家，官至礼部尚书、文渊阁大学士。明嘉靖四十一年（1562年），生于南直隶松江府上海县法华汇（今上海市）一个小商人的家里。当时的法华汇还不是一座城市，而是一个贫穷的小乡村，在他家四周都是种满庄稼的农田。幼时的他，每次进学堂读书时，就开始留心观察周围的农事，对农业生产有着极其浓厚的兴趣。

徐光启的父亲徐思诚不仅精通商业，而且博识强记，对阴阳、医术、星相、天文等方面十分精通。徐光启的母亲是一位勤劳善良的妇女，她操持家务，每天从早到晚纺织耕田，深深具备中国劳动人民的优秀品质，这对徐光启日后重农兵、尚实践产生了深远的影响。等到徐光启长大后，他就决心考取功名，准备参加科举考试。

万历九年（1581 年），徐光启 20 岁时顺利考中秀才。后来，因为家境的关系，他在家乡和广东、广西等地教书。他白天给学生们上课，晚上在微弱的灯光下阅读古代的农书，开始钻研农业生产技术。由于农业生产与天文历法、水利工程的关系十分密切，而天文历法、水利工程又离不开数学。于是，他又进一步博览古代的天文历法、水利和数学著作。再加之连年遭遇自然灾害，他参加举人考试又屡试不中，这期间，他备受辛苦，也算是对他的一个难得的考验。

万历二十一年（1593 年），徐光启受聘去韶州任教，两年后，他又再次转移至浔州。他在韶州教书时，很幸运地见到了传教士郭居静，这是他与传教士的第一次碰面。后来，他还去了郭居静的住宅，这是他第一次见到一幅完整的世界地图，又第一次听说地球是圆形的，还第一次听说意大利科学家伽利略制造了天文望远镜。所有这些，对于他来说，都是一些闻所未闻的新鲜事。从此，他便开始接触西方近代的自然科学，只为了学到更多丰富的知识。

万历二十五年（1597 年），徐光启由广西入京参加应试，本来应该落选了，却又被主考官焦竑在落第卷中去除，并提拔他为第一名。现在看来，徐、焦二人之所以都主张文章学问，应该“益于德，利于行，济于事”，或许在经世致用思想上的一致，徐光启才得到焦竑的大力赏识，并被提拔为第一名的。但没过多久，焦竑就被朝中大臣屡屡弹劾，最终丢了乌纱帽。第二年，徐光启参加会试也未能考中进士。于是，屡试不中的他又乖乖回到家乡继续教书育人。

在同郭居静交往的那段日子，徐光启听说有一位叫利玛窦的欧洲传教士也在这里传教，并介绍西方的科学知识给当地的读书人。这下徐光启彻底坐不住了，四处打听利玛窦的具体下落，想要当面向利玛窦请教各种问题。后来，在熟人的介绍下，徐光启于万历二十八年（1600 年），得到了利玛窦正在南京传教的消息，立即专程前往南京去拜访。徐光启一见到利玛窦，就对他表示了仰慕之情，希望可以向他学习西方更多的自然科学。利玛窦看他也是个读书人，也想向他学习中国古代的文化典籍，于是二人就交谈起来，从天文谈到地理，又谈到中国和西方的数学。临别之际，利玛窦还送给徐光启两本宣传天主教的小册子。一本是《马尔谷福音》，讲的是耶稣的故事，另一本是《天主实义》，是利玛窦用中文写的解释天主教义的书。

万历三十一年（1603 年），经过三年的考虑，徐光启终于决定在南京接受洗礼，一家人都加入了天主教。后来，徐光启还成为教会中最得力的干将。第二年，徐光启终于考中进士，正式步入仕途。徐光启 20 岁中秀才，36 岁中举人，43 岁考中进士，掐指算来，他为科举功名花了整整 23 年的时间。可以说，徐光启是明学术界、思想界兴起的实学思潮中的一位有力的鼓吹者、推动者。徐光启考中进士后，便担任翰林院庶吉士的官职，留在了京城。

万历三十四年（1606 年），徐光启再次请求利玛窦传授西方的科学知识，利玛窦早已经把徐光启当做至交，所以爽快地答应了。利玛窦用公元前三世纪左右希腊数学家欧几里得的著作《几何原本》做教材，对徐光启讲授西方的数学理论。利玛窦每两天讲授一次，徐光启每次都能够准时到达，一刻也不耽误。此外，徐光启在公余之暇，还经常去拜访利玛窦，彼此间慢慢熟悉了，开始建立起了深厚的友谊，成为无话不谈的好朋友。

在利玛窦的培训下，经过了一段时间的学习，徐光启已经熟练掌握了欧几里得这部著作的内容，并深深地为它的基本理论和逻辑推理所折服，认为这些正是我国古代数学的不足之处。于是，徐光启希望利玛窦能够跟他合作，一起把它译成中文。一开始，利玛窦对这个建议犹豫不决，因为欧几里得的这部著作是用拉丁文写的，拉丁文和中文语法不同，词汇也很不一样，书里的许多数学专业名词在中文里都没有相应的现成词汇。想要译得准确、流畅而又通俗易懂，不是一件容易的事情。之前曾经有一个姓蒋的举人也同利玛窦合作试译过，就因为这个缘故才半途而废的。但是徐光启坚持认为，只要肯下一番苦功夫，肯定可以译成的。在他的一再劝说下，利玛窦终于同意了他的建议。

同年冬天，他们二人就开始了紧张的翻译工作。利玛窦先用中文逐字逐句地口头翻译，再由徐光启草录下来。每译完一段，徐光启再字斟句酌地做一番推敲和修改，然后再由利玛窦对照原著进行核对。遇到译得不妥当的地方，利玛窦就把原著再仔细地讲述一遍，让徐光启重新修改，如此反反复复。徐光启对翻译工作十分认真，常常到了深夜还不肯休息。利玛窦休息了，他还独自坐在灯下加工、修改译稿。有时候，为了确定一个译名，他不断地琢磨、推敲，不知不觉就忙到第二天。到了第二天更顾不得休息，继续翻译，总想着要以最快的速度翻译完，才觉踏实，才肯罢休。

万历三十八年（1610 年），徐光启担任较为闲散的翰林院检讨。和当时一般文人官吏热衷于笔墨应酬不同，徐光启有了更多的时间对天文、算法、农学、水利等科学技术进行研究，也从事了不少这方面的翻译和写作。在此期间，徐光启还与传教士合作，再次校订了《几何原本》并出版了第二版。同时，他还为李之藻与利玛窦合译的《同文算指》、熊三拔编著的介绍天文仪器的《简平仪说》等书撰写了序言，这些序言都表达了徐光启对西方科技知识的真实看法。

万历四十六年（1618 年），北方后金叛乱军队袭击边关，有人极力举荐召回徐光启。徐光启觉得自己的力量不够，于是又写信给自己的好友焦竑，希望他能助一臂之力。看得出，他不但自己立即赴命，同时还感召别人共赴国难。至天启三年（1621 年）的三年多时间里，徐光启一直从事选兵、练兵的工作。这期间，焦竑还把徐光启推荐给登莱巡抚袁可立，徐光启在兵器方面的才干终于得到袁可立的赏识。只可惜在天启四年的时候，二人受到阉党的排挤而先后离职。这时徐光启虽已年近六十岁，但是保国守土的爱国忠心，昭昭可鉴，不让壮年。

万历四十七年（1619年），徐光启以詹事府少詹事兼河南道监察御史的新官衔督练新军。他主张“用兵之道，全在选练”，“选需实选，练需实练”。在这期间，他写了各种军事方面的奏疏、条令、阵法等等，后来大都由他自选编入《徐氏庖言》一书之中。但是由于财政拮据、议臣掣肘等原因，练兵计划进行得并没有那么顺利。徐光启也因为操劳过度，于天启元年（1621年）三月，正式提出回天津“养病”的申请。同年六月，辽东兵败，他又再次奉召入京，但终因制造兵器和练兵计划不能如愿，于十二月，再一次提出辞职，回到天津安度晚年。

狂士李贽之死

李贽生于嘉靖六年（1527年），福建晋江（今泉州）人，初姓林，名载贽，后改姓李，因避讳明穆宗朱载垕的“载”字，改名李贽，字宏甫，号卓吾，别号温陵居士、百泉居士等。是明代官员、思想家、文学家，泰州学派的一代宗师。

他幼年丧母，跟随父亲读书，自幼善于独立思考。在他十二岁时，写了一篇作文，反对孔子把种田人看成“小人”“下人”，一下子点中儒家理论的软肋。后来，迫于科举的需要，他不得不以《四书》《五经》为课本。

嘉靖三十一年（1552年），26岁的李贽得中举人，中举后因经济困难，没能继续参加科举。四十多岁时，他又出任云南姚安知府，进入明朝高官的行列。但三年的任期做满之后，他已经对官宦生涯彻底厌倦，目睹了官场的黑暗与腐朽，觉得自己与官场上的迂儒昏庸及假道学者们不能相容，终于在万历九年（1581年）辞官，携带家人离开云南，寄居到湖北黄安。正常情况下，他应该衣锦还乡，泉州的亲族也这样期盼他，因为这样一个退休官僚回家，对亲族还是有庇护作用的，但他宁愿漂泊异乡。

过了没多久，李贽又迁居到麻城龙潭湖芝佛院后，就一直在那里待了近二十年。期间，他读了大量的书籍，也留下了大批富有批判精神的著作，以《焚书》《藏书》最为著名。李贽认为自己的言论针砭了当世道学家的膏肓痼疾，是他们所不能容忍的，也必定会焚弃，所以取名《焚书》。关于《藏书》，李贽充分发挥史论的作用，对历史人物做了重新评价。他自称这是一部"颠倒千万世之是非"的作品。在当时看来，李贽的确敢"言别人不敢言"，说出了许多进步人士的心里话。他的著作在受到了许多人喜爱的同时，也引起了麻城当地的官僚地主阶级的一些不满，他们围起群攻。于是，李贽干脆削发为僧，与鄙俗断绝。

万历二十九年（1601 年），麻城几个无赖纵火烧毁了李贽所住的芝佛院。李贽的老朋友马经纶听到消息后，立即从北京赶来，把李贽接到通州居住。这时候，李贽已经 75 岁了，他觉得自己活这么久是他的倒霉与不幸。李贽的一生充满矛盾，他有很强的思辨能力，但却没能创造出自成体系的理论。他看到传统历史观的错谬和伦理道德的虚伪，不幸的是，他自己正是这个传统的一部分，所以尽管有切肤的痛与恨，却不能重建新的历史观、道德观。他言论攻击、调侃、批判的居多，建设的少，有时难免偏激、矫饰。他生命的巅峰，是在狱中的壮烈一死。

在对待死亡这个问题上，李贽曾在一封信里说："今年不死，明年不死，年年等死，等不出死……可如何？"在李贽眼里，他觉得这个世界太黑暗，根本不值得再活下去。对他来说，重要的不是死不死的问题，而是死在哪、怎么死？人生一世，如草木一秋。李贽知道自己这种人不会有什么好结局。对于死，他有两个愿望：一是宁可死于女人之手，不可死于假道学先生之手；二是"荣死诏狱"，他认为死于诏狱是自己最好的死法。武将死于战场，马革裹尸；文人为了自己的思想，死于捍卫自己思想的牢狱之中，也不失为人生一件快事。只是可惜，他的愿望只能达成一半。最后他是"荣死诏狱"，也是死于假道学的黑手。

关入牢房的几个月后，李贽被皇帝下诏赐自尽。罪名是敢倡乱道，惑世诬民。镇抚司审理后，提议将他押他回福建原籍，这种处罚相当于现在的监视居住。判决还没有下达，李贽要求侍者为他剃头，便乘机取刀自割喉咙，流血倒地。当他在血泊中，狱卒问他："你疼吗？"李贽以指蘸血在地上写到："不痛。"狱卒又问："你为什么要自割？"李贽又写到："七十老翁何所求？"

李贽宁愿选择在异乡做孤魂野鬼，也不愿意活着回到生他养他的家乡。当然，他的自杀不是冲动的举动，是经过深思熟虑后的严肃行为，是对"死必有胜于生"之理由的真实印证。李贽在血泊中又辗转了两天，才气绝死去。可见，李贽对死的洒脱，以及对朝廷的绝望之情。

万历"三大征"，元气大伤

万历前十年，张居正辅助明神宗朱翊钧处理政事、更张祖制、整饬朝纲，社会经济发展呈现出一番新气象。等到朱翊钧 20 岁时，正逢张居正逝世，他终于开始了自己亲政的日子。朱翊钧不仅是个权欲很重的人，也是一个好大喜功的人。在他亲政早期，他先后发动了规模巨大的万历"三大征"。这三征分别是宁夏之役、朝鲜之役、播州之役，进一步巩固了汉家疆土。

宁夏之役

宁夏之役，即镇压哱拜之乱。哱拜原来是蒙古族人，嘉靖年间因为得罪了酋长，父兄被斩杀，一气之下才投了明军，屡次为明立功，随后被任职为都指挥。万历初期，他又被封为游击将军，统标兵家丁一千多人，专门管制宁夏。

万历十七年（1589年），哱拜以副总兵辞职，他的儿子哱承恩袭职。万历十九年（1591年），火落赤等部犯洮河告急，哱拜主动请率所部三千人前往支援，至金城，见各镇兵皆出其下，归途取路塞外，戎兵亦远避之，因益骄横，有轻中外之心。巡抚党馨每抑裁之，并核其冒饷罪。于是，哱拜于万历二十年（1582年）二月十八日，纠合其子哱承恩、义子哱云及土文秀等，煽动明朝军锋刘东旸一起叛乱，还杀死了宁夏巡抚党馨及副使石继芳，纵火焚公署，收符印。并胁迫总兵官张惟忠以党馨“扣饷激变”奏报朝廷，并索取敕印，张惟忠不从，随即自缢而死。

此后，刘东旸自称总兵，以哱拜为谋主，以承恩、许朝为左右副总兵，土文秀、哱云为左右参将，占据了宁夏。之后，叛军出兵连续攻下中卫、广武、玉泉营、灵州（今宁夏灵武）等城，只有平虏一直攻不下。叛军又以许诺明军西北长城防御战略要地花马池（今宁夏盐池县城）为诱饵，得到河套部蒙古首领著力兔等的相助，势力越加强大，全陕为之一震。

同年三月四日，副总兵李昫奉总督魏学曾檄，摄总兵事进剿，但叛军仗着蒙古势力的支持，兵力更强。此后，明朝特调副麻贵驰援，麻贵率苍头军在攻城同时，阻击套部蒙古，斩获甚多。同年四月，明朝又任命李如松为宁夏总兵，以浙江道御史梅国桢监军，统辽东、宣、大、山西兵及浙兵、苗兵等进行围剿。

同年七月，宣府游击将军麻贵等捣毁河套部大营，追奔至贺兰山，将其尽逐出塞。各路援军在曾为总督的叶梦熊的统帅下，将宁夏城团团包围，并决水灌城。叛军失去了外援的力量，在加上城内弹尽粮绝，同时内部又发生火并：先是刘东旸杀土文秀，承恩杀许朝，后周国柱又杀刘东旸，一时间军心涣散。李如松攻破大城后，又围哱拜家，哱拜见大势已去，便在家畏罪自缢。

同年十一月，明神宗亲自登皇极门朝百官，举行宁夏大捷庆礼和献浮仪式。至此，哱拜之乱全部平息。

播州之役

播州之役，即平定杨应龙叛乱。播州位于四川、贵州、湖北之间，那里山川险要、广袤千里。自唐杨端之后，杨氏世代都盘踞此地，接受中央皇朝任命。

明朝初期，杨铿内附，明任命其为播州宣慰司使。万历初期，杨应龙为播州宣慰司使，骄横跋扈，作恶多端，并于万历十七年（1589 年）公开作乱。明廷对杨应龙之乱举棋不定，未采取有力对策。因此，应龙本人一面向明朝佯称出人出钱以抵罪赎罪，一面又引苗兵攻入四川、贵州、湖广的数十个屯堡与城镇，搜戮居民，奸淫掳掠。

万历二十六年（1598 年），四川巡抚谭希思在綦江、合江（今四川泸州东）两地设防。第二年，贵州巡抚江东之令都司杨国柱率军三千进剿，没想到失败了，杨国柱被杀。明廷罢江东之，以郭子章代之。又起用前都御史李化龙兼兵部侍郎，节制川、湖、贵三省兵事，并调刘綎及麻贵、陈璘、董一元等南征。

万历二十八年（1600 年）二月，在总督李化龙的指挥下，明军分兵八路进发，每路约三万人。刘綎进兵綦江，连续攻破楠木山、羊简台、三峒天险。又打败了杨应龙之子朝栋所统苗军。巾帼英雄秦良玉与其丈夫马千乘亦率兵攻下金筑等七寨，并携同酉阳等土司军一起攻下桑木关为南川路战功第一，其他几路明军也取得胜利。

同年三月底，刘綎攻占娄山关。同年四月，杨应龙率诸苗决死战，再次战败。刘綎进占杨应龙所依天险之地龙爪、海云，至海龙囤（今遵义西北），与诸路军合围之。同年六月，刘綎又破大城。杨应龙知道如今大势已去，没有反抗的机会了，于是和他的两个妾自缢，他的儿子杨朝栋、弟弟杨兆龙都被俘，还斩杀了杨应龙的部队两万人。明军入城，平定了播州。后来，分其地为遵义、平越二府，分属四川、贵州。

朝鲜之役

朝鲜之役，即援朝逐倭（日本）之战。万历二十年（1582 年），掌握明朝时期的朝鲜日本大权的丰臣秀吉命加藤清正、小西行长率军从对马攻占朝鲜釜山，又渡临津江，进逼王京（今首尔）。朝鲜国王李昖向来沉湎酒色、弛于武备、政治腐败，军队望风而溃。李昖逃奔平壤，后又奔义州（今新义州东北）。日军进占王京后，不仅毁坟墓、劫王子陪臣，还剽掠府库。随后，又攻入开城、平壤等地。朝鲜八道沦陷七道，在这种形势下，明朝应朝鲜之请，出兵援朝。但援军因兵少力弱，地理不熟，游击史儒战死，副总兵祖承训仅以身免。明廷得到兵败的消息后，以宋应昌为经略、李如松为东征提督，集四万兵马赴朝。次年正月，明朝再次进攻平壤，击败小西行长部，获平壤大捷。此后又复开城，扭转了战局。后来又进逼王京，但在距王京三十里的碧蹄馆因轻敌中伏，损失惨重，李如松险些阵亡。

同年三月，刘綎、陈璘二人率军抵抗明军。明军扼临津、宝山等处，并断了日军的粮道，日军缺粮，不得不放弃王京，退缩至釜山等地，开始与明军谈判。为了争取时间，明兵部尚书石星力主和议。但因日本提出以大同江为界等无理要求，谈判就此破裂。

万历二十五年（1587 年），日军再次发动进攻，明神宗朱翊钧下石星等人入狱，以邢玠为蓟辽总督，因李如松战死，任命麻贵为备倭大将军，调蓟辽、宣府、大同、山西、陕西兵及福建、吴淞水兵援朝，又募川、汉兵等往援。

次年二月，明军兵分四路，中路李如梅、东路麻贵、西路刘綎、水路陈璘，分道向釜山挺进，陈璘与朝鲜水军将领李舜臣紧密配合，在海上打败敌人最精锐的小西行长所部。同年八月，丰臣秀吉死，日军撤兵，中朝联军乘势进击，日军大败。但李舜臣和明军老将邓子龙也在与日军的露梁海之战中牺牲。同年十一月，战争基本结束。

虽然这三大征最终都取得了胜利，但因征战历时多年，丧师数万，耗银更要以千万计，致使百姓遭难，大明的国力也从此开始转衰。经此三次战役后，明朝元气大伤，成为导致明朝灭亡的重要原因之一。

辽东蹦出个努尔哈赤

明朝后期，女真族社会的发展，出现了统一的趋势。努尔哈赤，是爱新觉罗氏人，即清太祖。努尔哈赤首先统一了建州各部，以后又合并松花江流域的海西各部和长白山东北的东海诸部。在统一过程中，创建了八旗制度，并命人用蒙古文字母创制满文。

努尔哈赤的曾祖父福满是明朝建州三卫之一的建州左卫都督。当初，明朝为了控制北方的这些少数民族，就采取让他们互相牵制的做法，谁也不能坐大，建州三卫必须平衡发展。到了努尔哈赤的祖父觉昌安这一辈时，由于兄弟众多，所以建州左卫的势力逐渐壮大起来，朝廷立即采取不同程度不同方式的镇压。然而，到了努尔哈赤的父亲塔克世这一辈时，气焰明显没有他的祖父强大了，他的父亲只不过是建州左卫支部的一个酋长了。

本来，这应该是一个幸福的家庭，但天有不测风云。努尔哈赤的父亲塔克世娶了建州三卫之一、建州卫都指挥的孙女。本来这并没有什么，但努尔哈赤的曾祖父福满和祖父觉昌安并非常人，他们经常骚扰明朝边境。辽东总兵李成梁气愤不过，就在万历十一年（1583 年）向两人的老巢发动了一次攻击，并将努尔哈赤的祖父觉昌安打败，不久又杀掉。在这场战斗中，努尔哈赤不但失去了曾祖父，也相继失去了祖父和父亲。

努尔哈赤十分恼火，许可了他当建州左卫都指挥，但此时的建州左卫已经不是从前的建州左卫了，它的辉煌已成为过去。后来，他得知原来是另外一个少数民族图伦城城主唆使明军去攻打自己的曾祖父时，他把怒气撒在了这个城主身上。

但是，图伦城城主敢怂恿明军攻击别的少数民族，就证明他是明军的培养对象。事实也的确如此，明朝想以他的力量来控制建州女真各部。在明朝的积极培养下，该城主得到了建州女真许多支部的拥护。努尔哈赤的建州左卫被人称呼为满洲部，就是这些人也都倾向于图伦城城主。

努尔哈赤只好自己动手，率领一百人去进攻图伦城。这一年是万历十一年（1583 年）五月，努尔哈赤 25 岁。图伦城立即就被攻破，城主逃跑。第二年，他招收了四百多人攻克了一个小部落的城池，接着就是一系列疯狂的攻城掠地。到了万历十四年（1586 年），他已经收服了三部，统一建州已经提上了日程。就在这一年，努尔哈赤得到消息：图伦城城主正在一个部落中吃香喝辣。他立即带兵攻占了此地，图伦城城主再次逃掉。

后努尔哈赤派人跑到了明军处，图伦城城主没有了明军的保护，被诛杀了。

在外人看来，大仇已报，努尔哈赤本该消停了。但他没有，接下来的几年内，他开始了对建州各部的战争。凭借着“打仗不要命”的特质，七年后，也就是万历二十一年（1593 年），他打败了海西女真的九部联兵，成功地统一了建州女真部。这个时候的努尔哈赤的翅膀已经完全硬了，但他明白一件事：自己现在还不可能跟明朝直接对抗。

明朝也接连不断地给努尔哈赤官职。当努尔哈赤戴着“龙虎将军”的帽子出现在北方时，他已经开始向北面最强大的海西女真扈伦四部展开攻击了。

这些官职给努尔哈赤带来的一个很有价值的地方就是，他所征服的诸部在被他征服前，认为被他征服是合情合理的，因为他脑袋上扣着的是大明官职的帽子。事实上，明朝给他这些官职就是把一根绳子交给了他，他用这根绳子很轻松地将建州女真捆了起来。

万历二十七年（1599 年），努尔哈赤灭掉了西海女真扈伦四部最强大的哈达部，活捉了其首领。万历二十九年（1601 年），明廷派辽东巡抚肖淳跟他讲:“你的仇已经报了，哈达部怎么惹着你了，即使惹到你，你也应该先报告朝廷才对，马上给我放人。”努尔哈赤把人放了，但当他灭掉其他三部后，又将哈达部重新灭了一次。万历四十四年（1616年），努尔哈赤已经掌控了北到黑龙江流域、南抵朝鲜、东到大海、西南则抵辽沈边界的疆域，明朝在东北的大部分地区也由他接管了。他称天命汗，建立“大金”政权。

万历四十五年（1617年），朝廷让辽东巡抚李维翰把类似“取消你的天命汗和你的大金国，你拥有的土地都是我大明领土不可分割的一部分”的话传给努尔哈赤的时候，努尔哈赤觉得向大明正面开战的时机已经成熟，他开始向大明朝正式进攻了。

萨尔浒之战，以少胜多

萨尔浒战役，是明朝与新兴的后金政权之间，爆发的一次具有决战性质的战役。当然，这不算终极决战。此次战役，以明朝一方惨败而告终。该战役的结果对日后双方力量和政权的发展走向影响极大。一方面是明朝日渐走向衰败；另一方面是后金政权不但避免了本政权灭亡的可能，反而日渐羽翼丰满，最终成为了明朝无法回避的劲敌。

万历四十六年（1618年）四月十三日，努尔哈赤以“七大恨”誓天，发军征明。攻下明抚顺、东州、马根单等地，明朝损兵折将，丧师失地。东北前线战败，北京朝野震惊。明廷决定调兵四方，大举征剿。由于建州军侵犯明朝边境，明朝任命兵部左侍郎杨镐为辽东经略，调集军队，筹措兵饷，统领各路人马，议定兵分四路，于同年四月二十一日，正式发动进攻。西路出抚顺，直扑赫图阿拉，是全军主力，以山海关总兵杜松为主将，保定总兵王宣、原总兵赵梦麟为副，官兵二万余名；南路出清河城，从鸦鹘关出击，担任助攻任务，辽东总兵李如柏为主将，兵二万余；北路出开原、铁岭，从北面进攻赫图阿拉，开原总兵马林为主将，官兵二万余，叶赫兵二千随征；东路出宽甸，从东面进攻，辽阳总兵刘綎为主将，兵一万余，朝鲜都元帅姜弘立领兵一万三千余从征。四路兵共十万余人。杨镐坐镇沈阳，居中调度，督促诸将进兵。明军此次征剿，既要将努尔哈赤家族斩尽杀绝，又要消灭整个建州，这是明廷之用兵目的。

双方总体力量对比，明军兵力上占优，明军十万，且枪炮众多，利于远攻。而八旗兵近六万，多使用弓矢刀剑，适合近战。但明军政事腐败，连带军政废弛，军队缺乏训练，八旗兵却是身经百战，军纪严明，熟悉辽东地形；在指挥上，明军的总统帅杨镐是文官，缺乏带兵经验，没有军事常识，虽然手下每一路的将领不乏经验丰富的军官，但是总体调度存在问题。而八旗统帅努尔哈赤身经百战，是历史上少有的天才军事家。面对敌情，认真分析形势，积极应对，精心部署，沉着应战。努尔哈赤果断决定："凭你几路来，我只一路去。"采取集中主力，各个击破的战略，首先主攻明军西路。

明军西路主帅杜松，出身于将门之家，"勇健绝伦"，屡建军功，但秉性清高，性急"尚气"，刚愎自用，图功心切。三月初一，杜松率西路军突出冒进，黄昏进抵浑河，冒寒涉渡。半数部众渡河后，遭到后金军伏兵袭击，杜松匆忙分兵为二，留一部分火器辎重在萨尔浒山扎营，亲自率领一部进攻后金新筑的界藩城（今抚顺与新宾交界之铁背山）。此时，后金四大贝勒代善、阿敏、莽古尔泰、皇太极率八旗军进至界藩城下，针对杜松部署，议定分兵两路，各为四旗入阵。努尔哈赤亲至，改变平分兵力的部署，命两旗兵援界藩城；自率六旗主力急趋萨尔浒山，猛攻杜松后方辎重，歼其大部；随即回师驰援界藩城，八旗兵从山上和山下合击杜松，大破其众，又追击二十余里至勺琴山，搜剿残余。杜松、王宣、赵梦麟等战死。至此，明军西路覆没。

杜松战败之际，明军北路正行近于赫图阿拉。军情紧急，努尔哈赤立即率八旗兵北上迎敌。闻西路败讯，马林匆忙扎营于尚间崖，并飞骑向沈阳报讯，请示进止。不料金兵突然杀到，女真铁骑如狂飙骤雨，势不可挡，经过短兵相接的肉搏战，连破明军三座大营，马林急收残卒逃走。叶赫兵见势，不战自退。北路明军又全部溃散。击败西路、北路来敌之后，努尔哈赤返回赫图阿拉。当时东路的总兵刘綎不知萨尔浒之败，努尔哈赤使明朝降卒持杜松令箭，假报杜松已得胜深入，刘綎遂直进赫图阿拉，走到阿布达里岗，遭到后金兵夹击，刘綎战死于阵中，全军覆没。明军南路因奉经略杨镐回师之檄，仓皇撤退。明军四路出击，三路败北，四位总兵战死，兵丁死亡四万五千八百余名。闻名于世的萨尔浒之战，以明军惨败而结束。

萨尔浒之战，是中国战争史上集兵破敌的著名战例，并成为明金关系发生根本变化的转折点，后金由战略防御转入战略进攻，此后不到两年就占领了辽阳和沈阳，吞并了辽河以东的广大地区，从而奠定了大清朝近 300 年的基业。

第十章 大明悲歌，亡国不是他惹的祸

崇祯时期，是大明王朝的最后弈局，让明思宗朱由检出演了一个并非亡国之君的亡国悲剧。即位之初，朱由检便励精图治、费尽心力，铲除了大患魏忠贤，国民为之振奋。在与努尔哈赤、皇太极的后金对峙中，机智勇敢的他却中了反间计，冤杀了忠臣袁崇焕，使大明陷入被动状态。他的治世之心无法力挽狂澜，结果事与愿违，无力回天的他最终走上煤山的不归路。至此，朱家的统治彻底终结，天下开始改名更姓。

第十章
大明悲歌，亡国不是他惹的祸

来去匆匆的明光宗

万历四十八年（1620年）七月二十二日，明神宗朱翊钧病逝。他的长子朱常洛于同年八月初一日正式继承皇位，成为明朝第十四个皇帝，并改年号泰昌，是为明光宗。朱常洛的身世和他的父亲朱翊钧一样，都是父皇偶然临幸宫女所生。

朱常洛的母亲是宫女王氏，她出身于中下级军官家庭，生于嘉靖四十四年正月二十七日寅时。万历初年，朝廷为明神宗皇帝大婚，在民间大范围选美，13岁的王氏顺利通过前几关选美入宫，但是没能进入前三名。选美前三名中的王喜姐被钦定为皇后（孝端显皇后），另两位女子分别册为刘昭妃（宣懿太妃）、杨宜妃。落选的女子一部分按规矩遣返回乡、一部分条件较为出色者则留宫成为宫女。王氏就是在这种情况下，于万历六年二月初二日（1578年）分配到慈宁宫，侍奉朱翊钧的生母李太后（孝定太后）。

皇后王氏（王喜姐）、昭妃刘氏等人自万历六年（1587年）被册封后，都无子嗣。万历九年（1581年），朱翊钧在其生母李太后的慈宁宫中，与16岁的宫女王氏偶然遇见，“私幸之”，事后赏给她一付头面（首饰）。王氏怀了身孕，但不敢明言。后因身形变化被李太后看破。太后召问朱翊钧，他最初想赖账，假装不知道，拒绝承认。

按照明朝宫廷规矩，皇帝的起居有专人记录在册，叫《起居注》。太后命人拿来《起居注》，对照当时日期，朱翊钧只好承认了。不过太后并没有责备他，反而安慰说：“我老了，还没有孙子，如果生个男孩，也算祖宗社稷之福。是谁生的，不必计较，你可以加封她。”王氏因怀孕被进封为恭妃。万历十年八月十一日（1582 年），王恭妃不负众望，果然生了个男孩，这就是朱翊钧的庶长子朱常洛。

王恭妃在万历十二年七月庚辰，又生下皇四女云梦公主朱轩媁，但公主四岁病故。虽然她先后生一子一女，实际却并不受宠，最受宠的是九嫔之一的郑淑嫔。万历十四年（1586 年）正月，郑氏生皇三子朱常洵，神宗朱翊钧进封郑氏为皇贵妃。同样是生儿子，可是受宠的郑氏却可以晋封为皇贵妃，这就在立太子的问题上引出了麻烦。按照中国封建时代一贯的制度“有嫡立嫡，无嫡立长”，在皇后没有生育嫡子的情况下，应立庶出的长子（或年纪最大的儿子）做皇太子，神宗自己当年就是因为这个原因轻松获得皇位的。王恭妃生的朱常洛是庶长子，自然也应是皇太子。群臣和李太后都支持立朱常洛为太子，可是神宗不喜欢王氏母子，郑贵妃又总想立自己的儿子为太子。因此立太子的问题，迟迟不能进行。

围绕这个问题，大臣们与皇帝斗了 15 年。后来，李太后得知朝廷上下舆论纷纷，不得已亲自出面干预，质问朱翊钧为什么还不立朱常洛为太子。朱翊钧狡辩道：“他是宫女生的，母亲出身低贱。”太后听罢此言，又怒又心酸，指着儿子大骂道：“你也是宫女生的！”神宗这才想起自己的亲娘原本也是宫女，且是泥瓦匠之女，论出身，比王恭妃可是低贱更多了。若朱常洛因是宫女生的没资格当太子，那么自己这个皇帝首先就得引咎辞职。神宗羞愧万分，无地自容。在内外交困之下，迫不得已于万历二十九年（1601 年）十月立已经年满 19 岁的朱常洛为皇太子。

在这15年中，王恭妃母子因受到神宗的厌恶冷落，又被盛宠的郑贵妃视为眼中钉，饱受屈辱，各方面待遇极差。比如，其一，郑贵妃提到王恭妃时，总是称其为“老妈妈”，暗行诬蔑和讽刺，甚至当着皇帝的面也如此，神宗并不加以制止，心里对王恭妃感觉更不好；其二，一直到万历二十一年二月（1593年），神宗才在大臣们一再的请求下允许已经13岁的皇长子读书，而且没过多久就长期辍读，险些让他成为文盲。其三，王氏虽然从宫女成为妃子再成为皇贵妃，又是未来皇帝的生母，但是生活中使用的物品还不及民间富裕人家的好，可见朱翊钧对王氏母子有多苛刻。

不过作为母亲，王恭妃更在意的是自己的儿子。她对儿子的安全极为担心，一直到朱常洛13岁母子还一同起卧。万历二十二年，郑贵妃无端污蔑皇长子喜欢和宫女嬉戏，已不是处男。朱翊钧派使者前去验视。王恭妃大哭：“十三年来我同儿子一同起卧，不敢有丝毫的疏忽、不敢离开半刻，就是怕有变故，我的忧惧今日果然应验了啊！”使者不敢隐瞒，如实禀报神宗，皇长子的清白才算保住。这一切，《先拨志始》以一句话概括为：“光庙诞生，一应恩礼俱从薄。”朱常洛赖嫡母王皇后、祖母孝定太后李氏的多方关照调护，终得以平安长大成人。

朱常洛一生多遭厄运，到了该册立为皇太子的时候，由于父皇的宠妃郑贵妃从中作梗，以至于他迟迟不能册立。在外廷强大的舆论压力下，才得以继承皇位。由于内朝与外廷在册立问题上的长期争议，耽误了他作为皇太子的预教工作，使他没有受到应有的系统的宫廷教育。他被册封为皇太子后，又处于郑贵妃的阴影之下，接二连三地发生事端，使他郁郁不得志，日渐沉迷于酒色之中，以求解脱。

万历四十八年（1620年）七月二十一日，明神宗朱翊钧因病去世，朱常洛贵为皇太子，自然顺其自然成为皇位的继承人，这对于长期受到压抑而谨小慎微的朱常洛来讲，是缺乏足够的心理准备与才能准备的。不过朱常洛毕竟是一个颇有政治头脑的人，接手父皇留下的烂摊子，力图整顿紊乱的朝政，有所作为。因此，他一反父皇晚年怠于临朝的惯例，日理万机，事必躬亲。

然而，要在很短的时间内把多年积累下来的朝政大事处理得井井有条，是一项十分劳累的工作。再加之朱常洛自幼孱弱多病，成年后又沉迷酒色，身体十分空虚，当此重任，不胜负荷。这时，郑贵妃又心怀叵测地送来一批美女，供他享用。本来多病的身体，立即垮了下来。

同年，八月十四日，郑贵妃指使原来在她宫中的亲信太监、现任司礼监秉笔太监兼掌御药房太监崔文异，向朱常洛进通利药——大黄，致使朱常洛的病情加剧，一昼夜连泻三四十次，支离于床褥之间。到了八月二十九日，鸿胪寺官李可灼又向光宗进奉所谓仙丹——红丸。不料，连服两丸这种“仙丹”后，皇帝竟于九月初一日五更一命呜呼，终年38岁，史称“一月天子”。

“三大疑案”震惊宫闱

明朝到万历后期，已经没有了当初万历中兴的盛世，国力日益衰败。当后金统治者在关外虎视眈眈地注视着中原时，朝廷后宫内却围绕着皇帝这个宝座，制造了一起又一起的疑案，这就是震惊朝野的“三大疑案”。这三个案子分别发生在三个皇帝在位期间，即明神宗朱翊钧朝的“梃击案”，明光宗朱常洛朝的“红丸案”和明熹宗朱由校朝的“移宫案”。

第十章
大明悲歌，亡国不是他惹的祸

梃击案

万历四十三年（1615 年）五月初四日，也就是端午节的前一夜，一个叫张差的男子手里拿着一根枣木棒，疯疯癫癫地闯入大内东华门，然后来到太子朱常洛居住的慈庆宫门前，到第一道宫门，他看见门口有两名老太监守着，二话不说，立即举棒打伤了其中一人，然后直闯入宫。很快又闯过第二道宫门，直到殿檐下，拿起手中的木棒试图闯进屋加害太子朱常洛。这时候，太监韩本用听见外面有动静，于是大声呼喊。很快七八名太监一拥而上，将张差拿下，当晚就交给东华门守卫监收。

第二天，身边的太监把此事告诉了朱常洛，他很是生气，立即将张差送交皇城保卫部门审问。巡视皇城御史刘廷元审问后，向明神宗朱翊钧报告说："这个叫张差的男子，家住蓟州井儿峪，从举止行为看，好像患有癫疯病，但是又颇为狡猾，还得严加讯问一番。"朱翊钧立即下诏将张差送交刑部复审。刑部郎中胡士相再次提审后，认为张差确实是有病，并判他立斩刑。这时候，提牢主事王之寀在旁边看出了破绽，便私下里审问张差，张差才说出是宫里的太监庞保、刘成将他引到慈庆宫门前的，这两人对他说："打死太子，有吃有穿。"庞保、刘成二人都是郑贵妃手下的太监，再往下查，势必牵连到郑贵妃。王之寀便将张差这个口供汇报给了刑部侍郎张问达。

此案的发生，震惊了宫内和朝野，舆论哗然。支持郑贵妃、倾向福王为太子的臣僚认为是张差疯癫所为，属个人行为；支持皇太子的大臣认为是陷害太子的阴谋。后来，经刑部十三司会审，查明张差是白莲教的一支红封教的成员，其首领是马三道、李守才，他们与郑贵妃宫内的太监庞保、刘成勾结，派张差打入宫内，意图梃击朱常洛。

看起来，此案与郑贵妃有牵涉是肯定的了。很多朝臣都怀疑是郑贵妃和他的哥哥郑国泰阴谋策划借张差之手伤害太子。在如此复杂的情形下，朱翊钧决定采用调解的方式，来化解皇太子与郑贵妃的矛盾。一方面怒责郑贵妃，另一方面又迫使皇太子改变态度，可是效果好像不是很明显。无奈之下，他只得另想办法来平息此事。于是，他召见大学士方从哲、吴道南及文武诸臣，拉着朱常洛的手对他们说道："常洛这个孩子很孝顺，我非常喜欢他。你们这些臣子，不要动不动就散布流言，离间我们父子！"他又对朱常洛说："把你心里的话，都告诉他们吧。"朱常洛只得说："张差是个疯子，赶快把他处决吧！外面的议论都是不应该的！"事已至此，群臣自然无话可说，"梃击"一案也就不了了之。朱翊钧命令除惩治张差等人外，"不许波及无辜人"，郑贵妃也就从此案中解脱出来。

随即，张差被凌迟处死。司礼监会同九卿、三法司审问庞保、刘成。由于张差已被处死，死无对证，庞保、刘成对张差所供各项俱不承认。正要详加盘问，朱常洛下谕：庞保、刘成二人也许曾虐待过张差，张差为了报复，故意说庞保、刘成主使，不可轻信。会审只得停止。明神宗朱翊钧下令将庞保、刘成二人于宫内处死，以免节外生枝，涉及此案的李守才、马三道等亦发远方戍守。梃击案掀起的轩然大波暂时平息。

值得一提的是，那个为审明案情立过大功的王之寀，案子一了结，立刻被找个借口罢官为民。后来又随着在这个案子几起几落，天启五年（1625年），竟被囚死于狱中。梃击案与宫内权力之争究竟有多大牵连，成为明宫疑案之一。

红丸案

万历末年，阴险毒辣的郑贵妃看到朱常洛的太子地位已不可动摇，便百般讨好朱常洛。郑贵妃开始竭力笼络朱常洛的宠妃李选侍。她们二人谋合，欲以美人计请封皇太后和皇后之号。这个朱常洛也是好色之徒，郑贵妃便投其所好，送了8个美女供他享用。朱常洛身体本来就不好，再加上整天与这些女人淫乐无度，体力透支厉害。在登基仅十多天，就卧床不起了。可是，朱常洛依然没有意识到是有人算计他，照样与这些人鬼混。

有一天晚上，朱常洛服了一粒“红丸”，结果，他服完这粒药丸后，居然精神极度亢奋，竟一连“御幸”数名宫女。“红丸”到底是什么东西？“红丸”又称红铅丸，是宫廷中特制的一种春药。“红丸”的制法很是特别：取童女首次月经盛在金银的容器中，加上夜半的第一滴露水及乌梅等，连煮七次，浓缩为浆。再加上乳香、没药、辰砂、松脂、尿粉等拌匀，以火提炼，最后炼蜜成丸，因其色红，故称“红丸”。

朱常洛服完那两粒红丸后，一连折腾了十多天，终于扛不住了。那晚，侍寝的吴赞连忙请来司礼监秉笔、掌管御药房的内医崔文升诊治。崔文升并不知朱常洛是阴虚肾竭，还以为是邪热内蕴，便下了一副泄火的猛药。朱常洛服后一宿腹泻三十余次，危在旦夕。这时，首辅方从哲推荐鸿胪寺丞李可灼给病危之中的朱常洛诊治，李可灼拿出一个红色药丸，用奶调和，给朱常洛服下，服了这丸药，朱常洛厉害的气喘竟然止住了，朱常洛大喜。不久，又传出消息说，朱常洛进药后，暖润舒畅。当夜，李可灼留在宫中。又过了一会儿，传出朱常洛圣旨，想再服一颗，李可灼便又进了一颗。

凌晨，宫中忽然急召群臣，等到大臣们赶去时，朱常洛已经驾崩了。到此时，朱常洛即位才刚满 30 天。朱常洛驾崩，在宫里引起轩然大波。有人认为，李可灼进的“红色丸药”就是春药“红丸”，才致使朱常洛阴寒大泄。李可灼把春药当补药进上，这是在对症下药；也有人认为，拿春药给危重病人吃，是有悖常理的。李可灼不是御医，却擅自给皇帝吃药。他一定是受人指使，企图谋杀皇上的。在当时那样的情况下，真是人云亦云，说什么的都有。

继朱常洛而后，新登基的明熹宗朱由校迫于舆论压力，罢免了没有力阻李可灼进药的内阁首辅方从哲，李可灼被判流戍，崔文升被贬放南京，“红丸”案就这样草草收场。但朱常洛暴死之谜，始终未解。此后“红丸案”便成为明宫疑案之一。

移宫案

万历四十八年（1620 年）七月至九月一日，明神宗朱翊钧、明光宗朱常洛继位之事，关系着国家的命运，成为朝野关注的焦点。

朱由校是朱常洛的儿子，由于朱常洛本来就不得朱翊钧的宠爱，朱由校自幼也备受冷落，明神宗朱翊钧临死前才留下遗嘱册立其为皇太孙。朱由校的生母王才人被明光宗朱常洛宠爱的李选侍凌辱致死，王才人临终前留下遗言：“我与西李有仇，负恨难伸。”朱由校从小也受到李选侍的侮辱凌虐，害怕李选侍，性格软弱。

朱常洛即位后，朱由校与李选侍一起迁住乾清宫。不久，朱常洛驾崩，李选侍控制了乾清宫，与太监魏忠贤密谋挟持朱由校，以把持朝政，引起朝臣极力反对。朱常洛驾崩当天，杨涟、刘一燝等朝臣即直奔乾清宫，请见皇长子朱由校，商谈即位之事。

在大臣们的力争下，李选侍才允许朱由校和大臣们见面。杨涟等人见到朱由校，叩首山呼万岁，并保护朱由校离开乾清宫，到文华殿接受群臣的礼拜，定于当月六日举行登基大典。为朱由校的安全起见，朝臣们暂将他安排在太子宫居住，由太监王安负责保护其安全。李选侍挟持朱由校的目的落空之后，又提出，凡是大臣的章奏，要先交由她过目，然后再交朱由校，遭到朝臣们的强烈反对。同时，朝臣们又要求李选侍移出乾清宫，遭到李选侍拒绝。

按照礼仪制度，只有皇帝和皇后才能住在乾清宫。李选侍本来就没有资格住在乾清宫，她住进乾清宫完全是倚仗朱常洛的宠爱。光宗朱常洛死后，按规矩李选侍必须搬出，让新任皇帝搬进乾清宫。因此，一些大臣在朱常洛死后的第二天就上疏，敦促李选侍移宫。李选侍又提出要先封自己为皇太后，才让朱由校即位，也遭到大臣们的拒绝，李选侍和朝臣们的矛盾日渐激化。

朱由校登基日期越来越近。直到登基大典之日的前一天，李选侍仍然没有移宫之意，并传闻要继续住在乾清宫。群臣站在乾清宫门外，迫促李选侍移出，给事中杨涟再次上疏，力促移宫，太监王安在乾清宫内极力驱逐，李选侍无奈，怀抱所生的八公主，仓促离开乾清宫，移居仁寿殿。

九月六日，朱由校即皇帝位，是为明熹宗，改第二年为天启元年。李选侍争当皇太后、把持朝政的企图落空了。朱由校即位后，传出谕旨，痛数李选侍数条罪状，又下令让李选侍搬出仁寿殿，移至宫女养老的哕鸾宫去住。至此，“移宫”风波才算暂告结束。

好一场“兄终弟及”

明光宗朱常洛去世后，他的长子朱由校于万历四十八年（1620 年）九月初六日仓促即位，下诏以明年为“天启元年”，这就是明朝第十五个皇帝——明熹宗。明熹宗朱由校生于万历三十三年（1605 年），即位时虚龄 16 岁。在此前的岁月中，他的父亲朱常洛连遭厄运，作为长子所受的教育与其父相比更逊一筹。他根本不曾料到，父皇即位刚刚一个月，就会轮到他来当皇帝。

从表面看来，朱由校可能有点憨傻，其实不是这样，他是一个心思缜密、心灵手巧的人，他最大的爱好就是做木匠，而且手艺颇精。要是他不当皇帝的话，肯定能成为一名能工巧匠。

每当朱由校与亲信太监潜心于斧砍刀削之时，就会让其他闲杂人退居一边，不得窥视。当时只有一个人总是胆大妄为，每当朱由校兴致勃勃地埋头做木工时，他就会从旁传奏紧急公文，这个人就是司礼监掌印太监王体乾、司礼监秉笔太监兼掌东厂太监魏忠贤。而朱由校对魏忠贤从来不会避而不见，而是一边经营己事，一边倾耳注听。待魏忠贤奏毕，他就会摆摆手说："你们用心去行，我已知道了。"久而久之，朱由校已经习惯了把所有大权都交与魏忠贤来处理，而这正遂了魏忠贤的意，俨然成了皇帝的"代言人"。

时间久了，魏忠贤变得更加肆无忌惮，甚至以"九千岁"自居，仅距"万岁"一步之遥。尾大不掉之势已成，朱由校对魏忠贤的种种越权行为都百般容让，甚至他还在诏旨中宣布要与魏忠贤平起平坐，动辄称"朕与厂臣"如何如何，所谓"厂臣"即总督东厂的魏忠贤。

天启五年（1625 年）五月十八日，这一天，朱由校在乳母客氏以及魏忠贤的陪同下一祭方泽坛后，到西苑游乐。客、魏二人在桥北浅水处大船上饮酒寻欢，朱由校与王体乾及魏忠贤的两名亲信小太监高永寿、刘思源在桥北深水处泛小舟荡漾，相顾欢笑，俨若神仙。忽然一阵狂风，小舟倾覆，三人一齐落水，两岸随从顿时惊哗，皆无人色。幸亏近旁的管事太监谈敬等人抢救及时，朱由校才幸免一死，两名小太监因抢救不及溺水身亡。此后，魏忠贤专为此事在七月十五日到大高元殿作佛事法会，放河灯追荐。朱由校虽未淹死，但受此一番惊吓，本来不佳的身体每况愈下。

天启七年（1627 年）夏，朱由校病情加剧，引起了群臣的密切关注。七月二十八日，河南道御史倪文焕上疏说："圣体欠安，是否饮食起居的忧劳失调，如果是，那么应该讲求清心寡欲。”到了八月十一日，内阁首辅黄立极率文武百官到宫门问安，朱由校在乾清宫西暖阁召见了他们，待御医报告了诊脉情况后，便向大臣们说：“圣体素来虚弱，近来因辽东战事焦虑劳累，终于病倒。目前正在静心休养，凡是重大朝廷政务，全由阁臣与厂臣计议商确，用心赞襄。”看来，朱由校自知病入膏肓，已在安排后事了。

同年八月十二日，魏忠贤的亲信黄立极率九卿科道等官，再次来到乾清宫西暖阁接受召见，大臣们知道皇上圣体尚未能“霍然勿药”。在召见中，大臣们察觉到皇上虽在汤药诊调之中，却仍轸念国事。这也怪，身体健康时对朝政从来不感兴趣，到了生命垂危之际竟然挂念起国事来了。少顷，皇上便向大臣们发布了他在位时最后一道谕旨，除了再次重申他对监臣王体乾、厂臣魏忠贤信任之外，还透露了前一日单独召见他的五弟信王朱由检的事。召见的内容没有明说，召见的用心是十分明白，是有意要让信王入继大统。

朱由校为何要传位给五弟朱由检呢？实在是事出无奈，因为他本人没有子嗣。当时的朱由校有三个儿子，分别是慈燃、慈焴、慈炅，都在幼年时不幸夭折。他的长子慈燃，是皇后张氏于天启三年十月十二日所生，明明白白指出皇后是长子的生母。皇后诞生长子，在明代并不多见，非同小可，日后理所当然成为皇太子、皇位继承人。可是如此一个宝贝，为什么竟会“旋殇”呢？

原来这些都是客氏、魏忠贤在背后捣鬼。天启元年（1621 年）的一天，正是朱由校举行大婚之日，先期召天下十三岁至十六岁的淑女。当时有一位张氏，年方 15 岁，体态颀秀而丰整，随即应召入宫。朱由校的乳母客氏年逾三十，以妖艳惑帝，见到张氏又惊又忌，执意反对。无奈朱由校早已看中，四月二十七日册为皇后。当时客氏与魏忠贤恣睢跋扈，每每玩帝于掌上，而皇后张氏英明过人，常指责客、魏变乱宫中旧章，客、魏一直忌惮而又怨恨，多次欲加陷害。有一次，她把客氏召到宫中，意欲绳之以法。由此，客、魏二人更加怀恨，散布流言蜚语，说皇后张氏并非河南祥符人张国纪（后封为太康伯）之女，妄图惑乱了皇上的视听。

天启三年（1623 年）皇后张氏怀孕了，倘生一子，其地位就更加不可动摇。客、魏二人不甘心，便设计暗害，把皇后身边的宫女中的异己分子全部驱逐，而以自己的亲信宫女取而代之，伺机下手。十月十二日皇后分娩，果然是一男孩，因早产，生下不久夭殇，便是客、魏二人一手策划的阴谋。此事宫廷内外都有所传闻，故而天启四年（1624 年）六月左副都御史杨涟上疏弹劾魏忠贤二十四大罪时，这一阴谋成了第十条罪状："中宫有庆，已经成男，凡在内廷，当如何保护……传闻忠贤与奉圣夫人（客氏）实有谋焉……是皇上亦不能保其第一子矣。"

朱由校的第二子慈焴，比长子迟十天出生，时在天启三年十月二十二日，生母是天启二年七月册封的慧妃范氏。在皇长子夭折后，又降生一子，朱由校喜出望外，闰十月十六日以皇次子诞生大赦天下，他在诏书中掩饰不住"所望早昌嗣续，以慰在天之灵"的心情。不久，又进封慧妃范氏为皇贵妃，为次子成为皇太子创造条件。可是，好景不长，皇次子慈焴又于次年六月死去。

此后，天启三年（1623 年）五月，裕妃张氏怀孕了，朱由校特为她举行了铺宫礼。性情刚烈的裕妃无意间得罪了客、魏。被他们视为眼中钉。二人假传圣旨，把裕妃幽禁在宫中，身边宫女全部逐出，并断绝她的饮食。一个下雨天，饥渴的裕妃爬到屋外，匍匐在地上饮屋檐下的雨水，慢慢死去，胎儿也就此夭折。

朱由校的三子慈炅，生于天启五年（1625 年）十月一日，其生母是容妃任氏。不久后，任氏被册封为皇贵妃。不幸的是，慈炅出生刚刚八个月，不知何故就夭折了。这样一来，朱由校所有的希望都破灭了，到底由谁来继承王位呢？无奈之下，朱由校只好按照“兄终弟及”的原则，在他的弟弟中选一个人来继承皇位。而朱由校的父亲朱常洛有七子，但只有长子朱由校和五子朱由检成年，其他都夭折了。因此，朱由校一死，皇位就只能传给朱由检了。

不动声色，计除“九千岁”

天启七年（1627 年）八月，也就是明熹宗朱由校死后的第三天，其弟信王朱由检正式继承皇位。朱由检是明朝第十七位皇帝，年号崇祯，后世称为崇祯帝。他是明光宗朱常洛第五子，明熹宗朱由校异母弟。崇祯是统一的明朝的最后一个年号，因此明思宗是明朝的末代皇帝。

要说起明思宗朱由检在位期间，干得最漂亮的一件事就是不动声色地除去了权倾朝野的大太监魏忠贤。当时，魏忠贤的气焰依然十分嚣张，官至司礼秉笔太监并任东厂提督。这个魏忠贤，自己霸权不说，居然又提拔自己的亲信田尔耕为锦衣卫提督，崔呈秀为兵部尚书。在很短的时间内，朝廷内外就遍布魏忠贤的死党。所有这些行为，朱由检都看在眼里，好像是在等待机会爆发。

而当时的魏忠贤呢？虽然在朝廷内肆意妄为，不把其他朝臣放在眼里，但他却也能够把握分寸，不敢公然加害朱由检，只有用阴险的手段来暗中毒害朱由检。朱由检也不傻，早就对魏忠贤起了防范之心。所以，朱由检在入宫当天，总觉得不踏实，翻来覆去睡不着。随后，他就命人取来宦官身上的佩剑以防身，又牢记皇嫂张皇后的告诫，不吃宫中的食物，只吃袖中私藏的麦饼。整个宫中，都处在一种非常恐怖的气氛当中。

登基之后的朱由检深知，自己要想安安稳稳当好这个皇帝，就得从魏忠贤手中夺回大权。用计除去魏忠贤，一来可以稳固自己的皇位，不再成为菜板上的肉任他宰割；二来也可以保证自己的安全，不会每天都过着提心吊胆的日子。于是，他效仿自己的哥哥朱由校的做法，一面优待魏忠贤和客氏，给他们灌迷魂汤，放松警惕；一面又将信王府中的待奉太监和宫女逐渐带到宫中，以保证自己的安全。

果然，魏忠贤再聪明狡猾，也不能完全猜透朱由检的心思。对此他十分困惑，不知道新上任的皇帝是什么样儿？自己到底应该如何对待他？最后，他想出了一个策略，就是送一些美女给朱由检，千方百计引导朱由检做一个荒淫皇帝。

殊不知，朱由检不好色，再加上他每天都在战战兢兢中过活，哪有心思看美女。但朱由检又担心，如果他不接受魏忠贤的贿赂，肯定会引起魏忠贤的疑心。经过一番思虑，朱由检决定将魏忠贤送来的四名绝色女子全部留下，但都仔细搜了身。结果发现，这四名女子的裙带顶端，都系着一颗细小的药丸，宫中称为“迷魂香”，实际上是一种能自然挥发的春药。朱由检看到这些药丸，识破了魏忠贤的用意，立即命那四位女子将药丸毁去。对此，朱由检大发感叹：“皇考、皇兄皆为此误矣！”

这一次，魏忠贤的计谋失败了。一计不成，他又另生一计。既然美色无法诱惑朱由检，魏忠贤干脆采用更露骨的试探方式。因为当时朝中大多都是魏忠贤的同党，一些无耻的大臣为了巴结、讨好魏忠贤，集体向朱由检上疏，为魏忠贤大唱颂歌。朱由检每次读这些奏疏时，总是“且阅且笑”，似乎在嘲笑他们，又似乎是在嘲笑自己。这时候，魏忠贤又向朱由检上了一道《久抱建祠之愧疏》，向朱由检请求停止为他建造生祠。朱由检的批复不温不火：“以后各处生祠，其欲举未行者，概行停止。”朱由检这种顺水推舟之举，不仅抑止了朝野上下对魏忠贤的崇拜，又不致引起魏忠贤的恼怒。

不仅如此，朱由检还不断嘉奖魏忠贤、王体乾、崔呈秀等人。表面看来，朱由检对魏忠贤等人都格外开恩和照顾。其实不然，朱由检心中明白，他给出去的这一切早晚都会收回来的。他在静静等候时机，暗暗设法削弱魏忠贤的影响力。

天启七年（1627 年）十月十三日，朝中御史杨维垣不知道哪里来的勇气，居然上疏弹劾崔呈秀，并捎带上了魏忠贤，这让朝中其他大臣心生佩服。说起这个崔呈秀，在魏忠贤将门下被号称“五虎”之一，是魏忠贤的得力干将。再加之他还是魏忠贤的亲信，崔呈秀的儿子崔铎也跟着沾了光。崔铎虽然目不识丁，居然中了进士。除去崔呈秀，就等于断了魏忠贤一臂。朱由检看完杨维垣的奏疏，没有过多解释什么，只是免除崔呈秀兵部尚书一职，令他回乡守制。就这样，朱由检慢慢掀开了扳倒魏忠贤的大幕。

眼看着魏忠贤的亲信崔呈秀被罢官，朝中那些敏锐的官员觉察到政治局势的动向，于是，他们又合伙弹劾魏忠贤，短短几天的时间内，朱由检接二连三地收到奏疏。即便如此，朱由检依然不动声色，任由大臣们攻击魏忠贤的浪潮一波胜过一波，他也没追究魏忠贤任何罪责。魏忠贤看出朱由检对他的“庇护”，时不时还跑到朱由检面前哭诉，说自己如何如何冤枉。其实，在朱由检心里早就有一本十分明了的账本，早已经掀起了扳倒魏忠贤的高潮。

同年十月二十六日，海盐县贡生钱嘉征又上疏，这个钱嘉征好像在很久以前就已经做好了弹劾魏忠贤的准备。从他的奏折中就可以看得出来，为了扳倒魏忠贤，他是花了一些时间和心思的。他详细列举了魏忠贤的十大罪状：一并帝，二蔑后，三弄兵，四无二祖列宗，五克削藩封，六无圣，七滥爵，八掩边功，九朘民，十通关节。又称："罄南山之竹，不足书其奸状，决东海之波，难洗其罪恶！"最后疏曰："伏乞独断于心，敕下法司，将魏忠贤明正典刑，以雪天下之愤，以彰正始之法。"有一句特别精彩："圣主当阳，有敢言之士，万死何辞焉！"意思是：新君登基了，我们这个国家有希望了，我死都不怕了！

当朱由检仔细阅读完这份奏疏后，觉得是时候行动了。于是，朱由检立即召魏忠贤进宫，并命令太监当着魏忠贤的面，宣读钱嘉征的奏疏。魏忠贤听完这份奏疏后，惶恐至极、不知所措，感觉都快要魂飞胆破了。于是，魏忠贤又立即去找他的赌友——原信王府太监徐应元，想要向他讨教对策。徐应元给魏忠贤的意见是：立即辞去爵位，也许可以保富贵。魏忠贤听后，觉得这个方法可行。次日，魏忠贤便请求引疾辞爵，朱由检允许了。

同年十一月一日，当朱由检得知魏忠贤辞爵的主意是徐应元出的，于是又斥责徐应元。朱由检将魏忠贤发往凤阳安置，魏忠贤在去凤阳的途中，仍豢养一批亡命之徒，朱由检闻悉后大怒，命锦衣卫前去逮捕，押回北京审判。魏忠贤曾经的手下李永贞得知消息，连忙派人密报魏忠贤。魏忠贤自知难逃一死，行到阜城时，听到后一项命令，便与同伙李朝钦在阜城南关客氏旅店痛饮至四更，最后一起上吊自杀。朱由检诏令将魏忠贤肢解，悬头于河间府。将客氏鞭死于浣衣局。魏良卿、侯国兴、客光先等都被处死，并暴尸街头，还抄了他们的家。

崇祯二年（1629 年）二月，朱由检命大学士韩火广等人审定逆案，这才将魏忠贤的党羽尽数逐出，东林党人又得以进用。那些与逆案有关的人日夜图谋报复。其后温体仁、薛国观之辈相继执政，他们暗中排挤正直人士，为翻逆案做准备。朱由检也厌恶廷臣结党营私，于是又委任宦官，而逆案中的阮大铖等人终于肆毒于江左，直到灭亡。

徐霞客遍游山河

徐霞客，出生在明朝南直隶江阴（今江苏江阴徐霞客镇）的土豪世家，祖上大多都是读书人，曾做过高官，称得上是书香门弟。可惜到祖父徐衍芳这一代，家道中落。徐霞客的父亲徐有勉一生不愿为官，也不愿同权势交往，喜欢到处游览欣赏山水景观。受耕读世家的文化熏陶，徐霞客幼年好学，博览群书，尤钟情于地经图志，少年即立下了“大丈夫当朝碧海而暮苍梧”的旅行大志。

万历二十九年（1601 年），15 岁的徐霞客应童子试，可惜名落孙山。父亲见儿子无意功名也不勉强，而是鼓励他博览群书，做一个有学问的人。徐霞客祖上有座万卷藏书楼，给他博览群书创造了很好的条件。他读书非常认真，凡读过的内容，别人问起，都能对答如流。后来，家中藏书已不能满足他的需求，他就到处搜集没见过的书籍，只要看到好书，即使没带钱，哪怕脱掉身上的衣服也要换来。

万历三十三年（1605 年），徐霞客 19 岁，父亲去世。徐霞客生来有奇癖，很想外出探询名山大川的奥秘，而且想绘天下名山胜水为通志，但因为有年迈的母亲，不忍成行。徐母心胸豁达，通情达理，与父亲的“志行纯洁”比起来，母亲的“勤勉达观”对徐霞客的影响更直接，“弘祖之奇，孺人成之”，积极鼓励徐霞客放心远游。

徐霞客与母亲约定，在春草初萌时出游，在秋叶染霜时归来，20 年间，足迹几遍天下而无不如期而返。徐霞客每次归来，都以琪花瑶草碧藕雪桃之类作为礼物送给母亲，并为母亲讲天地之广大、流水之奇险，以及土风之异、灵怪窟宅之渺，听的人都吓得张口结舌，直冒冷汗，徐母却反而感到非常愉快，煮蒲烹茶，为儿子庆贺，并鼓励儿子要不畏艰险，继续前进。其实，母亲是十分思念只身在外的儿子的，也希望儿子能留在自己身边。曾有一次，徐母听到儿子夜归叫门之声，竟高兴得顾不上点灯，乱束腰裙，急忙去开门。

万历三十六年（1608 年），22 岁的徐霞客正式出游，临行前，他头戴母亲为他做的远游冠，肩挑简单的行李，离开了家乡。从此，直到 54 岁逝世，绝大部分时间都是在旅行考察中度过的。徐霞客游历生活的第一阶段为万历四十一年（1613 年），28 岁以前的准备阶段，重点放在研读祖国的地理文化遗产，并凭兴趣游览太湖、泰山等地，没有留下游记。

万历三十六年（1608 年），22 岁的徐霞客乘舟经京杭大运河入太湖，登眺东、西洞庭山，访西山灵威丈人遗迹林屋洞（道教第九洞天），浏览了无锡惠山“天下第二泉”、听松坊和寄畅园，这是有记载的徐霞客的第一次出游活动。

万历四十一年（1613 年），28 岁的徐霞客偕江阴莲舟和尚于三月出发，进行浙东游，游历了普陀山、天台山、雁荡山、富春江、天目山等地。以温州攀登雁荡山最为惊悚。他想起古书上说的雁荡山顶有个大湖，就决定爬到山顶去看看。当他艰难地爬到山顶时，只见山脊笔直，简直无处下脚，怎么能有湖呢？可是，徐霞客仍不肯罢休，继续前行到一个大悬崖，路没有了。他仔细观察悬崖，发现下面有个小小的平台，就用一条长长的布带子系在悬崖顶上的一块岩石上，然后抓住布带子悬空而下，到了小平台上才发现下面斗深百丈，无法下去。他只好抓住布带，脚蹬悬崖，吃力地往上爬，准备爬回崖顶。爬着爬着，带子断了，幸好他机敏地抓住了一块突出的岩石，不然就会掉下深渊，粉身碎骨。徐霞客把断了的带子接起来，又费力地向上攀援，终于爬上了崖顶。

在跋涉一天之后，无论多么疲劳，无论是露宿街头还是住在破庙，他都坚持把自己考察的收获记录下来，为后人留下了珍贵的地理考察记录。

登中岳，历尽艰险

徐霞客的家乡江阴在我国东部地区，从地理方位上讲，他的旅行是真正的“西游”。他游历的第二阶段为29岁（1614年）至48岁（1633年）的纪游前段，历时20年，游览了浙、闽、黄山和北方的嵩山、五台、华山、恒山诸名山。

天启三年（1623年），徐霞客38岁，农历二月初一离家，于十九日到达郑州的黄宗店。20至24日间路过告成镇、中岳庙，登太室绝顶，上天门，探登高岩、真武庙，由西沟滑溜而下，经法王寺，还岳庙。西行登少室山主峰南寨，返宿少林寺，至初祖庵，经大屯，25日至伊阕。在嵩山，他主要游览了岳庙、嵩阳宫、崇福宫、启母石、少林寺、初祖洞等地。这次嵩山之行，徐霞客最大的收获是有了新发现。

徐霞客登上太室绝顶万岁峰，将要下山时，只见周围云雾缭绕，辨不清方向。他就向打柴人询问下山道路，打柴人告诉他说：“走正道要20里，如果从西沟顺山坡滑下，可省一半路，只是路非常险峻。”越往下，崖势越雄壮。山势越来越陡，徐霞客也越滑越快，连停也停不住，他的处境十分危险，稍一疏忽，就可能滚下山去。就这样，一个峡谷走完，又转到另一个峡谷，无法向旁边看一眼，脚也无法休息。他一直顺着两山沟底向下滑了10里，才出了峡谷抵达平地，上了正路。这时徐霞客已累得汗流浃背，衣服被山间的树枝划得成了布条，身上也满是伤口，两腿连站都站不起来，但他为自己发现了前人所未发现的嵩山西沟险峻的山路露出了笑容。

上北岳，不畏荆棘

在登北岳恒山山顶时，徐霞客调查出上山的两条路，其一是从北岳殿右边登山，这里有一石窟依山成室，室中像群仙，环列无隙，称作会仙台。另一条便是绕过岳殿东边，有一断崖处，野草丛生，高达千尺，人称为登顶便道。徐霞客选取后一条路，于是脱去长衣，攀缘而上。约走二里，方出危崖，仰望绝顶，也不过走了一半路程。前边路途，依然是“满山短树蒙密，槎伢枯竹”，这些短树枯竹能钩破衣领，一经攀缘践踩，便会齐根断折，连人带树滚下去，“若堕洪涛，汩汩不能出”。像所有探险家一样，徐霞客“益鼓勇上”，终于走出了荆棘丛生的崖间小路，登上了“未曾置足”的北岳之巅，了却其平生所愿。

爬黄山，破冰除雪

徐霞客去黄山考察，途中遇到大雪。当地人告诉他有些地方积雪有齐腰深，看不到登山的路，无法上去。徐霞客没有被吓住，他拄了一根铁杖探路，上到半山腰，山势越来越陡。山坡背阴的地方最难攀登，路上结成坚冰，又陡又滑，脚踩上去，就滑下来。徐霞客就用铁杖在冰上凿坑。脚踩着坑一步一步地缓慢攀登，终于爬了上去。山上的僧人看到他都十分惊奇，因为他们被大雪困在山上已经好几个月了。

他还走过福建武夷山的三条险径：大王峰的百丈危梯，白云岩的千仞绝壁和接笋峰的“鸡胸”“龙脊”。

51 岁（1636 年）至 54 岁（1639 年）为徐霞客纪游后段，历时 4 年，他游览了浙江、江苏、湖广、云贵等江南大山巨川，写下 9 卷游记。此次是为考察西南边陲，并探索长江上源，万里西行，可能是不归路，于是在临行时告诉家人，“譬如吾已死，幸勿以家累相牵”。意思是就当我死了吧，竟是如此“绝情”。

奢安之乱，最后一块“落井石”

到了明朝后期，社会矛盾日益尖锐，战事频起。至明熹宗初年，不仅后金大兵压境，辽东事紧，且有西南农民起义和土司反叛活动愈演愈烈，这才发生了奢安之乱。奢安之乱指的是天启年间，由四川永宁（今叙永）宣抚司奢崇明及贵州水西（今大方一带）宣慰司安位叔父安邦彦引发的叛乱。奢崇明于天启元年（1621 年）九月在重庆起事，围成都达 100 多天。而安邦彦于天启二年（1622 年）二月起兵，进围贵阳 200 多天。奢安合流，战争持续到崇祯三年（1630 年），前后历时 9 年。

在这次战乱中，四川巡抚徐可求以及贵州巡抚王三善被杀，西南大将之冠的总理鲁钦兵败自刎，贵州总兵阵亡于贵阳城下。最后被四川巡抚朱燮元、石柱总兵秦良玉、四川总兵杜文焕、贵州巡抚王三善等平定。

万历十四年（1586 年），奢崇明袭职四川土司永宁（治所在今四川省叙永西南、辖境相当今叙永、筠连、古蔺等县地）宣抚使，与其子奢寅很早以前就有反明割据之心。天启元年（1621 年），奢崇明亲自请调马、步兵 2 万援辽，派遣其婿樊龙、部党张彤等领兵至重庆。九月十七日，奢崇明起兵杀死巡抚徐可求等军政官员 20 余人，发动叛乱，占据重庆，攻合江，破泸州，陷遵义（今属贵州省），建国号“大梁”，设丞相、五府等官。尔后，奢崇明、奢寅率军数万分道向成都进发，先后攻陷富顺、内江、资阳、简州（今四川简阳）、新都、龙泉（今四川成都市东南附近）。

十月十八日，包围成都。当时成都守兵只有 2000 人，布政使朱燮元急调石柱宣慰司（治所在今四川石柱县）、龙安府（治所在今四川省平武县）等地官军入援，同巡按御史薛溥政等分门固守。明廷升朱燮元为四川巡抚，调派杨愈茂为四川总兵官，入川平叛。石柱宣慰使秦良玉（女）派遣其弟秦民屏，其侄秦翼明等率士卒4000人进驻南坪关（今四川南川西南），扼重庆叛军归路，又分兵守忠州（今四川省忠县）。

女将秦良玉自统精兵6000人沿江西上。贵州巡抚李标派总兵张彦芳、都司许成名、黄运清等援救四川。从十月至十二月，大小百余战，消灭叛军1万余，先后收复遵义、绥阳、湄潭、桐梓、乌江（今均屑贵州省）等地。叛军方面，奢寅在成都造云梯和旱船（吕公车），日夜攻城。秦良玉等各路援军到达成都以后，与登莱副使杨述程、安锦副使刘芬谦大败叛军于牛头镇，收复新都。

天启二年（1622年）正月二十九日，朱燮元以叛军将领罗乾象为内应，又遣部将设伏诈降，诱奢崇明至城下，再败其军，罗乾象投降，成都解围。官军乘胜追击，先后收复资阳、内江、简州、泸州等四十余州县，奢崇明父子退往永宁。五月二十三日，诸军进逼重庆，秦良玉率秦民屏夺取二郎关，总兵杜文焕破佛图关。川东兵备副使徐如珂亦击退奢寅所遣周鼎援军数万（又说2万人或四五万人），歼敌万余。二十八日，收复重庆，杀死樊龙和张彤。此后，双方屡战于建武（今四川省大坝西、兴文南）、长宁（今四川省珙县东）、珙县、宜宾、遵义一带，互有胜负。

天启三年（1623年）春，朱燮元吸取了“我以分，贼以合”因而未能彻底平叛的教训，决定集中兵力，直捣永宁。设疑兵于纳溪，佯为进攻，而暗中集中主力于长宁，进兵永宁，官军与石柱士兵连战皆捷。四月，克永宁。五月，克蔺州（今四川省古蔺）。奢崇明父子率余部败退水西龙场（位于四川省叙永县东南，今属贵州省），联合贵州安邦彦，分兵犯永宁、遵义，被川军击退。四川总兵官李维新、监军副使李仙品、佥事监军刘可训等，统率各将，分五路进兵龙场，擒获奢崇明妻安氏、弟奢崇辉及叛军大学士、经略、丞相、总督等文官武将多人，斩首千余人（一说万余人），奢崇明父子俱受伤而逃，平叛战争宣告结束。明廷令废水宁宣抚司，设道府治理其地。

此役，共击毙叛军2.79万余人，俘获1.26万余人，招降头目134名。官军阵亡2688人，伤者194人。其后，奢崇明父子长期客居水西，依附于安邦彦。天启六年（1626年），奢寅被部下杀死。崇祯二年（1629年）八月，奢崇明在“永宁之战”中兵败被杀。叛乱中，贵阳被围半年，兵民相食，据传逃入贵阳城内四十万，最后吃到还剩2万多人，总兵张彦芳公开组织杀人，人肉四斤值银一两。

叛乱的首脑水西安氏家族从后汉建兴元年至清康熙37年，世长水西，共1474年。在水西根基深、历史悠长，四方联姻，兵力最强，地域最大。以往西南平叛，明朝无不依靠水西。就早奢安之乱20多年的杨播之乱来说，没有安氏，光凭庸碌的黔兵，贵阳早就陷落了。

明朝最后的救命稻草——袁崇焕

自嘉靖年间，明朝北方边患日渐严重，对明朝重文轻武的格局造成很大冲击，大批知识分子开始研读兵学，走出书斋，时刻关注局势发展。而明朝末年抗击后金的著名将领袁崇焕也在此时出现。

袁崇焕出生于广东东莞石碣，他不仅具有非凡的胆略和魄力，而且好谈兵、有边才。万历四十七年（1619年），他顺利考中进士，被授予福建邵武知县一职。他在任时，十分喜欢与人谈论兵法。每次遇到退伍的老兵，就开始滔滔不绝，跟他们讨论边塞上的一些事情。对于边塞的基本状况，他几乎了如指掌。所以，他自认为自己有镇守边关的才能。

天启二年（1622年），明军广宁不幸大败，13万大军全军覆没，40多座城池失守，明朝国门岌岌可危。也就是在这一年，袁崇焕千里迢迢来到京城觐见明熹宗朱由校。袁崇焕这个人，没有升官发财的念想，心中唯一牵挂的就是社稷安危。当他只身一人来到京城，并得知广宁被攻陷的消息，他二话没说，随即一个人前往关外察看地形。待他回来之后，便言称："只要能给我足够的兵马钱粮，我一个人就可以镇守山海关。"朝中大臣听完袁崇焕的言语，也都纷纷夸赞他有才能。幸运的是，当时有一位叫侯恂的御史慧眼识人，觉得袁崇焕的确是个可造之材，便题请破格擢用，具疏奏言："见在朝觐邵武县知县袁崇焕，英风伟略，不妨破格留用。"朱由校很快采纳了侯恂等人的建议，立即提升袁崇焕为兵部职方司主事，没多久又旋升他为山东按察司佥事、山海监军，拨其帑金20万，还让其招兵买马。

当时，山东关外地都被哈剌慎诸部所占据，所以袁崇焕到任后，只能暂时驻守于关内。没过多久，哈剌慎诸部便归顺了明朝。袁崇焕是辽东经略王在晋的下属，王在晋命他移军驻扎中前所。之后，袁崇焕又服从王在晋的命令，前往前屯安置辽东的失业人群。袁崇焕冒着被虎豹袭击的危险，趁着夜色，穿梭于荆棘之间。在四更天的时候入城，将士们都为他的壮举钦佩不已。袁崇焕有如此胆识，让王在晋更是器重他。于是，又上言提拔袁崇焕为宁前兵备佥事。

天启三年（1623年）九月，袁崇焕到任后，对事事都十分负责。当他发现祖大寿奉孙承宗之命，修筑的城墙不合规格时，他立即制定规格，命令重新修筑。同时，他还命祖大寿与参将高见、贺谦等人一起督工。

到了第二年，宁远城的修筑终于再次竣工。在满桂与袁崇焕二人的共同努力下，宁远被倚为关外重镇，将士们都乐于为其效命。同年九月，袁崇焕又协同大将马世龙、王世钦率领12000水陆马步军巡视广宁，拜谒北镇祠，经过十三山，抵达右屯。之后，明廷又以袁崇焕防守的功劳，先后晋升他为兵备副使、右参政。

天启五年（1625年），孙承宗与袁崇焕共同商量了对策，立即派遣将领占据锦州、松山、杏山、右屯及大、小凌河等地，并修缮城防长期驻守。同年十月，孙承宗不幸遭到罢免，由高第接替了他的职位。这个高第向来没有斗志，他认为关外一定会守不住，他接任没多久，就命令自己的军队全部撤出锦州及右屯等地。当时，督屯通判金启倧看到这一切，立即上书袁崇焕："锦州、右屯、大凌三城都是前锋要地，如果撤兵，已经安居的百姓将再次被迁徙，收回的疆土再次沦陷，关内外经得住几次退守?"袁崇焕听闻后，也立即向高第争辩："兵法上说，有进无退，收回的疆土怎么能轻易放弃？锦州、右屯动摇，宁远便会难保，进而使关门失去了保障。这些地方只需要派遣良将守卫，就不需要太多的顾虑。"但高第油盐不进，执意要撤掉宁远的军队。袁崇焕见劝说无效，表示宁愿死在宁远，也不愿撤离。同年十二月，袁崇焕又被擢升为按察使。

天启六年（1626年）正月，努尔哈赤得知孙承宗被罢免的消息，立即率领大军西渡辽河。经略高第和总兵杨麟拥重兵于山海关，眼见着宁远被攻击，也不肯去救援。袁崇焕得知后，立即写下血书，与大将满桂，副将左辅、朱梅，参将祖大寿、守备何可纲等将士盟誓，以死守城。努尔哈赤将战争中抓到的明朝百姓放回宁远，并让其劝袁崇焕投降。然而，袁崇焕却一口拒绝。努尔哈赤见劝说不成，于是又率领大军进攻宁远城，并让士兵举着盾牌攻凿城墙。而袁崇焕也不甘示弱，立即命人指挥西洋巨炮，想要炮轰后金军。后金军在巨炮的攻击下溃不成军，战争连续了两日，后金军损失惨重，努尔哈赤只得下令退军。宁远保卫战胜利后，明廷上下欢喜，又升袁崇焕为右佥都御史。可以说，当时的袁崇焕真可谓是步步高升，得意至极。

同年三月，明廷又让袁崇焕担任辽东巡抚，当时的大奸臣魏忠贤派其党羽刘应坤、纪用一同前来镇守。袁崇焕上疏请求将其调离，但却遭到了拒绝。又过了不久，袁崇焕因为与大将满桂发生了矛盾，上疏请求将满桂调往别处，明廷于是召满桂回朝。经略王之臣奏书请求留住满桂，袁崇焕又因此与王之臣闹不和。明廷担心这两个人闹矛盾会影响大事，于是将两人分开，王之臣督关内，袁崇焕守关外。八月，后金军首领努尔哈赤因病去世，袁崇焕派遣使者前往吊唁，以刺探虚实。此后，袁崇焕想要和后金议和，于是自写书一封再次派遣使者前往。

天启七年（1627 年）正月，皇太极同意了袁崇焕的请和，并举兵渡鸭绿江征讨朝鲜。明廷觉得袁崇焕与王之臣不能相互协作，于是将王之臣召回，不再设立经略一职，关内外尽由袁崇焕管理。趁皇太极举兵朝鲜之际，袁崇焕又派人修缮锦州、中左、大凌三城。而朝鲜和毛文龙同时向明廷告急，明廷便命袁崇焕前往救援。袁崇焕派遣水军增援毛文龙，又派左辅、赵率教、朱梅等人率领 9000 兵力逼近三岔河，以牵制后金军。而朝鲜倒向后金进攻毛文龙，却被毛文龙击败，后金军也被毛文龙击退，史称“丁卯之役”。

同年五月，皇太极从朝鲜退兵后，率兵直抵锦州，并包围了锦州。袁崇焕以宁远的兵力不能轻易调动为由，命令尤世禄、祖大寿率领精锐骑兵 4000 绕到大军后面进行决战。他又派遣水军从东面进行牵制，并请求蓟镇等地发兵东护关门。尤世禄刚要整备出发，后金军又分兵来攻宁远，袁崇焕与刘应坤、毕自肃率将士登上城楼防守，在濠沟内排列阵营，用炮远距离轰击。后金军从宁远撤退后增加锦州的攻势，但仍旧无法攻克，而且伤亡惨重，后金军只好撤兵。宁锦之战后，满桂、赵率教等人都得到了应有的赏赐，但袁崇焕却屡屡受到魏忠贤的打压，其党羽弹劾袁崇焕不救援锦州，论功行赏时，只给袁崇焕增加一级官阶。七月，袁崇焕辞官回乡。

天启七年（1627 年），朱由校驾崩，明思宗朱由检即位，设计将魏忠贤除去，并把之前冒领军功的人削职。在朝中大臣的建议下，袁崇焕再次被启用，并被任命为兵部尚书兼任右副都御史。同年七月，袁崇焕返回京城，上疏陈述兵事，朱由检于平台召见袁崇焕，袁崇焕声称自己可以五年复辽，朱由检对此大加赞赏。此后，袁崇焕觉得自己好像失言了，于是主动上奏说："五年复辽的计划不容易完成，陛下既然委托给臣，臣怎么敢推辞这艰难的任务。但是五年内，户部转运军饷，工部供应器械，吏部用人，兵部调兵选将，必须朝廷内外事事配合，才能有所成功。"朱由检听完袁崇焕的这番话，于是让四部的大臣按照袁崇焕所说的话去办。

崇祯二年（1629 年），袁崇焕以东江毛文龙虽然能牵制后金军，但耗费的钱粮实在太大为由，上书请求让朝廷派人来管理毛文龙部的军饷。毛文龙当然很不乐意，于是上书争辩。而后，毛文龙前来拜谒袁崇焕，袁崇焕以上宾之礼接待毛文龙，毛文龙也不谦让。袁崇焕见毛文龙软硬不吃，于是动了杀机，他厉声斥责毛文龙，并下令将毛文龙的冠服去除并捆绑起来，拿出尚方宝剑，将毛文龙斩杀。

袁崇焕杀了毛文龙之后，害怕他的部下叛变，于是增加他们的饷银。但是，即便袁崇焕这样做了，还是出现了人心背离的现象。于是，袁崇焕又上书给明廷："东江镇是牵制敌人所必须依托的。现确定两协的编制，马军十营，步军五营，每年饷银四十二万，米十三万六千。"朱由检对兵员减少军饷却增加的事情感到疑虑，但是一看是袁崇焕奏请的，也没再有过多疑问，痛快地答应了他。

崇祯二年（1629 年）十一月，后金主皇太极举兵数十万，分别进入龙井关、大安口，袁崇焕听闻后，率领祖大寿、何可刚入关守卫。朱由检得知后大喜，下令要嘉奖袁崇焕的部下，并让袁崇焕统领指挥各地援军。不久之后，后金军越过蓟州往西，直逼京城，袁崇焕率兵护卫京师。朱由检召见袁崇焕，想要赏赐御用酒菜及貂裘慰劳他。而袁崇焕以兵马长途奔波，疲惫不已为由，请求入城休整，却遭到了朱由检的拒绝。于是，袁崇焕驻军城外，与后金军进行了一场鏖战。袁崇焕立即命令祖大寿于南面列阵，他在西面列阵以备战。后金军力战祖大寿不下，于是撤退，明将刘应国、罗景荣等人又率兵进行追击，杀伤后金军千余人，明军死伤也不少。在如此混乱的局面下，袁崇焕又派遣任守忠率领 500 人，命他们用火炮轰打金营，后金军这才撤退，京都之危才有所缓解。

然而，后金军退兵后，袁崇焕的苦日子却来了，他被朝廷治罪。当初，后金军进入的关口属于蓟辽总理刘策所管辖，而袁崇焕得知后金军入关，千里迢迢赶来救援，自认为有功无罪，但是朝中大臣却有很多人认为是袁崇焕放后金兵入关，于是纷纷诽谤袁崇焕与后金军有勾结，朱由检对此也产生了怀疑。再加上此时后金军的不断离间，说袁崇焕与后金军曾有过秘密约定。十二月，朱由检便将袁崇焕下狱。这时候，魏忠贤的遗党王永光、高捷、袁弘勋等人终于有机可乘，想趁机给魏忠贤报仇，朱由检对他们的弹劾居然信以为真，以擅自与后金军议和、擅杀毛文龙两条罪名，定袁崇焕死罪。崇祯三年（1630 年）八月，袁崇焕被凌迟处死，家人被流徙三千里，并抄没家产。

洪承畴无奈降清

洪承畴，出身望族，是武荣翁山洪氏的第十二代孙，属东轩五房，书香门第。他的父亲洪启熙也是秀才，性格庄重沉稳，以至孝名闻乡里。他的母亲是傅氏，是当时的名门闺秀，洪承畴有两个弟弟，分别是洪承畹和洪承畯，他的二弟洪承畹早逝，另一个弟弟洪承畯是书法家。

洪承畴童年入溪益馆读书。因家境贫寒，11岁辍学，在家帮母亲做豆干，每日清晨还要到英圩埔走街串巷叫卖豆干。当时西轩长房的才子洪启胤在水沟馆办村学，洪承畴叫卖豆干之余，常在学馆外听课，偶尔也帮学生做对子。洪启胤发现洪承畴极有天分且抱负不凡，于是，免费收洪承畴为徒，重返校门。洪承畴学习用功，博览群书。

万历四十三年（1615年），23岁的洪承畴赴省参加乡试，为乙卯科中式第十九名举人。次年，赴京会试，连捷登科，为丙辰科殿试二甲第十四名，赐进士出身。洪承畴初授刑部江西清吏司主事，历员外郎、郎中等职，在刑部任事6年。天启二年（1622年）洪承畴擢升浙江提学佥事，以才高识士，所选人才皆俊奇，为朝廷所器重，两年后升迁两浙承宣布政左参议。天启七年（1627年），洪承畴升陕西督道参议。

崇祯元年（1628年）七月，明末政治腐败，压迫剥削日益加重，陕西又逢旱灾，人民无法生活。于是暴发了农民起义，而明廷主要是以安抚为主。崇祯二年（1629年），农民军王左挂、苗美率兵进攻韩城。陕西总督杨鹤手中无将，情急之下，令当时还是参政的洪承畴领兵出战。洪承畴斩杀敌兵三百人，解了韩城之围，顿时名声大噪。

两军交战后，洪承畴背松山列阵，派兵冲击清营，一冲不破，便决定撤退。因军中乏粮，诸将各怀去志，遂不待军令，大同总兵王朴趁天黑率部遁走，马科、吴三桂两镇兵也争相率军逃奔杏山。清军趁势掩杀，前堵后追。当他们逃到杏山时，又决定撤奔宁远，结果再次遭到伏击，部卒伤亡惨重。洪承畴由于事先没有决战的决心，明兵两镇六总兵败溃，数十万人土崩瓦解，先后被斩杀者五万三千多人，自相践踏死者及赴海死者更是无计其数。剩下自己带领的残兵万余人，被清军团团围困在松山，饷援皆绝。

洪承畴被俘后，久被围困的锦州明军已筋疲力尽，粮尽援绝，又见松山、杏山的明军已败，待援无望。四月，锦州守将祖大寿便走出内城，率众出降。塔山、杏山也相继落入清军之手，明军的锦宁防线，实际上已不复存在。清太宗皇太极即位以后，清政权机构日臻完善，国力军力都有很大增长。但是它的地盘，仍限山海关以东。而且在这个有限的地盘中，还有几个明军困守的据点，比如锦州、宁远、松山、杏山、山海关等等，这些据点是清军进一步发展的障碍。为了统一东北并把势力扩展到内地，必须拔除这些据点。为此，皇太极下决心要攻克山海关和锦州，打通去往关内的交通要道，为灭亡明朝、夺取北京创造条件。

清太宗皇太极为今后逐鹿中原计，一心争取洪承畴归顺，以“满汉之人均属一体”的政策笼络他，下旨以礼护送洪承畴到盛京（近沈阳）。同时，皇太极命一同被俘的巡抚邱民仰等人，以威吓洪承畴。到了盛京，皇太极又派满汉文武官员轮流劝降，均遭拒绝。数次劝降无效，清将发怒，举九刀威胁，洪承畴都“延颈承刃”，始终不屈。

又过了几日，皇太极又委派范文程劝降他，就在他们谈话之际，梁上掉下一点灰尘，撒在他的衣服上，他拍了又拍。正是这样一个无意之举，范文程发现洪承畴是一个爱惜衣服之人。由此可见，洪承畴更爱惜生命。皇太极听完范文程的报告后，决定亲自去太庙看洪承畴，洪承畴立而不跪。皇太极嘘寒问暖，见洪承畴衣服单薄，就将自己身上的貂裘解下披在洪承畴身上，并说："先生得无寒乎?"洪承畴瞠视许久，叹曰："真命世之主也!"

洪承畴从心里钦佩皇太极，并表示乐意为清朝效劳。随后，洪承畴叩头请降。皇太极大喜，并委以洪承畴重任。当时，洪承畴在朝中位高权重，口碑也不错。既为皇帝倚重，也受同僚和部下的推崇爱戴。松山兵败，举朝大震，都以为洪承畴必死无疑，明思宗朱由检极为痛悼，辍朝三日，以王侯规格"予祭十六坛"，七日一坛，于五月十日亲自致祭，还御制《悼洪经略文》明昭天下。祭到第九坛时，消息传来：洪承畴降清了。朱由检听到这个突如其来的消息后，想不通为什么。因此，这个祭悼仪式草草收场了，"遂御祭始罢"。不过这件事，朝廷并没有张扬出去。

闯王进京，崇祯自缢

李自成，原名鸿基，小字黄来儿，是明末农民起义领袖之一，世居陕西米脂李继迁寨。少年时的李自成，喜好枪马棍棒。他的父亲去世后，他就去了明朝负责传递朝廷公文的驿站当驿卒，负责照看马匹。

崇祯元年（1628 年），明思宗朱由检在驿站进行了改革，意图精简驿站。身为驿卒的李自成，因为粗心大意丢失了公文，而被裁撤。失业后他便回家了，也欠了不少债。同年冬季，李自成因为还不起举人艾诏的欠债，被艾举人告到了当地县衙。县令晏子宾二话不说，就将他"械

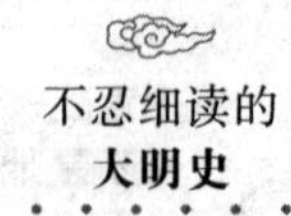

而游于市，将置至死”。幸运的是，他被亲友救出。到了年底时，他便起了报复之心，杀死了债主艾诏。一波接着一波，他的妻子韩金儿因为受不了贫苦的生活，和村上一个名叫盖虎的通奸，李自成一气之下又杀了妻子。两条人命在身，官府不能不问，吃官司不能不死，于是他又同侄儿李过于崇祯二年（1629 年）二月到甘肃甘州（今张掖市甘州区）投军。不久后，李自成就被王国提升为军中的把总。同年在榆中（今甘肃兰州榆中县）因欠饷问题杀死参将王国和当地县令，发动兵变。

李自成起事后转战汉中，参加了王左挂的农民军。崇祯二年（1629）年起义，李自成成为闯王高迎祥部下的闯将，勇猛有识略。荥阳大会时，提出分兵定向、四路攻战的方案，受到各部首领的赞同。高迎祥牺牲后，他继称闯王。

当时中原灾荒严重，社会阶级矛盾极度尖锐，李自成提出“均田免赋”等口号，获得广大人民的欢迎，部队发展到百万之众，成为起义军中的主力军。崇祯十六年（1643 年）在襄阳称新顺王，并在河南汝州歼灭明陕西总督孙传庭的主力，旋乘胜进占西安。崇祯十七年（1644 年）正月，建立大顺政权，年号永昌。二月亲率 40 万步兵、60 万骑兵，渡黄河，下太原，兵分两路，犹如黄河奔流之势直抵京师城下。三月中旬，大顺军主力部队拿下北京门户居庸关，直接威胁京师。

作为统治中国的皇帝，原本应该是高高在上、权倾天下的。但是自从明思宗朱由检称帝那天起，却一天也没有好受过。从崇祯元年（1628 年）起，在陕北就闹起了农民起义，这使朱由检如坐针毡，食不下咽，没有一天不在想着如何“剿匪”。然而，经过十几年的“剿匪”，由闯王李自成率领的一支农民义军却越战越强。惶惶不安的朱由检立即召集朝中重臣，询问对付李自成义军的计策。但大臣们只是低头不语。朱由检大声吼道：“朕非亡国之君，臣皆亡国之臣。”

第十章
大明悲歌，亡国不是他惹的祸

其实，明朝也不是没有良将，袁崇焕便是其中的一位。但朱由检疑心太重，在袁崇焕屡立战功的情况下，还将其处死了。如此一来，有谁再敢去他跟前进谏呢？为了保住一条命，他身边的忠臣越来越少了。

崇祯十七年（1644 年）三月的一个晚上，一向威严肃穆的紫禁城中一派凄凉景象。月色辉映下的这一处建筑，格外死寂、凄清。最近京城里一直有种神秘的传闻：据说夜晚走过紫禁城正门的行人，能够听到那些战死疆场的将士们的鬼魂的喧闹和幽灵凄厉的哀嚎。除非不得已，已经没有人再愿意靠近紫禁城一步。当朱由检听说他委派守城的亲信太监曹化淳已经打开彰义门，迎接李自成进城，自知大势已去，慌忙命人将皇太子朱慈烺、三儿子朱慈炯（即后来传说的朱三太子）、四儿子朱慈炤连夜送出宫外。

朱由检随即来到后宫，令他惊讶的是，周皇后并没有就寝，反而是穿戴得整整齐齐，仿佛正在等候他的到来。最让人奇怪的是，皇后所穿的朝服，袖口、衣角及周身开口的地方都已经用线密密缝住，她就好像被装在一个华丽的衣袋中。朱由检来不及多想皇后为何是这样地打扮，对周皇后说："国破就在眼前。你身为国母，理当殉国。"周皇后并不惊慌，她似乎早就料到会有这一天，相当冷静地说："我跟随陛下已经十八年了。十八年中，陛下从未听过我一句忠言，所以才会有今天。"说完后有些鄙夷地望了朱由检一眼，从容地上吊而死。朱由检一怔，他从来也没有将这位性子耿直的皇后放在眼中，事实上除了他的女儿长平公主，他没有真正在意过任何女人。

当年周皇后的父亲嘉定伯周奎为了帮女儿对付朱由检宠爱的田贵妃，特地从江南找来了绝色美女陈圆圆。朱由检第一眼看到陈圆圆的时候，也惊诧她惊人的美貌，可是当时朱由检正被军国大事搅得头昏脑胀，根本没有心思。陈圆圆只得返回了周府，被到周府做客的吴三桂看中，才有了后来的“冲冠一怒为红颜”的故事。如今周皇后临死前那番话的语气、那蔑视的一眼却深深震憾了朱由检，他心中一时不知道是什么滋味，是惊？是悔？但情形已经不容他多想，呆了片刻，他又来到了寿宁宫找长平公主。

长平公主才16岁，已经出落得秀丽高贵。朱由检已经为她挑选了周显为驸马，若不是李自成逼近北京，公主早应该在几天前下嫁。长平公主也没有入睡，大概今晚的北京城中，没有多少人能够安然入睡。公主年纪虽小，却也知道天下即将大变，见朱由检进来，上前拉住父亲的衣袖哭泣，不胜悲恸，更显得楚楚动人。朱由检的眼泪不由自主地流了下来，望着最心爱的女儿叹息说：“你为什么要生在帝王之家?”终于狠下心，用左手挡住脸，右手拔刀出鞘，向公主砍去。公主尖叫了一声，那一声中充满了惊恐，她无论如何也不相信她最爱的父亲会杀她。她本能地挥出柔弱的手臂去挡锋利的刀。

毕竟是亲生骨肉，朱由检的手不由自主地抖了一下，这是他有生以来第一次感到彷徨，但仍然咬着牙砍了下去。刀砍断了长平公主的左臂，但没有砍中要害，顿时血流如注，公主当场晕绝地上。在昏暗的夜色中，他带着一批太监冲出宫门，逃命去了。他们出东华门，至朝阳门，又奔安定门……在城内兜了一圈，都被他的臣僚挡了回来，只得重返宫中。

第二天凌晨，朱由检登上钟楼，鸣钟召集百官，但无一人前来。众叛亲离的朱由检与宦官王承恩一起溜出紫禁城，登上了后面的万岁山(今景山)。三天后，人们才在寿皇亭发现这个僵死的了国君。只见朱由检乱发覆面，一只脚光着，与王承恩相对缢死。有人不忍目睹此惨状，遂将他葬在了3个月前死去的田贵妃墓中——即现在的思陵。可怜这个有中兴之志的年轻皇帝最终还是无奈做了亡国之君。就这样，明朝的统治覆灭了。

清兵入关，改朝换代

万历十一年（1583 年），努尔哈赤统一女真各部，创立八旗制度，建立后金政权，开始与明廷分庭抗礼。万历四十六年（1618 年），明抚顺守将李永芳不战而降。第二年，明廷集全国 47 万之兵，兵分四路，企图一举消灭后金，结果被歼 45000 余人，沈阳、辽阳先后失陷。努尔哈赤去世后，他的第八个儿子皇太极继位，改“金”为“清”，建立清朝。此后，清军攻陷大凌河，招服明朝的盟友朝鲜与察哈尔蒙古，之后围攻锦州，打败前来解围的 13 万明军，使明廷苦心经营十多年的锦（州）宁（远）防线全部崩溃。至此，在清军南下亡明的道路上只剩下山海关及其前哨孤城宁远了。

山海关北枕叠嶂，南襟大海，位于从东北进入华北的陆路咽喉之地。即使在军事技术不发达的古代，山海关之险也可谓“一夫当关，万夫莫开”。山海关之险令清军无法逞其入关之志，只得绕道蒙古，越过长城，采取不断蚕食的策略。皇太极说：“取北京如伐大树，先从两边砍，则大树自仆；现在，明朝精兵已尽，我再四周纵掠，北京一定可得。”崇祯十六年（1643 年），皇太极在沈阳去世，其幼子——年仅 6 岁的福临即位，是为顺治帝。值此危机迫在眉睫之际，关外清军的动向并没有令明廷特别关注，明廷正大举起兵围剿李自成的农民起义军。

崇祯十七年（1644 年），明将吴三桂联合关外清兵与李自成率领的农民起义军在山海关展开了一场决定各自历史命运的大战，结果奠定了清朝两百多年的江山。吴三桂可不是个普通人，他是明末清初辽东人，武举出身，锦州总兵吴襄的儿子，以战功及父荫授都指挥。天启末年时，他曾带50余名家丁救其父于4万满洲人之中，孝勇之举遍闻天下，有“勇冠三军、孝闻九边”的美誉。后来，他又代替父亲牢守山海关，使得清军难越雷池一步。

李自成听闻吴三桂也是一个了不起的人物，于是多次招他归降。但是，吴三桂再三犹豫。后来，李自成的部将设计将其妾陈圆圆掠去，并将吴三桂的父亲也拘押“拷掠甚酷”。大怒之下，吴三桂上书摄政王多尔衮，请求清兵入关。李自成闻知此讯，亲自率领大军号称20万大军，其实只有10万，奔赴山海关攻讨吴三桂，这才导致了清军联合吴三桂与农民军在山海关展开了一场大战。

李自成进入北京后，意识到驻兵山海关的吴三桂之向背对局势的发展至关重要，而解决山海关问题，只有两种方案：一是武力夺取，彻底消灭吴部；二是招抚，避免流血战斗。以农民军入京后将领无心再战、士兵沉溺享受来看，招抚为上策。于是李自成派人马劝降吴三桂，携犒银四万两、黄金千两，另有敕书一通，封吴三桂为侯。此时，总管京师兵马的吴三桂的父亲吴襄已在北京被捕，李自成令他给儿子写信劝降。吴三桂无奈，决定正式接待来使，投降农民军。但当吴三桂准备率部进京谒见李自成，行至永平府（府治今河北省卢龙县）西沙河驿时，却突然调转马头，再次返回山海关。

李自成得知吴三桂重返山海关，亲率20万大军东来。当农民军迫近山海关时，吴三桂再次催促清军火速来援。多尔衮接信后，知道形势紧迫，为了防止农民军占领山海关，下令清军日夜兼程前进。当清军终于到达距关城10里的地方时，吴三桂已与农民军在激战中。至五月初，据守山海关北翼的吴军向农民军投降，吴三桂的军队已呈崩溃之势，而此时清军却一直止步不前。吴三桂多次派人前去敦请进兵，但多尔衮就是按兵不动，他要迫使吴三桂亲自出马，将“借兵助剿”改为“投降清朝”。

二十二日早晨，吴三桂见情势危急，带随从冲出重围，至关城东二里的威远堡向多尔衮剃发称臣，归降清军，请其入关进击大顺军。多尔衮见吴三桂归顺非诈，遂偕和硕英郡王阿济格、多罗郡王多铎率劲旅8万，分别从南水门、北水门、关中门进入关内，令吴三桂部系以白布为号任前锋。大顺军因攻坚一昼夜未能夺关，乃改取野战，自角山至渤海投入全部兵力，布一字长蛇阵，成决战架势。多尔衮以吴三桂部为右翼迎战，重兵则鳞次列阵于渤海滨大顺军阵尾薄弱处，待机出击，并告诫各部不得急进。

大顺军不明清军意图，仍按原计划向吴三桂军紧逼，令旗左右挥动，来回冲杀。吴三桂因有清军压阵，顽强抵御。时狂风扬沙，咫尺不见，双方展开肉搏，大顺军不顾伤亡，把吴三桂部团团围住，血战至中午，双方均已疲惫，损失甚众。多尔衮见势，急令阿济格、多铎各率两万精骑，乘风势、挥白旗，对阵直冲大顺军。大风渐止，疲惫的大顺军见清军骤至，猝不及防，阵脚渐乱，伤亡惨重，刘宗敏中箭伤。战至午后，李自成见无法挽回颓势，急令余部且战且向永平方向撤退。当清军追至范家店，李自成杀吴襄以泄愤，率余部于二十六日退回北京，只好弃京西撤。

这一战，李自成大顺军对清军入关助战毫无准备，同时缺乏对清军骑兵作战的经验，终为清军所乘，精锐遭受重创，未能再起。清军乘势占领北京，取得全国政权。从此，大明王朝被清朝所取代。